陕西师范大学优秀学术著作出版基金资助

陕西省首批哲学社会科学重点研究基地"陕西师范大学'一带一路'建设
与中亚研究协同创新中心"、陕西师范大学中亚研究所"中亚研究丛书"

陕西师范大学"一带一路"文化研究院学术文库

物流业发展质量

对区域经济协调发展的
影响研究

李娟 著

人民出版社

目　录

序　言

中国特色社会主义进入新时代，社会主要矛盾已转化为人民日益增长的美好生活需要和不平衡不充分的发展之间的矛盾。要解决这个矛盾，离不开国民经济各部门各行业的高质量发展和全国各区域经济之间的协调发展，而这两个方面是有密切关系的。据此，本书作者李娟博士结合自己的专业方向和长期的研究积累，选择将"物流业发展质量对区域经济协调发展的影响研究"作为主题，试图从理论机理和实证检验两方面深入阐述和剖析这种影响关系，目的是通过物流业这个现代经济的"第三利润源"的挖掘和高质量发展推动我国各区域经济之间实现协调发展，最终助推我国新时代基本矛盾的解决。这种研究，在理论上能够进一步深化认识物流业高质量发展的内涵、区域经济协调发展的内涵，以及前者促进后者的机理，实践上能够切实提升物流业这个国民经济的基础性、先导性产业的发展质量及其对区域经济协调发展的推动，必将产生重要的理论价值和实践意义。本书的贡献和新意主要表现在以下几方面。

第一，本书研究物流业发展质量对区域经济协调发展的影响，这是一个新颖的视角，是前人很少关注的角度，但又是一个很重要的角度。因为物流业是由物流基本功能的产业化所形成的、利用物流基础设施实现物品转移的一个跨地区、跨行业、跨部门的复合型、服务型、基础性、战略性和先导性产业，它不仅具有较强的产业关联性、融合性和带动性，对扩大生产、带动就业、刺激消费、改善民生、提升产业价值链和整个国民经济发展质量具有重要作用；而且，物流业具有较强的区际互动性、关联性和协调性，它能够压缩时空、促进区域市场一体化和分工合理化、均衡区域间的供给和需求、均等区域间的收入、消费和基础设施供给等。因此，把物流业发展质量看作是影响区域经济协

1

调发展的一个重要因素和变量进行研究，切入点新意独特。

第二，本书界定了物流业发展质量的内涵并评价了 1998—2017 年我国物流业发展质量。党的十九大以来，学术界对发展质量的内涵进行着热烈的讨论，但对物流业发展质量却鲜有界定。李娟博士大胆探索，将物流业发展质量的内涵分为物流业发展效率、发展结构和发展环境这三个元素，并据此从这三个方面构建了物流业发展质量的评价指标体系，基于 1998—2017 年的省级面板数据，采用熵值法、SBM 模型等对我国 30 个省域、四大板块和全国整体的物流业发展质量进行测度、评价、分析和比较，并提出推进我国区域物流业高质量发展的政策建议。这些工作都是创新性的，有利于我们从理论上深入认识物流业发展质量，实践上有利于我国促进各地区提升物流业发展质量。

第三，对区域经济协调发展的界定有新意并评价了 1998—2017 年我国区域经济协调发展度。在我国，区域经济协调发展的概念早在 20 世纪 90 年代就已明确提出并有众多的界定。李娟博士在借鉴前人成果的基础上，结合新时代我国社会主要矛盾表现及本书研究的需要，从区际联系、效率和公平的视角出发，将区域经济协调发展的内涵从区际经济互动发展、区域经济充分发展和区际经济平衡发展三个方面加以界定，并基于 1998—2017 年的相关数据，采用莫兰指数、熵值法、Super-SBM 模型、变异系数模型、协调度模型等对我国 30 个省域、四大板块和全国整体三个层次的区际经济互动发展、区域经济充分发展、区际经济平衡发展状况分别进行测度，最后对区域经济协调发展总水平进行测度和评价，得出的结论符合客观现实，令人信服。

第四，系统深入地推演梳理了物流业发展质量影响区域经济协调发展的机理，并实证检验了 1998—2017 年我国物流业发展质量对区域经济协调发展的影响状况。从机理分析来看，基于概念界定，运用马克思流通理论、劳动分工理论和世界市场理论，以及西方经济学的区域经济增长理论、区位理论、消费理论等，对物流业发展质量分别影响区域经济协调发展的三个维度（即区际经济互动发展、区域经济充分发展、区际经济平衡发展）的直接效应和间接效应进行了分析，最后总结了前者影响后者的总机理，逻辑严密，言之有理，这是一项创新性的工作。从实证分析看，采用中介效应模型、Tobit 模型、

GMM 模型等方法，从我国 30 个省域、四大板块和全国整体三个层次对物流业发展质量影响区际经济互动发展、区域经济充分发展、区际经济平衡发展的总效应、直接效应和间接效应进行检验，并对物流业发展质量影响区域经济协调发展的静态效应、动态效应和长期效应进行验证，工作量饱满艰巨，具有开创性，得出的结论既有积极影响，也有消极影响，这是比较客观和符合现实的。

　　本书选题是我国经济理论与实践中的一个前沿问题，也是一个难点问题。因此，本书作者的研究难免存在一些不足，但鉴于她在以上方面的贡献和新意，作为李娟博士的导师，我很愿意为本书的出版面世作序，并希望读者提出批评和指正意见。

王琴梅

2020 年 5 月 1 日于西安

导　读

　　进入新时代，我国经济已由高速增长阶段转向高质量发展阶段，促进区域经济的协调发展是我国高质量发展的必然要求，是我国现代化经济体系建设的必然要求，也是解决我国社会主要矛盾和建成社会主义现代化强国、实现中华民族伟大复兴的必然要求。物流业作为支撑国民经济发展的基础性、战略性和先导性产业，其高质量发展有利于满足人民日益增长的物流需求，有利于扩大生产、促进流通、刺激消费、改善民生、繁荣经济，是提升我国全面建成社会主义现代化强国的战略保障，而且物流业的高质量发展对促进我国区域经济协调发展也具有重要作用。那么，我国物流业发展质量如何？区域经济协调发展水平如何？物流业发展质量的提升促进区域经济协调发展的机理是怎样的？促进程度有多大？弄清这些问题，能够为我国区域经济协调发展提供新思路，能够正确评价物流业发展质量对区域经济协调发展的作用。本书以"物流业发展质量对区域经济协调发展的影响研究"为主题，试图对上述问题进行系统性的回答。

　　本书分三部分。第一部分（第一至第三章）为理论分析部分。第一章和第二章分别对物流业发展质量、区域经济协调发展进行文献述评、概念界定和理论梳理；第三章对物流业发展质量影响区域经济协调发展的三个维度（区际经济互动发展、区域经济充分发展和区际经济平衡发展）的机理进行分析。该部分为全书分析奠定理论基础。第二部分（第四至第九章）为实证分析部分。第四章和第五章分别对物流业发展质量、区域经济协调发展水平进行评价，对其时空演变特征进行分析；第六至第八章分别对物流业发展质量对区域经济协调发展的三个维度的影响进行实证验证；第九章为物流业发展质量对区域经济协调发展的实证分析，分别对静态效应、动态效应和长期效应予以验证。第三部分（第十章）为全书总结及政策建议部分。基于理论分析和实证分析结论，提出促进物流业高质量发展以驱动区际经济互动发展、区域经济充分发展和区际经济平衡发展，最终驱动区域经济协调发展的政策建议。

在理论分析部分，本书基于"三元三维"的概念界定构建了理论框架。（1）对物流业发展质量，从发展效率、发展结构和发展环境"三元"进行界定，并以马克思物流业发展理论、西方物流成本理论等为依据。（2）对区域经济协调发展，从区际经济互动发展、区域经济充分发展和区际经济平衡发展"三维"进行界定，认为区际经济互动发展是指区域间经济在相互联系、相互依赖和协同互动中实现发展的过程；区域经济充分发展是指各区域生产力不断提升、发展结构不断优化、发展动力得到转换、发展效益不断提升的过程；区际经济平衡发展是指区域间经济差距缩小、各区域共同发展的过程。这部分以马克思区域协调理论、新古典经济学的区域均衡发展理论、新增长理论的区域非均衡发展理论和新经济地理学的区域互动发展理论等为依据。（3）基于以上"三元三维"的概念界定，运用马克思流通理论、劳动分工理论和世界市场理论，以及新古典经济学的区域经济增长理论、区位理论、消费理论等，对物流业发展质量影响区域经济协调发展的机理进行了分析：第一，物流业发展质量的提升既能直接影响区际经济互动发展，也能通过时空压缩、市场一体化和分工合理化间接影响区际经济互动发展；第二，物流业发展质量的提升既能直接影响区域经济充分发展，也能通过改善供给侧和刺激需求侧间接影响区域经济充分发展；第三，物流业发展质量的提升既能直接影响区际经济平衡发展，也能通过收入均等化、消费平等化和基础设施均等化间接影响区际经济平衡发展。这是本书实证分析的基础和依据。

在实证分析部分，依据上述概念界定和理论分析，从"三层次"即我国30个省域层次、四大板块层次和全国整体层次进一步对物流业发展质量影响区际经济互动发展、区域经济充分发展、区际经济平衡发展的总效应、直接效应和间接效应进行实证检验，对物流业发展质量影响区域经济协调发展的静态效应、动态效应和长期效应进行验证。结论显示：（1）物流业发展质量的研究结论：我国三层次的物流业发展效率均偏低且存在区域异质性；我国三层次的物流业发展结构红利尚未得到有效发挥，四大板块层次和全国整体层次均呈M形演进；我国三层次的物流业发展环境均不足，但呈递增趋势；我国三层次的物流业发展质量均不高，但呈递增趋势，其中，四大板块层次存在 σ 收敛，全国整体层次存在 σ 发散。（2）区域经济协调发展的研究结论：我国三层次的区际经济互动发展水平均相对偏低且存在区域异质性，其中，我国30个省域层次呈倒U形、全国整体层次呈M形演进，西部和东北地区成为"洼地"；我国三层次区域经济发展都不充分，分别呈渐进式、波浪式和平稳式演进；我国30个省域层次的区际经济平衡发展水平呈U形演进，四大板块层次呈分层特征，全国整体层次的不平衡程度有增加趋势；我国区域经济协调发展水平，30个省域层次呈V形演进，四大板块层次呈波浪形演进，全国整体层次属于初级协调等级且呈V形演进。（3）物流业发展质量对区域经济协调发展影响的实证结论：第一，物流业发展质量对区际经济互动发展存在正向驱动效应，驱动力主要来自间接驱动因素，市场一体化是主要中介和路径；第二，物流业发展质量通过直接效应和间接效应双重驱动区域经济的充分发展，其中，我国30个省域层次的主要驱动路径是需求侧，四大板块层次和全国整体层次首要通过直接效应驱动；第三，物流业发展质量对区际经济平衡发展的总效应由直接效应和间接效应构成，且以间接效应为主，其中，我国30个省域层次以直接效应为主要途径，四大板块层次和全国整体层次以消费均等化为主要中介和路径；第四，物流业发展质量对区域经济协调发展的影响存在静态效应、动态效应和长期效应。

在全书总结及政策建议部分，基于理论和实证分析结论，提出如下政策建议：促进物流业高质量发展，以驱动区际经济互动发展、区域经济充分发展和区际经济平衡发展，最终驱动区域经济实现协调发展。具体来说，我国三层次均需要做到物流业发展的"八化"，即促进物流业发展的标准化、专业化和绿色化，以提升发展效率；促进物流业发展的产业化和网络化，以优化发展结构；促进物流业发展的集约化、全球化和智能化，以改善发展环境。

第一章　物流业发展质量的理论分析

本章首先对国内外物流业发展质量的研究成果进行分类述评；其次，基于前人研究成果，对物流业发展质量的概念进行界定，对其内涵和评判标准进行剖析；再次，从马克思物流业发展理论和西方物流业发展理论两个方面，对物流业发展质量的相关理论进行梳理和总结；最后，对本章内容进行总结。本章对物流业发展质量进行理论分析，能够为后面章节的机理分析和实证分析奠定理论基础。

第一节　文献述评

一、关于物流业的研究

物流业一直是国内外学者研究的热点，研究成果颇为丰硕，这些成果主要集中在以下几个方面。

（一）关于物流业的概念

物流产生的根源在于生产与消费在时空上的分离，分工细化和商品经济的发展，促使生产和消费的分离越来越频繁，若将生产和消费连接起来，则空间上需要物质流动和转移，时间上需要物质储存和保值，运输、储存及其相关的包装、装卸等物资的流动即形成物流。西方学者认为，物流主流的起源观点有两个：军事起源说和经济起源说。一是军事起源说。物流最初用的是法语 logistics，是后勤或兵站的意思，即在战争中将物资采购、运输、储存和配给等结合起来进行统一管理的活动，以期减少运输时间、降低运输费用、提升运输服务以满足战争对物资保障和物资流通的需要。二是经济起源说。1912 年，美国学者阿奇·萧（A. W. Show）发表的《市场流通中的若干问题》中，首次使用 physical distribution（PD，实施分配）表示物流，并认为物流是"物质资料从供给者到需求者之间的物理性运动"，很多学者认为这是"物流"概念的起源。

20 世纪 80 年代后，随着全球化和信息化的快速发展，物流的内涵和外延发生了很大的变化。1985 年，美国物流管理协会将 PD 统一更名为 logistics，物流被重新界定为："为迎合顾客需求而对原材料、半成品、产成品以及相关信息，从生产地向消费地的高效率、低成本流动和储存而进行的规划、实施与控制过程。"

20 世纪 70 年代末期，"物流"的概念引入我国。随着由计划经济向市场经济转轨过程中市场交易的不断繁荣，我国对物流发展的需求也越来越大。2001 年发布的国家标准《物流术语》（GB/T 18354—2006）中，物流被定义为：物品从供应地向接收地的实体流动过程。根据实际需要，将运输、储存、装卸、搬运、包装、流通加工、配送、信息处理等基本功能实施有机结合。

（二）关于物流业发展理论的研究

随着全球经济的发展，物流业的规模不断扩大，人们对物流业的需求不断增加，关于物流理论的研究也随之增加，具有代表性的有：日本早稻田大学的西泽修教授提出了物流冰山理论，他认为财务报表中展露的物流费用只是实际物流支出的冰山一角；彼得·德鲁克（Peter F. Drucker）提出了黑暗大陆理论，认为"流通是经济领域里的黑暗大陆"，强调要重视物流研究和物流实践；1970 年，西泽修教授在《流通费用》中提出了第三利润源理论，他认为由于受到科技和管理的限制，第一利润源自然资源的节约和第二利润源人力资源消耗的降低已近枯竭，物流业作为连接市场和消费者的重要流通渠道，可以为企业带来直接和间接的利润，成为"第三利润源"，可以为经济发展带来不可估量的影响；之后，又出现了把物流当作"降低成本的宝库"的成本中心论、把物流提到企业战略层面的战略中心论，以及强调物流服务的服务中心论等。

（三）关于物流业绩效评价的研究

一是关于物流业绩效评价方法的研究。希纳尔（Schinnar，1980）、韦伯（Weber，1996）最早将 DEA 模型应用到物流企业的效率评价之中。范建平等（2017）、伊赫桑·莫梅尼等（Ehsan Momeni, et al.,2014）、阿比吉特·哈尔达等（Abhijeet Haldar, et al.,2017）分别采用 DEA-PCA、EBM-DEA、模糊网络松散 DEA 和 DEA-TOPSIS-LP 模型研究物流业效率问题。二是关于企业物流业效率的研究。帕克（Hong Gyun Park，2015）对韩国 14 家物流供应商的效率进行了测度，得出供应商之间效率差异较大的结论。三是关于区域物流业效率的研究。王蕾等（2014）、樊敏（2010）采用 DEA 模型分别对我国新疆北疆和八大经济区的物流业效率进行了评价。刘秉镰和余泳泽（2010）采用随机前沿分析法对中国省际物流业效率进行了实证分析。王育红和刘琪（2017）采用 Super-SBM 模型对我国区域物流业效率进行了研究。张诚等（2015）、张立国等（2015）对我国物流业绩效进行了评价。袁丹和雷宏振（2015）、王琴梅和张玉（2017）、张璇等（2016）对丝绸之路经济带不同区域的物流业绩效进行了研究。

（四）关于影响物流业发展因素的研究

姚娟和庄玉良（2013）发现物流业的所有权结构与物流环境密切相关，物流业人力资本和固定资产投资能有效提升物流业绩效。王琴梅和谭翠娥（2013）发现物流资源利用率、市场化程度、区位因素和经济发展水平是物流业绩效的显著影响因素。吴旭晓（2015）认为外商投资、人力资源、城镇化、产业结构和制度是物流业效率的显著影响因素。于丽静和陈忠全（2017）通过研究发现，政府支持、科技水平和能源投入对物流业发展有正向促进作用。余泳泽和武鹏（2010）认为经济发展水平、物流资源利用率、地区制度变迁、区位优势，以及港口物流的重要性对地区物流业绩效有显著影响。唐建荣等（2019）认为经济因素、人力因素、技术因素对物流业发展具有驱动作用。

（五）关于智慧物流、绿色物流和农产品物流的研究

陈晓暾和熊娟（2017）运用 SWOT-PEST 分析方法，构建 SWOT-PEST 矩阵，分析了政治、经济、社会和技术环境下我国智慧物流发展所面临的优势、

劣势、机遇和威胁。何波（2012）提出了绿色物流网络设计步骤和模型，将环境质量和物流成本作为优化的目标，利用多目标优化模型获得物流成本和环境质量之间的效率边界。徐良培和李淑华（2013）以我国2000—2011年30个省区市的面板数据为观测样本，采用随机前沿分析方法对农产品物流的技术效率进行测度，发现我国及各地区农产品物流技术效率均处于较低水平且存在显著的地区差异。汪旭晖和文静怡（2015）基于我国23个省区市的面板数据，采用随机前沿分析方法对比分析了不同区域的农产品物流效率，认为我国农产品物流技术效率存在区域差异，区域之间农产品物流发展不平衡。

（六）关于物流业与其他产业联动发展的研究

保罗·圭列里和瓦伦丁娜·梅利恰尼（Paolo Guerrieri, Valentina Meliciani, 2005）认为制造业和物流业具有紧密融合态势。朱慧等（2015）利用产业集聚指数和产业间共同集聚指数，分别对中部六省的制造业、物流业及两大产业间的共同集聚水平进行了测度，发现这两大产业存在共同集聚规律。程永伟（2013）运用投入产出法建立了制造业与物流业两业联动发展的供需依赖性测算模型，并引入"联动弹性系数"分析了1992—2007年我国两业联动强度变动对行业产值、单位GDP物流费用以及产业结构协调性的影响，最后提出了制造业与物流业两业联动发展的路径。曾倩琳和孙秋碧（2015）基于我国31个省区市的面板数据，分析了我国物流业与信息业耦合关联的时空分异特征，发现物流业与信息业关联度处于较强关联以上水平，但耦合协调度不高。赵晓敏和佟洁（2018）认为上海市的制造业和物流业复合协调度呈波动上升趋势。

二、关于发展质量的研究

从学术界的研究成果来看，众多学者对发展质量进行了研究，这些成果大致可以分为以下几个方面。

（一）关于发展质量的内涵及实现路径

学者们对发展质量内涵的理论研究，是从对高质量的阐释开始的。任保平（2018）从马克思的《资本论》出发，从微观、中观、宏观三个层面对发展质量进行了解读。金碚（2018）认为发展质量是能够更好地满足人民不断增长的真实需要的经济发展方式、结构和动力状态。刘志彪（2018）指出高质量发展的评判标准是人民日益增长的美好生活需要的满足程度。周文和李思思（2019）认为发展质量是生产力与生产关系的统一，高质量发展就要实现生产力发展和生产关系的和谐统一。师博（2018）从五大发展理念出发对高质量发展进行了阐释，认为实现高质量发展必须实现创新发展、协调发展、绿色发展、开放发展和发展成果的共享。刘世锦（2017）、任保平（2018）、郭春丽等（2018）认为实现高质量发展的有效途径是实现经济发展的质量变革、效率变革、动力变革。

（二）关于区域经济发展质量的研究

李豫新和王振宇（2017）建立了联立方程模型对新疆经济发展质量的影响因素进行实证分析，并得到经济安全和经济规模对经济发展质量具有促进作用的结论。宋耀辉（2017）对经济增长的有效性、稳定性、持续性、福利性四个维度进行了实证分析，认为2005—2015年陕西省经济发展质量指数呈不断上升趋势，社会福利与成果分配、环境治理是陕西省经济高质量发展的主要驱动因素。姚升保（2015）从经济效率、经济运行的稳定性、经济结构、人民生活、社会进步和资源环境代价六个维度构建了包含30个基础指标的经济发展质量评价指标体系，并采用组合赋权的综合评价模型对湖北省经济发展质量进行了实证分析。李金叶和许朝凯（2017）从经济发展的有效性、开放性、分享性、稳定性和可持续性五个方面构建评价指标体系，对中亚国家的经济发展质量进行了测度，并得出中亚国家经济发展质量整体偏低，并具有较强的资源依赖性，且呈现出对外开放自主性小、可持续发展能力较弱等特点。罗良文和赵凡（2019）基于产业转移视角，对优化工业布局与长江经济带高质量发展的关系进行了分析，发现实现产业的有序转移是长江经济带经济高质量发展的关键。

（三）关于城市、城市群或城镇化发展质量的研究

马静等（2016）认为长江中游城市群城市发展质量位于中度协调的发展等级，科技创新是提升协调性的根本途径。李磊和张贵祥（2015）对京津冀城市群和群内城市发展质量进行了研究，发现基础设施网络化的发展促使城市群内城市发展质量和城市间联系的紧密程度呈"带状"结构发展。陈强等（2014）以城市发展观的历史发展脉络为线索，对城市质量的相关文献进行了分类评判和述评。王德利（2018）发现 2000—2015 年中国城市群城镇化发展质量总体处于中等水平，城镇化提质的速度慢于人口城镇化增长速度，且四大板块区域差异明显。张引等（2015）采用 AHP 层次分析法和系统分析法对重庆市的新型城镇化发展质量及其驱动因素进行了分析。梁振民等（2013）、欧向军等（2012）、方创琳和王德利（2011）分别对我国江苏省、东北地区和我国的城镇化发展质量进行了测度和评价。

（四）关于产业发展质量的研究

徐光瑞（2014）对我国工业发展质量进行了分析，发现我国工业发展质量稳步提升，但地区间差距较大。廖直东等（2019）基于我国大中型工业企业数据，对我国高质量发展的创新驱动路径进行了分析，发现所有制效应和研发投入效应对创新驱动高质量发展具有显著影响。来有为和陈红娜（2017）评估了我国服务业的国际竞争力、承诺开放度和真实开放度，认为扩大开放是提高我国服务业发展质量和国际竞争力的重要战略举措。张爱平等（2015）建立了旅游业综合评价指标体系，采用旅游业"质—量"发展协调度评价模型对我国省际旅游业的发展质量进行了评价，并得到全国整体旅游业发展质量不高，区域空间差距明显的结论。陈文锋和刘薇（2016）构建了产业导向性、产业带动性、产业市场化、产业创新性、产业效益性 5 个一级指标和 17 个二级指标的战略性新兴产业发展质量评价指标体系，对全国 28 个省份信息技术产业发展质量进行了评价。唐红祥等（2019）、贺正楚等（2018）对我国制造业发展质量及其国际竞争力进行了测度和分析。倪鹏飞和肖宇（2019）、刘奕和夏杰长（2018）、姜长云（2019）对我国服务业高质量发展的表现形式、主要目标任务、内涵界定和提升措施等方面进行了研究。

三、关于物流业发展质量的研究

李娟和王琴梅（2019）基于物流业效率视角构建物流业发展质量评价指

标体系，对四大板块的物流业发展质量进行了分级和评价，发现我国物流业发展质量处于较高层级，物流业发展质量区域不平衡问题突出。郁玉兵等（2013）从供给、需求和供求匹配程度三个维度构建城市物流业质量评价体系，对浙江省物流业质量进行测度，发现浙江省城市物流业供需基本均衡，但区域之间物流发展不平衡。卫宇杰等（2019）采用组合赋权法构建中国物流业质量发展指数（CLQDI）和分项指数计算模型，并提出促进物流发展方式转型，以促进物流业高质量发展的建议。杨守德（2019）提出通过技术创新驱动，如自动化、智能化物流设备的应用等，能够促进我国物流业发展质量实现跨越式发展。何黎明（2018）认为推进物流业结构性改革、促进物流业的创新驱动、补齐物流基础设施短板、加快绿色转型等，都是促进我国物流业高质量发展的有效举措。

众多学者对物流业概念、物流业相关理论、物流业绩效、物流业影响因素、新型物流，以及物流业与其他产业的联动发展等方面进行了研究，学者们也从区域经济发展质量、城市化发展质量、产业发展质量、物流业发展质量等方面对发展质量进行了研究，成果较为丰硕。但整体而言，学者们对物流业发展质量的科学内涵、指标体系、评价标准等方面的研究较为缺乏，对我国物流业发展质量的区域差异问题的研究也相对较少。

第二节　物流业发展质量的概念界定

一、物流业及其范围划分

（一）物流

物流概念始于美国，先后经历了"商品运输—商品和信息运输、储存—客户为导向的供应链管理的一部分—包含若干功能的实体流动过程"的发展过程。欧洲物流协会、联合国物流委员会、美国物流管理协会等组织都对物流进行过界定，都认为物流是在满足消费者需求基础上的商品或服务的转移过程。在2006年国家质量监督检验检疫总局、国家标准化管理委员会发布的

《物流术语》(GB/T 18354—2006)国家标准中,将物流界定为:物品从供应地向接收地的实体流动过程。根据实际需要,将运输、储存、装卸、搬运、包装、流通加工、配送、信息处理等基本功能实施有机结合。本书将采用这一定义。

(二)物流业

什么是物流业?其范围有哪些?美国物流管理协会首先对物流业进行了界定,认为物流业是从事交通运输、储存等基本功能的产业,其范围包括上游供货业、运输代理业、铁路业、物流咨询业、航空业、海运业、小包裹运输业、仓储业、港口业、第三方物流、多式联运业等。我国 2014 年 9 月发布的《物流业发展中长期规划(2014—2020 年)》中对物流业的界定是:物流业是融合运输、仓储、货代、信息等产业的复合型服务业,是支撑国民经济发展的基础性、战略性产业。2019 年 3 月 1 日,国家发展改革委等部门联合发布的《关于推动物流高质量发展促进形成强大国内市场的意见》(发改经贸〔2019〕352 号)中强调,物流业是支撑国民经济发展的基础性、战略性、先导性产业[1]。基于以上几种界定,本书对物流业给出以下定义:物流业是由物流基本功能的产业化所形成的、利用物流基础设施实现物品转移的产业,是一个跨地区、跨行业、跨部门的复合型、服务型、基础性、战略性和先导性产业。

1. 物流业是复合型产业

物流业是交通运输、储存、包装、装卸搬运、流通加工、配送和信息处理等基本功能的产业化所形成的,因此,物流业包含的子产业有:交通运输业、仓储业、包装业、搬运装卸业、流通加工业、配送业、物流信息业等,这些子产业的进一步细化及组合,又可将物流业分为铁路运输业、公路运输业、水上运输业、航空运输业、管道运输业、多式联运业、运输代理业、邮政业、装卸搬运和仓储业等产业。物流业不是这些子产业的简单加总,这些子产业之间能否实现优化组合和高效衔接,直接影响着物流业的整体发展水平。在所有子产业中,交通运输业、仓储业和邮政业占比最大,因此,在我国国家标准《2017

---

[1] 《发展改革委等关于推动物流高质量发展促进形成强大国内市场的意见》,2019 年 3 月 2 日,见 http://www.gov.cn/xinwen/2019-03/02/content_ 5370107.htm。

年国民经济行业分类》（GB/T 4754—2017）①、各类统计年鉴和统计数据中，均使用交通运输、仓储和邮政业代表物流业，本书也沿用这一做法，在实证分析中采用交通运输、仓储和邮政业数据来衡量物流业。

2. 物流业是服务型产业

依据三次产业划分标准，物流业被划分到第三产业范围。依据我国《国民经济和社会发展第十二个五年规划纲要》②和国家统计局《生产性服务业统计分类（2019）》③，将物流业划分到生产性服务业范围。依据国务院在 2014 年 8 月 6 日发布的《国务院关于加快发展生产性服务业促进产业结构调整升级的指导意见》（国发〔2014〕26 号）④，物流业作为生产性服务业涉及产业的众多环节，具有较强的产业关联性、融合性和带动性，对扩大生产、带动就业、刺激消费、改善民生、提升产业价值链、国民经济提质增效具有重要作用。

3. 物流业是基础性产业

基于物流业的复合型产业特征，物流业包含了众多子产业，这些子产业又可细分，因此，物流业与国民经济的方方面面都有着千丝万缕的联系。以交通运输业为例，依据我国国家标准《2017 年国民经济行业分类》（GB/T 4754—2017），交通运输业涉及铁路、公路、航道、航空和管道运输业等，这些产业又可进一步细化为众多方面，仅以公路货运举例，公路货运可分为普通货物公路运输、冷藏车公路运输、集装箱公路运输、大型货物公路运输、危险货物公路运输、邮件包裹公路运输、城市配送、搬家运输和其他公路货物运输等，这些又与众多行业相关，物流业是支撑国民经济正常运行的基础。因此，作为支撑国民经济发展的基础性产业，物流业是企业生产、居民生活和国民经济运行

---

① 《2017 年国民经济行业分类（GB/T 4754—2017）》，2017 年 9 月 29 日，见 http://www.stats.gov.cn/tjsj/tjbz/hyflbz/201710/t20171012_ 1541679. html。

② 《国民经济和社会发展第十二个五年规划纲要（全文）》，2011 年 3 月 16 日，见 http://www.gov.cn/2011lh/content_ 1825838. htm。

③ 《生产性服务业统计分类（2019）》，2019 年 4 月 1 日，见 http://www.gov.cn/gongbao/content/2019/content_ 5425337. htm。

④ 《国务院关于加快发展生产性服务业促进产业结构调整升级的指导意见》2014 年 8 月 6 日，见 http://www.gov.cn/xinwen/2014-08/06/content_ 2730607. htm。

中"无处不在"的产业，物流业的发展关系到企业的生产效率、居民的生活质量、国民经济的发展后劲和运行效率。

4. 物流业是战略性和先导性产业

基于物流业的复合型、服务型和基础性产业特征，物流业的发展对其他产业的产生和发展都具有极强的关联和带动作用，被称为经济发展的"加速器"，是支撑国民经济正常运行的基础，是提升国民经济运行效率的保障，对整个国民经济未来的发展具有引领性和引导性作用，因此，物流业被称为国民经济的先导性产业。物流业在国民经济体系中的保障性、全局性、长远性作用，使其成为国家需要长期发展的战略性产业。

二、物流业发展质量

"质量"一词在《辞海》中的释义分成两种：第一种是事物、产品或工作的优劣程度，如商品质量等；第二种是度量物体所含物质多少的物理量，如千克等。从经济学视角出发，第一种释义较为恰当。"发展"在《辞海》中的释义为：事物由小到大、由简单到复杂、由低级到高级的变化。发展质量的提升过程可以理解为：发展水平在"量"上由少到多，在"质"上由简单到复杂、由低级到高级，不断优化、不断实现帕累托改进的过程。

关于发展质量的内涵，钞小静和薛志欣（2018）认为应该从发展动力、发展结构和发展效率三个方面进行评判。发展动力指各要素的增值能力，它通过要素本身及要素结构配置，实现剩余价值的增加；发展结构指生产资料与消费资料的比例关系，分为供需结构、产业结构等方面；发展效率指经济绩效，即实现经济发展的帕累托改进，进而达到帕累托最优的状态。任保平（2018）从效率提升、结构优化和动力培育三个方面对发展质量的提升路径进行了阐释；任保平和何苗（2019）认为发展质量的提升必须要有发展环境作为支撑和保障，如必要的政策支持和制度支持等。张建军和赵启兰（2019）与钞小静和薛志欣（2018）、任保平（2018）的观点一致，也将发展质量界定为发展动力、发展结构和发展效率三个层面，认为转变发展动力、优化发展结构和提升发展效率是实现高质量发展的必经之路。

综合发展质量本身的含义和学者们的研究成果，本书认为发展质量可以从发展动力、发展结构、发展效率和发展环境这四个方面进行衡量。物流业发展质量可以从物流业的发展动力、发展结构、发展效率和发展环境进行衡量。需要说明的是：第一，作为经济发展的第一动力，创新驱动具有较强的溢出效应，物流业的创新能力和技术变革主要体现为我国技术创新能力在物流业上的应用，由于研究时段内物流业技术创新数据的难以获取，因此，本书将物流业的发展动力（物流业的技术创新能力）放入我国技术创新能力进行衡量；第二，发展质量提升要以效率变革为核心，因此，将发展效率作为首要元素放入物流业的发展质量之中。

据此，本书将物流业发展质量分为物流业发展效率、发展结构和发展环境这三个元素进行分析。物流业是否实现高质量发展可以从物流业发展效率是否提升、发展结构是否优化、发展环境是否改善这"三元"作为评价标准。

（一）物流业发展效率

物流业发展效率是对物流业投入产出程度的一种测量，常用计算公式为：物流业发展效率=物流业综合产出/物流业综合投入，即 $E = Y/X$，其中，E 代表物流业发展效率，Y 是对物流业综合产出的计量，X 是对物流业综合投入的计量，物流业发展效率是物流业高质量发展的核心。

（二）物流业发展结构

物流业发展结构是物流业各个组成部分的搭配和组合的比例关系。借鉴郭晗（2019）对结构转换的研究，将物流业发展结构分为物流业要素结构、产业结构、成本结构和供需结构四个方面。这里的要素结构即生产要素的投入结构，是指各个生产要素的量的构成和组合关系，物流业的要素结构是指物流业的资本、劳动、技术等的构成及组合关系；产业结构主要指产业间的构成及组合比例，物流业的产业结构是指物流业内部各产业如交通运输业、仓储业、邮政业等的构成及组合关系；成本结构主要指成本的构成及组合关系；供需结构指供给和需求之间的对比关系，在开放经济条件下，物流业的供给主体是提供物流服务的物流企业，物流业的需求主体是对物流业有需求的企业、家庭（个人）、政府部门和国外经济部门。

（三）物流业发展环境

物流业发展环境是物流业发展质量提升的保障和外部条件，物流业发展环境包含经济、政治、社会等多方面的内容，本书从研究需要出发，将物流业发展环境分为经济环境、制度环境、创新环境、信息环境等进行分析。一般地，在其他条件不变的情况下，发展环境越好，物流业发展质量提升的外部保障就越好，物流业发展质量倾向越高。

第三节　物流业发展理论

一、马克思的物流业发展理论

马克思的物流业发展理论主要集中在其经典著作《资本论》中，虽然马克思在《资本论》中并没有直接提出物流业发展理论，但《资本论》中对流通费用、交通运输业的作用、流通创造空间价值和时间价值等方面的深刻和系统的论述，其实就是其物流业发展理论。

（一）物流业创造场所价值

在马克思的《资本论》中称作物流业重要组成部分的交通运输业"根本不使用原料而只使用生产工具，运输业所出售的东西，就是场所的变动。它产生的效用，是和运输过程即运输业的生产过程不可分离地结合在一起的"[①]，即物流业不创造新产品，但它通过场所变动创造价值。物流业将生产地、中转地和消费地连接起来，促进了区际联系，创造了场所价值。马克思认为："物品的使用价值只是在物品的消费中实现，而物品的消费可以使物品的位置变化成为必要，从而使运输业的追加生产过程成为必要。"[②] 物流业能够扩大市场范围，使消费突破场所限制。他认为运输是联结社会生产、分配、交换和消费各个环节的纽带。它存在于社会生产的方方面面，是社会物质生产和经济活动的一般条件。即可以认为物流是生产、分配、交换和消费的纽带，是社会化大

---

① 马克思：《资本论》（第2卷），人民出版社1975年版，第166页。
② 马克思：《资本论》（第2卷），人民出版社1975年版，第168页。

生产正常进行的必备条件。

（二）物流业能够促进生产力发展

马克思认为："工农业生产方式的革命，尤其使社会生产过程的一般条件即交通运输工具的革命成为必要。正像以具有家庭副业的小农业和城市手工业为'枢纽'的社会所拥有的交通运输工具，完全不能再满足拥有扩大的社会分工、集中的劳动资料和工人以及殖民地市场的工场手工业时期的生产需要，因而事实上已经发生了变革一样，工场手工业时期遗留下来的交通运输工具，很快又成为具有狂热的生产速度和巨大的生产规模、经常把大量资本和工人由一个生产领域投入另一个生产领域并具有新建立的世界市场联系的大工业所不能忍受的桎梏。"① 物流业能够促进实体经济发展，当物流业的发展能够满足生产需要时，就能够促进经济发展；当物流业的发展滞后于经济时，就会阻碍经济发展。

马克思一直重视物流基础设施和设备对生产力发展的重要作用，他指出"改善交通运输工具也属于发展一般生产力的范畴"②。"交通运输工具的改良，会绝对缩短商品的移动期间""一个过程的产品能够以什么样的速度作为生产资料进入另一个过程，取决于交通运输工具的发展"③。马克思认为："真正的经济……节约……是劳动时间的节约。而这种节约就等于发展生产力。"④因此，物流基础设施和设备的改良、物流时间的节约能够促进生产力的发展，促进区域经济的充分发展。

（三）物流业能够创造时间价值

马克思认为："资本的流通时间，一般说来，会限制资本的生产时间，从而也会限制它的价值增值过程。限制的程度与流通持续的长短成比例。"⑤ "流通的时间越等于零或近于零，资本的职能就越大，资本的生产效率就越高，它

---

① 马克思：《资本论》（第 1 卷），人民出版社 1975 年版，第 421 页。
② 《马克思恩格斯全集》（第 46 卷）（下），人民出版社 1980 年版，第 16 页。
③ 马克思：《资本论》（第 2 卷），人民出版社 2004 年版，第 160 页。
④ 《马克思恩格斯全集》（第 46 卷）（下），人民出版社 1980 年版，第 225 页。
⑤ 马克思：《资本论》（第 2 卷），人民出版社 1975 年版，第 142 页。

的自行增值就越大。"① 这里，马克思所讲的流通时间完全可以理解为物流时间，因为物流周期的结束是资本周转的前提条件。物流时间越短，资本周转时间越短，增值速度越快，即高效的物流可以节省时间，加速资本和货物周转，创造了时间价值。马克思指出："在运输工具发展的同时，不仅空间运动的速度加快了，而且空间距离在时间上也缩短了。②"即物流业发展能够促进时空压缩效应的发挥，进而扩大物流空间经济联系范围，缩短物流所用时间。

（四）物流费用的降低能够优化资源配置

马克思在《资本论》第 2 卷第 6 章和第 3 卷第 17 章中，以流通费用范畴为基础，建立了马克思的流通费用理论。马克思认为运输费用是流通费用的一部分，流通费用是指"资本从商品向货币实现形态转换时所需要的费用。这种形态转换包含了社会劳动的物质变换，因此需要商品在空间的流通即实际移动"③。"商品在空间的流通"即物流。流通费用区分为纯粹流通费用和生产性流通费用，前者是与价值运动相关的费用，后者是与使用价值运动相关的费用，两类流通费用的性质及其补偿方式是完全不同的。第一，纯粹流通费用是指由商品转化为货币或由货币转化为商品、对商品交换起中介作用所必需的费用，包括买卖费用、簿记费用和货币费用等。这部分费用不能形成社会财富，只会影响资源配置的效率。第二，生产性流通费用是指由在流通过程中继续进行生产过程所带来的，或者说，它的生产性质被流通的性质掩盖起来了，具体包括保管费、运输费用等。这部分费用可以形成社会财富，对资源配置具有积极作用。

概括起来看，马克思的物流业发展理论的主要内容有：第一，物流业能够直接创造价值，物流业创造场所价值，能够扩大市场范围；第二，物流基础设施和设备的改良，能够促进生产力发展；第三，物流成本的降低，能够促进生产力发展；第四，物流业能够通过时间节约，创造时间价值，缩短空间距离，创造空间价值；第五，物流业是联结社会生产、分配、交换和消费各个环节的纽带，是社会化大生产顺利进行的重要条件。

---

① 《马克思恩格斯全集》（第 24 卷），人民出版社 1975 年版，第 142 页。
② 马克思：《资本论》（第 2 卷），人民出版社 2004 年版，第 141—142 页。
③ 马克思：《资本论》（第 2 卷），人民出版社 1975 年版，第 146—170 页。

二、西方物流业发展的相关理论

（一）生产性服务业相关理论

依据我国国家统计局《生产性服务业统计分类（2019）》，物流业属于生产性服务业范围。因此，生产性服务业的相关理论是物流业发展质量的基础理论之一。生产性服务业是为企业的生产和商务行为、政府管理提供服务的产业。明确生产性服务业的发展阶段可以为物流业的发展提供指导，明确生产性服务业与制造业之间的互动关系，可以使物流业更好地发挥其为生产服务的功能，进而促进物流业对其他产业的关联性、融合性和带动性作用的发挥。

1. 生产性服务业的发展阶段论

依据外部化程度差异，可以将生产性服务业的发展分为种子期、成长期和成熟期三个发展阶段。在种子期，生产企业的生产性服务由企业内部满足，生产性服务业的外部化程度较低；在成长期，生产企业的生产性服务需求增加，生产性服务业开始外部化进程；在成熟期，生产性服务业分工逐步细化，生产企业对生产性服务业的质量要求更高，如图1-1所示。

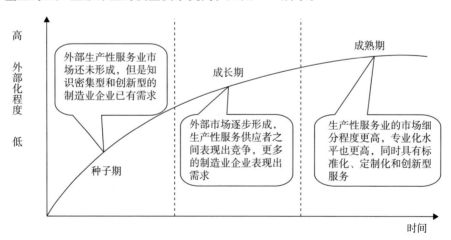

图 1-1　生产性服务业的发展阶段①

---

① 生产性服务业，见 https://baike.baidu.com/item/%E7%94%9F%E4%BA%A7%E6%80%A7%E6%9C%8D%E5%8A%A1%E4%B8%9A/6347559?fr=aladdin。

2. 产业互动论

生产性服务业与制造业的关系，可以用产业互动论来说明。该理论认为，生产性服务业与制造业之间具有密切关联，二者是相互促进、相互推动的关系。随着生产性服务业专业化程度的提升，制造业越来越多的隐性需求，逐步转换为显性需求，进一步提升制造业对生产性服务业的需求，进而形成良性循环。借鉴苑雅文和罗永泰（2010）的观点，二者关系如图 1-2 所示。

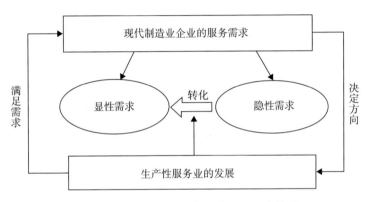

图 1-2　生产性服务业与制造业的互动关系

生产性服务业的发展能够有效满足制造业的服务需求，制造业的需求决定着生产性服务业的发展方向，二者呈现相互推动、相互促进的关联发展过程。物流业作为生产性服务业，生产性服务业的相关理论能够为物流业的发展指明方向，物流业发展质量的提升能够促进和推动制造业的发展。

（二）物流成本相关理论

物流成本是物流各个环节中所耗费的物化劳动和活劳动的货币表示。学者们对物流业发展的相关研究是从物流成本的相关理论开始的。物流成本的代表性理论包含物流冰山理论、黑暗大陆理论、物流成本中心理论，以及认为降低物流成本，能够提升利润的"第三利润源"理论等。

1. 物流冰山理论

物流冰山理论最早是由日本早稻田大学的西泽修教授在 1970 年提出来的，他经过研究发现，现行的财务会计制度和会计核算方法都不可能掌握和反映物流费用的真实情况，人们所看到的物流费用，与实际物流支出之间存在巨大差异。人们所能看到的物流成本只是整个物流成本中的一小部分。西泽修教授用冰山水面以上部分与水面以下部分的巨大的体积差异这一特性来比拟这一现象，并称其为"物流冰山"，如图 1-3 所示。物流冰山理论使更多的学者和企业开始关注物流成本问题。

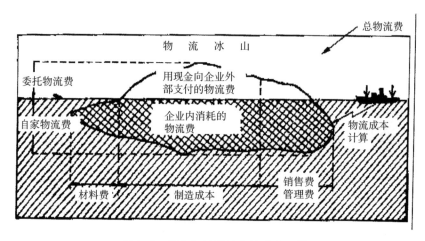

图 1-3　西泽修教授的物流冰山图①

人们所能看到的物流成本只是整个物流成本中的一小部分。作为复合型、服务型、基础性、战略性和先导性产业，物流业的发展关系到国民经济的方方面面，我们所统计到的物流成本只是整体物流成本的一小部分，所以，物流成本的降低对企业生产、居民生活、国民经济运行成本的降低，都具有十分重要的意义。

继西泽修教授之后，众多学者对物流成本或运输成本进行了研究。萨缪尔森（P. Samuelson，1952）认为物流运输成本与运输距离有关。由于生产地和消费地的空间区位差异，贸易中的商品在运输过程中会产生成本，这种受地理空间影响所产生的成本被称为冰山运输成本。冰山运输成本可以用成本函数公式表示：$T(d) = e^{-\tau d}$，其中，τ 为冰山运输成本的衰减系数，d 为公路（铁路）运输距离；生产地与消费地距离越远，运输产品的成本越高，反之越低。后

---

①　《物流冰山理论》，见 https://wiki.mbalib.com/wiki/% E7% 89% A9% E6% B5% 81% E6% 88%90%E6%9C%AC%E5%86%B0%E5%B1%B1%E7%90%86%E8%AE%BA。

来，克鲁格曼（Krugman，1980）对萨缪尔森的冰山运输成本函数进行了改进，在1991年，他发表了《收益递增和经济地理》一文，构建了中心—外围模型（CP模型），成为新经济地理学的奠基之作。在中心—外围模型中，克鲁格曼将运输成本作为一个重要变量引入到区位和贸易分析中，他认为运输成本较低时，规模经济带来的好处使经济产生集聚，最终形成中心区—外围区结构，当运输成本较高时，会导致经济活动分散。

2. 黑暗大陆理论

彼得·德鲁克（Peter F. Ducker）在1962年发表《经济领域的黑暗大陆》一文中，将物流比作"尚未开发的处女地"，认为"流通是经济领域里的黑暗大陆"，是人们降低成本的最后边界。"黑暗大陆"意指物流活动具有很强的模糊性，是人们尚未完全认识或未被完全知晓的领域，这一领域存在着研究和实践开发的极大潜力，他呼吁人们高度重视流通及物流管理。

3. 物流成本中心理论

该理论来源于物流冰山理论和黑暗大陆理论，认为物流活动是企业成本的重要来源，也是企业成本控制应该关注的要点和关键点，强调物流是"降低成本的宝库"。物流成本中心理论主要研究物流成本的优化、如何通过物流管理降低企业运营成本、流通成本等。成本中心理论激起了人们对物流成本和物流管理的关注和研究，这在一定程度上推动了物流业的发展。

4. "第三利润源"理论

第二次世界大战之后，节约物流成本、加强物流管理和物流规划成为人们关注的点。继物流冰山理论之后，西泽修教授在1970年提出了"第三利润源"理论，他认为物流领域是继第一利润源自然资源、第二利润源人力资源之后的第三利润源，随着生产扩张和销售范围扩大的潜力日趋枯竭，外加受到科技和管理水平发展的限制，物质资源的节约、劳动消耗的降低，使第一利润源和第二利润源的发展潜力越来越小，但物流业作为连接生产者和消费者的重要流通渠道，物流费用的降低，可以为企业带来直接和间接的利润，成为"第三利润源"。他认为物流业不仅可以为企业带来利润，还可以为国民经济的发展带来不可思议的力量。

可以从产业微笑曲线对第三利润源理论进行解读。工业 4.0 时代（智能化时代），企业价值链向两端延伸变得尤为重要，产业链的前端、中端和后端均与物流业相关，但物流业的专业化服务，能够帮助企业的价值链向前端和后端延伸，如原材料物流、燃料物流、半成品物流及电子商务物流、物联网等都是企业产品价值增值的主要源泉，如图 1-4 所示。

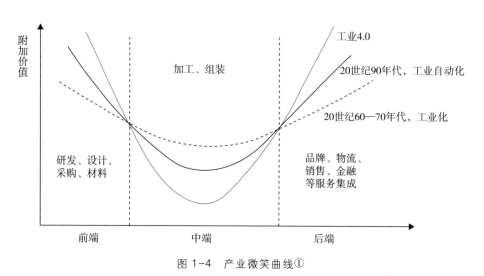

图 1-4　产业微笑曲线①

（三）物流业发展的其他理论

1. 物流效益悖反理论

物流效益悖反指物流引发的内部利益矛盾，物流系统的各要素之间存在着损益的矛盾关系。物流系统是运输、仓储、搬运、包装、流通加工、配送和信息处理等功能环节的集合，这些功能要素成本之间可能存在效益悖反、此消彼长的关系，在对物流的某个或者某些功能要素进行优化时，可能会引起其他某个或者某些要素的利益损失，由此形成此赢彼亏、此长彼消的现象，这种现象将会使整个物流系统的效率低下，严重阻碍了物流系统的发展。因此，在进行物流活动时，必须要采用系统论作为指导，综合权衡各功能、各环节的效益，以实现整体最优。

---

① 《物联网产业"微笑曲线"转型》，2015 年 12 月 29 日，见 http://info.ec.hc360.com/2015/12/290815848896. shtml。

2. 物流战略中心理论

在物流业发展的过程中，企业管理者开始从战略角度审视物流活动，物流战略中心理论认为企业在发展的过程中，应着眼于长远目标，将物流活动纳入企业生存和可持续发展的重要战略中去，而不是把物流活动看作是一项短期的、具体的操作性任务。后来，很多学者对物流战略中心理论进行了继承和发展，如一体化物流战略、物流供应链战略、即时物流战略、物流战略联盟、精益物流发展战略、智慧物流发展战略、冷链物流发展战略、绿色物流发展战略、"互联网+物流"战略、高度化物流战略、全球化物流战略等。

3. 物流服务中心理论

物流服务中心理论认为物流活动的目的不仅仅是降低企业物流成本，提升企业利润空间，更重要的是满足客户多样化的需求，这是增强企业核心竞争力的关键。该理论认为提升客户服务能力是企业从整体上节约成本、占领市场份额、提升整体竞争力的重要途径。物流服务中心理论强调物流的服务中心的职能，强调服务支持部门建立和发展的重要意义和保障作用，现代物流管理将满足客户需要作为企业开展经营活动的出发点。

4. 物流供应链管理理论

供应链译自"supply chain"，是将供应商到用户的供应链条进行统一管理和整合，将从供应商到最终用户的采购、制造、流通、分销、零售等功能流程联系起来，将每一个上下游节点的企业都视为供应链整体中的一部分，鼓励这些企业形成合作性竞争。物流的供应链管理强调整体的、一体化的规划、组织、协同及控制，以实现整体供应链的增值。

上述的物流冰山理论、黑暗大陆理论、物流成本中心理论和"第三利润源"理论均认为，物流成本的降低能够增加企业利润空间，进而促进经济产出的增加；物流效益悖反理论、物流战略中心理论和物流供应链管理理论强调了物流系统的重要性，认为企业应当从整体性、系统性、长远性的观点出发进行物流活动；物流服务中心理论认为物流的核心功能是为用户提供良好服务和物流体验。西方物流理论为物流业发展提供了理论支撑，为物流业的发展做出了重要贡献。

第四节　本章小结

本章的主要内容包括：（1）对物流业发展质量的相关文献进行梳理。本章从物流业概念、物流业发展理论、物流业绩效评价、物流业驱动因素、智慧物流、绿色物流和农产品物流等新型物流，以及物流业与其他产业的联动发展等方面对物流业的相关成果进行梳理；从发展质量的内涵及实现路径、区域经济发展质量、城市（群）及城镇化发展质量和产业发展质量方面对发展质量的相关研究成果进行了梳理；对物流业发展质量的已有研究成果进行了总结。（2）物流业发展质量的概念界定。基于文献述评，本书认为：物流业是由物流基本功能的产业化所形成的、利用物流基础设施实现物品转移的产业，是一个跨地区、跨行业、跨部门的复合型、服务型、基础性、战略性和先导性产业；物流业发展质量可以从物流业发展效率、发展结构和发展环境这"三元"进行分析，物流业是否实现高质量发展可以从物流业发展效率是否提升、发展结构是否优化、发展环境是否改善这"三元"作为评价标准。（3）物流业发展理论的梳理。马克思的物流业发展理论的主要内容有：第一，物流业能够直接创造价值，物流业创造场所价值，能够扩大市场范围；第二，物流基础设施和设备的改良，能够促进生产力发展；第三，物流成本的降低，能够促进生产力发展；第四，物流业能够通过时间节约，创造时间价值，缩短空间距离，创造空间价值；第五，物流业是联结社会生产、分配、交换和消费各个环节的纽带，是社会化大生产顺利进行的重要条件。西方物流业发展理论主要包括：生产性服务业相关理论，如生产性服务业的发展阶段论和产业互动论；物流成本理论，如物流冰山理论、黑暗大陆理论、物流成本中心理论，以及认为降低物流成本能够提升利润的"第三利润源"理论等。

第二章　区域经济协调发展的理论分析

本章首先对国内外关于区域经济协调发展的研究成果进行分类述评；其次，基于文献分析，对区域经济协调发展的概念进行重新界定，对其内涵和判断标准进行剖析；再次，从马克思主义区域经济协调发展理论和西方区域经济协调发展理论两个方面，对区域经济协调发展的相关理论进行梳理和总结；最后，对内容进行总结。对区域经济协调发展进行理论分析，可以为后面章节的机理分析和实证分析奠定理论基础。

第一节　文献述评

"协调"在《辞海》里的释义为：配合得当、和谐一致。区域协调是通过区域间的配合得当达到区域间的和谐一致，整体区域的和谐一致。区域经济协调发展既包含区域经济的"协调"，又包含区域经济的"发展"，即区际（区域与区域之间）经济实现互动发展，区际经济差距较小，且区域经济内部也要实现充分发展，以使经济整体达到"1+1>2"的效果。

一、国外关于区域经济协调发展的研究

国外学者对区域经济协调发展的研究主要体现在对区域经济发展理论、区域开发理论、区域相互依赖理论、空间相互作用理论、区域经济差异的研究上。

（一）区域经济发展理论

西方学者对区域经济理论的研究经历了均衡增长理论（又称平衡增长理

论）和非均衡增长理论（又称不平衡增长理论）的演变过程。一是区域经济均衡增长理论。20世纪40年代，均衡增长理论开始形成，代表性的是罗森斯坦·罗丹（R. Rodan，1943）所提出的大推进理论；20世纪50年代中期，索洛和斯旺（Solow，Swan，1956）所提出的新古典经济增长理论认为，经济差异都是暂时的，随着市场化的推进和要素流动，区域之间会慢慢达到均衡。讷克斯（Ragnar Nurkse，1953）的贫困的恶性循环理论认为，只有实施均衡发展战略，才能避免"贫困的恶性循环"，最终实现经济的均衡发展。二是区域经济非均衡增长理论。非均衡增长理论主要以佩鲁（Francois Perroux，1950）的"增长极"理论、赫希曼（Albert O. Hirschman，1958）的非均衡增长理论、缪尔达尔（Gunnar Myrdal，1957）的"地理上的二元经济结构"理论、弗里德曼（A. J. Friedman，1972）的"核心区与边缘区"理论、克鲁格曼（P. Krugman，1991）的"中心—外围"理论等为代表，认为经济增长遵循不平衡增长路径。三是区域经济增长的倒U形理论。威廉姆森（Jeffrey G. Williamson，1965）在1965年提出了区域经济增长的倒U形理论，认为经济的发展是通过区域发展非均衡来实现均衡发展的。

（二）区位结构及开发理论

西方学者对区位及开发理论的研究经历了农业区位论、工业区位论、中心地理论、市场区位论、梯度转移理论的演变过程。1826年，冯·杜能（J. H. von Thunen，1826）提出"杜能圈"的概念，他认为区域经济的发展应以城市为中心，以圈层状的空间分布为特点逐步向外发展；德国经济学家韦伯（A. Weber，1909）提出了运输区位法则、劳动区位法则和集聚或分散法则，奠定了工业区位论的理论基础；克里斯塔勒（Walter Christaller，1933）的中心地理论认为组织物质财富生产和流通的最有效的空间结果是一个以中心城市为中心的、由相应的多级市场区组成的网络体系；廖什（A. Losch，1938）的市场区位论把市场需求作为空间变量来分析区位理论，并将利润原则应用于区位研究；梯度转移理论认为，随着时间的推移及生命周期阶段的变化，生产活动逐渐从高梯度地区向低梯度地区转移。区位结构及开发理论为区际经济联系和区域经济协调发展提供了开发模式上的借鉴。

（三）区域相互依赖理论和空间相互作用理论

区域相互依赖理论认为区域之间是相互依赖和普遍联系的，库珀（Cooper，1968）在区际联系方面的代表性著作《相互依赖经济学》中指出，国与国之间的相互依赖程度随国际经济发展而增加，区域之间应通过增加经济联系，促进合作共赢。区域相互作用理论（空间相互作用理论）认为区域在空间上是相互联系和相互作用的，空间相互作用程度随距离的增加而衰减。区域外部性和空间溢出效应正是区域相互依赖和空间相互作用的表征。

（四）关于区域经济差异的研究

山本（Yamamoto，2008）、费尔汗·盖齐吉和杰弗里（Ferhan Gezici、Geoffrey，2007）分别对美国、土耳其的收入不平等状态进行了分析和评判。莱斯曼（Lessmann，2009）认为财政分权是影响区域经济差异水平的重要因素之一，财政分权程度越高，区域经济差距趋于越小。弗莱舍尔等（Fleisher, et al.,2009）对中国地区经济差异及其影响因素进行了分析，发现基础设施投资和人力资本投资分别对东部和西部地区的经济发展具有正向驱动作用。

国外关于区域经济协调的相关理论奠定了区域经济理论的基础，成为发展经济学和区域经济学的经典，这些都是区域经济协调发展的理论支撑。20世纪50年代以来，不平衡发展理论和战略占据着绝对的主导地位，成为大多数发展中国家的指导思想。区位及开发理论为城市区位选址、物流节点选址、区域开发及区域差异等提供了理论指导。区域相互依赖和空间相互作用理论为加强区域之间的经济联系、促进区域经济协调发展提供了理论支持。

二、国内关于区域经济协调发展的研究

（一）关于区域经济协调发展的内涵

关于区域经济协调发展的内涵，代表性的有以下几种观点：一是整体利益说。高波和朱英群（2006）指出协同发展是指各区域内部和谐、配合得当的状态，以达到整体利益的最优，使整体经济得到可持续发展。二是分工协作说。王海涛和薛波（2010）认为区域经济协调发展是在国家统一调控的情况下，各区域基于自身条件，准确定位，以形成区域间良好的分工协作，进而形

成要素流动有序、利益分配合理、协同和错位发展的状态。三是相对均衡说。张可云（2001）指出区域经济协调发展可以从两方面进行理解，第一个方面是发挥每个区域的比较优势，区域间形成合理的分工协作，进而促进整体经济的发展；第二个方面是控制区域差距，避免区域差距过大，以促进经济相对均衡。四是动态均衡说。王琴梅（2007）认为区域经济协调发展的实质是实现"分享式改进"，而区域非均衡协调发展是动态形式的区域经济协调发展，是通过非均衡最终实现均衡发展的战略选择。陈秀山和刘红（2006）认为健全区域之间互动发展机制是区域经济协调发展的基本途径，区域经济协调发展是均衡发展与非均衡发展相结合的动态协调过程。五是区域差距说。陈栋生（2008）认为区际经济利益能否兼顾、经济差距是否缩小是判断区域经济协调发展的检验标准。六是其他观点。彭荣胜（2007）认为区域经济协调发展的内涵中包含了1个"前提"和4个"标志"：即区际相互联系为前提；区际经济联系日益密切，区域分工趋向合理，区际经济发展差距在一定的"度"内且呈逐步缩小趋势，区域经济整体高效增长为标志。覃成林和姜文仙（2011）认为区域经济协调发展的内涵是在开放条件下，区域之间经济联系日益密切、经济相互依赖程度日益加深、经济发展上关联互动，各区域的经济均持续发展且区域之间的经济差异趋于缩小的过程。覃成林等（2011）认为区域经济发展是否协调的判断标准分为区际经济联系的增强、区域经济增长和区域经济差异的逐步缩小三个方面。

学者们对区域经济协调发展内涵的研究可以归纳为以下几个方面：一是区域之间经济联系加强、协同互动，利益共享；二是区域经济协调发展要坚持均衡与非均衡的动态协调过程；三是区域经济协调中子区域和整体区域的经济都应得到发展，整体利益和整体效率必须得到兼顾；四是区域经济协调要求区域差距维持在合理范围之内。

（二）区域经济协调发展的驱动因素

区域经济协调发展的驱动因素是什么？学者们围绕区域经济协调发展的驱动因素，从不同角度进行了分析，如王国平（2016）、刘力（2009）认为产业升级或产业转移能够显著驱动区域经济协调发展；傅先生（2013）、杨俊生

（2010）认为劳动力流动或劳动力的能力结构也能够促进区域经济协调发展；生延超和周玉姣（2018）肯定了人力资本对区域经济协调发展的驱动作用；田海燕和李秀敏（2018）认为财政科教支出、技术进步有利于区域经济协调发展；葛宝琴（2010）、苏娜（2010）分别认为城市化和高技术产业的发展是中国区域经济协调发展的驱动因素；刘生龙和胡鞍钢（2011）认为交通基础设施的改善能够促进省际贸易，进而促进区域经济协调发展；刘育红和王曦（2014）认为交通基础设施能够增强区际联系，直接促进区域经济协调发展；覃成林和黄小雅（2014）、王姣娥等（2014）、李红昌等（2017）对高铁加强区际联系，促进经济增长、缩小区域经济差距，促进区域协调发展的作用进行了研究；王小鲁和樊纲（2004）分析了资本、劳动力、人力资本、制度变革和结构因素等对区域经济差距的重要影响。马孝先（2017）在对区域经济协调发展的相关理论进行归纳总结的基础上，认为要素投入、经济增长、基础设施、技术进步、对外开放和制度变迁都是区域经济协调发展的驱动因素。

从区域经济协调发展的驱动因素的已有研究成果来看，区域经济协调发展受到经济增长、要素流动、基础设施建设、技术进步、市场化程度、对外开放程度、财政支出水平等因素的影响。

（三）促进区域经济协调发展的措施

一是通过产业调整和产业转移促进区域经济的协调发展。王欣亮（2015）认为比较优势、产业转移能够促进区域经济的协调发展；龚勤林和陈说（2012）从马克思利润率平均化的视角提出形成分工合理、特色明显、优势互补的区域产业结构、以产业转移为契机努力缩小区域发展差距、切实推进欠发达地区的体制机制创新、健全区域要素协调机制等促进区域经济协调发展的对策建议。二是通过动态协调促进区域发展。曾坤生（2004）认为只有坚持动态协调，才能保持区域经济系统在非线性状态中的有序运行。而动态协调发展不仅是单个区域的内在要求，也是区域之间相互作用的结果。三是通过政府宏观调控促进区域经济协调发展。江世银（2003）、解思明（2005）认为区域经济协调发展要发挥政府宏观调控的作用，中央政府与地方政府只有分工明确，相互补充，才能对区域经济发展进行有效的调控。谢德保（2005）认为政府可以通过财政政策和货币政策对区域经济差距进行调节，加强基础设施投资、并创造良好的制度环境、带动区际要素流动、加大对教育和科技支持力度等都可以对区域经济的协调程度进行调节。四是通过要素流动、科技创新等促进区域经济协调发展。王业强等（2017）认为加快实施科技创新驱动区域经济协调发展，充分发挥大城市科技创新的辐射带动作用，加大对中西部和老少边穷地区在科技资源配置、资金投入、人才培养、制度创新等方面的支持力度。陆铭和向宽虎（2014）认为鼓励落后区域发展工业，会造成整体效率下降，通过增强劳动力流动最终会实现区域经济协调发展。王琴梅（2008）认为以扩大开放为"突破口"，加速落后地区的市场化进程，推进体制转型在东中西部地区的均衡化有利于实现区域经济协调发展，她认为体制转型在东中西部的均衡化正是转型中国实现区域经济协调发展的特殊机制。五是其他观点。安虎森和李锦（2010）认为消除加剧区域发展差距的循环累积机制、适度降低开放度是实现区域经济协调发展的战略选项。

综合区域经济协调发展措施的研究成果发现，促进区域经济协调的措施和路径有：产业调整和转移、产业合理化的分工、动态非均衡发展、通过要素流动、科技创新、制度安排，以及通过政府调控、财税政策配合、市场一体化、增强区域经济发展水平等。

第二节　区域经济协调发展的概念界定

一、区域经济

（一）区域及划分

区域在《辞海》里的含义是地区，陈秀山和张可云（2003）认为区域是指通过选择某几个指标在地球表面划分出的具有一定范围的、连续而不分离的空间单位，而经济区域则是指根据一定的经济指标在不同空间尺度上划分的经济地域单元。本书中涉及 30 个省域、四大板块和全国整体三大层次的区域。

（二）区域经济

区域经济是指某特定地理空间区域的经济活动和经济联系。区域经济依据区域经济活动范围可以分为世界经济、国家经济和某国内部区域经济，本书研究的区域经济均在我国范围之内，省、自治区、直辖市内部所辖的市、区、盟、自治州的经济活动和经济联系构成了省域层次的区域经济；四大板块每个板块内部所辖省域的经济活动和经济联系共同构成了四大板块层次的区域经济；四大板块的经济活动和经济联系构成了全国整体层次的区域经济。书中对省级行政区域的研究范围为：我国除港澳台外的 31 个省、自治区和直辖市，因西藏自治区数据缺失严重，因此，本书在分析时，省域层次指的是除西藏外的 30 个省、自治区和直辖市（即 30 个省域）。省内区域的研究范围为省（区、市）内地级市行政单位，即市、区、盟、自治州，这些省内区域的经济活动和经济联系，构成了省域经济的总体特征；四大板块区域指依据 2015 年《政府工作报告》对"四大板块"的论述①，将我国除港澳台外的区域分成东部、中部、西部和东北四个地区，其中，东部地区包含 10 个省市，即北京市、天津市、河北省、上海市、江苏省、浙江省、福建省、山东省、广东省和海南省；中部地区包含 6 个省，即山西省、安徽省、江西省、河南省、湖北省和湖南省；西部地区包含 12 个省区市，即内蒙古自治区、广西壮族自治区、重庆市、四川省、贵州省、云南省、西藏自治区、陕西省、甘肃省、青海省、宁夏回族自治区和新疆维吾尔自治区；东北地区包含 3 个省，即黑龙江省、吉林省和辽宁省。因西藏众多数据的缺失，在研究西部地区时予以剔除。本书主要从我国 30 个省域层次、四大板块层次和全国整体层次对物流业发展质量对区域经济协调发展的影响进行研究。

二、区域经济协调发展的内涵界定

协调在《辞海》里的释义为：配合得当、和谐一致。区域协调是通过区域间的配合得当达到区域间的和谐一致，整体区域的和谐一致。区域协调发展

---

① 李克强：《政府工作报告——2015 年 3 月 5 日在第十二届全国人民代表大会第三次会议上》，2015 年 3 月 16 日，见 http://www.gov.cn/guowuyuan/2015-03/16/content_ 2835101.htm。

既包含区域的"协调"，又包含区域的"发展"。区域经济协调发展应包含以下基本内涵：即区域之间配合得当、经济联系密切、区域之间经济和谐互动；区域之间配合的同时，各区域的利益得到一定的保障，使得各区域有继续配合的动力；区域之间实现经济上的平衡和谐发展；整个经济整体实现动态的持续的发展，达到"1+1>2"的效果。

王琴梅（2007）认为区域经济协调发展就要实现区域经济利益的"分享式改进"，即一方面要注重单个区域经济发展的帕累托改进，实现区域经济发展的"效率"；另一方面要注重区域之间经济发展差距的缩小，实现区际经济发展的"公平"，最终在动态平衡中达到共同富裕。她认为区域经济是否协调有两个判断标准：一是区际经济利益是否同向增长，二是区际经济差距是否缩小。覃成林等（2011）认为区域经济协调发展包含三个方面的内容：一是区际经济联系的加强，区域间相互依赖，关联互动；二是区域经济持续增长；三是区域经济差异的逐步缩小。彭荣胜（2007）认为区域之间经济联系日益密切，区域分工趋向合理，区域间经济发展差距在一定的"度"内且逐步缩小，区域经济整体高效增长是区域经济协调发展的四个标志。结合文献综述部分介绍的更多观点，可以将学者们对区域经济协调发展内涵的研究归纳为：区域之间经济联系加强、协同互动，利益共享；区域经济协调中子区域（单个区域）和整体经济都应得到发展，整体利益和整体效率必须得到兼顾；区域经济协调发展要求区域差距维持在合理范围之内。

本书在借鉴前人研究成果的基础上，将从区际经济互动发展、区域经济充分发展和区际经济平衡发展三个维度对区域经济协调发展的内涵进行界定。其中，区际经济互动发展是区域经济协调发展中的"互动"原则，是区域经济充分发展和区际经济平衡发展的前提条件；区域经济充分发展是注重效率的发展，是区域经济协调发展中的"效率"原则；区际经济平衡发展是注重区际公平的发展，是区域经济协调发展中的"公平"原则。

（一）区际经济互动发展

区际经济互动发展即区际经济在相互联系、相互依赖和协同互动中实现发展的过程。区际即区域与区域之间，互动在《辞海》中的含义是相互影响、相互作用，互动发展即区域与区域之间空间联系、经济联系的加强，区域与区域之间协同互动中实现发展。区际经济互动发展是区域经济协调发展中的"互动"原则，是区域经济协调发展的基础，是区域经济充分发展和区际经济平衡发展的前提。这可以从三方面来看：一是区际经济互动发展是区域经济协调发展的基础。因为区域经济协调发展的必要条件是区域之间必须存在着经济联系。只有区域之间存在着紧密的经济联系，区域之间相互影响和相互作用时，区域之间才能形成依赖，进而才能形成区域经济发展上的关联互动。显然，反过来说，如果区域之间没有经济联系，没有相互影响和相互作用，没有交往欲望和交集，甚至区域之间毫不相干，"协调"就无从谈起，也就不可能内生出区域经济协调发展的需求。也就是说，区域与区域之间的经济联系越紧密，相互影响、相互作用和相互依赖的程度越深，区际经济互动越多，就愈要求协调发展。二是区际经济互动发展是各区域经济充分发展的条件。2000多年前的"淮南子—司马迁定理"、马克思的交往理论和世界市场理论、西方经济学中的三大贸易理论（斯密定理、绝对优势理论和相对优势理论）、我国学者如王琴梅的分享改进论等都说明了市场范围的扩大、区际经济联系的加强，能够促进各区域的经济发展。司马迁曾提出"以所多易所鲜"，《淮南子·齐俗训》中对"以所有易所无""以所工易所拙"的相关论述，均从经济联系加强、互通有无、交换和贸易等角度阐述了区际经济互动发展是区域经济充分发展的前提条件。斯密定理从经济联系增加—市场范围扩大—分工、专业化程度提升—劳动生产生产率提升—经济发展，论证了区际经济互动发展是区域经济充分发展的前提条件，绝对优势理论和相对优势理论中对贸易的描述依旧是以区域间存在联系为前提的。我国众多学者对加强区际联系、扩大市场规模、促进贸易等进行了研究，如王琴梅（2007）的《分享改进论》认为，各地资源禀赋各异，若要实现区域经济协调发展，必须互通有无、促进区际利益分享。三是区域经济互动发展也是各区际经济平衡发展的条件和前提。新古典经济学的区域均衡增长理论充分肯定了要素自由流动、市场范围扩大对经济实现区域均衡增长的重要作用。弗里德曼（A. J. Friedman，1966）的"中心—外围"理论、威廉姆森（Jeffrey G. Williamson，1965）的倒U形理论，也认为各区域要素自由流动、经济联系范围扩大，能够促使区域由不均衡逐步发展到均衡，这些理论都在客观上反映了区际经济互动发展是区际经济平衡发展的前提和基础。

（二）区域经济充分发展

充分即足够，区域经济充分发展即区域生产力不断提升、发展结构不断优化、发展动力得到转换、发展效益不断提升的过程。即区域经济充分发展主要表现为区域生产力得到极大发展、发展结构优化、发展动力充足和发展效益提升等四个方面。其中，第一个方面是外延式增长，后三者是内涵式发展，只有将外延式增长和内涵式发展结合起来，区域经济才能得到持久的有效率的发展。也就是说，区域经济充分发展既包含外延上"量"的增加，也包含内涵上"质"的提升。

区域经济充分发展是区域经济协调发展中的"效率"要求，是区际经济互动发展条件下的充分发展。因为区域经济协调发展是注重效率的发展。实现区域经济充分发展是实现区域经济协调发展的基本途径。首先，从区域经济协调发展的本质要求来看，区域经济协调应该是能够促进区域经济"发展"的"协调"，而不是使区域经济"停滞""倒退"或"消耗"的"协调"，区域能够通过参与"协调"获得更快更有效率的经济发展，进而带动更高层次区域、更大范围区域的发展，而不是整体区域的"停滞""倒退"或整体区域内部的"消耗"。因此，区域经济协调发展要求区域经济能够得到充分的、更有效率的发展，进而带动更高层次区域，甚至全国整体经济的充分发展。其次，从区域参与区域"协调"的动机来看，一个区域愿意主动地与其他区域配合得当，主动地参与"协调"，是希望通过与其他区域的配合、通过"协调"来促进本区域更快更好的发展，即实现本区域的利益。相反地，如果参与"协调"，损害当地经济发展、损害本区域的既得利益，那该区域也就没有了持续参与"协调"的动力。最后，从区际经济关系来看，落后区域要想和发达区域"协调"发展，必须要提升自身发展水平，发挥比较优势，实现比发达区域速度更快、效率更高的发展，才能更好地"配合得当、和谐一致"。因此，区域经济协调发展不是牺牲某个区域利益去换取其他区域的发展，而是区域间的共同发展、协调发展，单个区域的充分发展。

（三）区际经济平衡发展

"平衡"在《辞海》中的解释是：一是两个方面、相关的几个方面在数量或质量上均等或大致均等；二是几股相互抵消的力作用于一个物体，使物体保持相对静止的状态。区际经济平衡发展即区域之间经济差距缩小、区域共同发展的过程。具体包括三方面的内容：首先，避免区域经济差异过大，控制区域间经济差异在一定范围内、逐步缩小区域经济差异，这是区域经济协调发展的初衷；其次，使区域经济差距保持在合理范围内，这是马克思"以人为本"思想、公平正义思想和共享发展的本质要求；最后，平衡发展并不是毫无差距，地区间合理的差距有利于调动区域经济发展的积极性，促进区域的竞争与合作，激发区域和全国经济活力，提升经济效益。

根据我国区域差距较大的现实，目前以及今后的一段时期内，区域经济平衡发展的主要方面还是控制和缩小区域经济差距。因为从理论层面来看，区域之间经济差距过大，会导致区域经济发展能力的落差，进而造成一系列严重的后果和问题：一是加剧区域市场与全国市场的矛盾，造成区域封锁或分割，不利于全国统一大市场的形成，进而导致区域经济效率与全国整体经济效率的下降。二是破坏区域分工的基础，一般地，发达区域经济发展能力强，需要落后区域提供原材料、能源和自然资源等，落后区域发展能力不足以保证原材料、能源和自然资源等的供给时，会使发达区域和落后区域的分工基础受到破坏，导致发达区域、落后区域，甚至全国整体经济发展受限。三是削弱落后区域的自我发展能力，不仅导致落后区域人民收入降低、生活困难，导致人口外流；还会导致科教文卫的落后、基础设施建设及投资的落后，导致生产的进一步困难，生活困难和生产困难又会导致"贫困的累积"，即导致穷者愈穷的"马太效应"，致使区际差距更大，两极分化更加严重，不平衡性更加突出的恶性循环；对整体经济而言，落后区域"贫困的累积"会导致经济结构失衡，打乱国家的整体经济布局。

从现实层面来看，区域经济差距过大不仅是经济问题，还可能是社会问题，甚至政治问题。一是经济差距过大，会导致社会稳定问题、社会安全问题等；二是很多民族区域就分布在落后区域，区域经济差距过大，会导致一系列的民族经济发展问题，甚至是民族问题。我国是人民民主的社会主义国家，"共同富裕"、全面建成小康社会、共享经济发展成果是人民主体地位的必然要求，也是发展为了人民、发展依靠人民、发展成果由人民共享的具体体现，因此，缩小区域经济差距，维护区域间的公平与正义，实现区际经济平衡发展，是由我国的国家性质决定的。

总之，区际经济平衡发展是区域经济发展中区际"公平"的要求。区际经济平衡发展是区际经济差距不断缩小的过程，这是区域经济协调的公平原则，是区域经济协调发展的"核心"。区域经济协调发展应该是注重区际"公平"的发展。

第三节　区域经济协调发展理论

一、马克思主义的区域经济协调发展理论

（一）马克思恩格斯的区域经济协调发展理论

马克思恩格斯的区域经济协调发展理论，主要包括以下几个方面的内容：

1. 马克思恩格斯的区际经济互动发展理论

马克思和恩格斯并没有直接提出区际经济互动发展理论，但是马克思恩格斯的区际经济互动发展理论体现在其生产力和生产关系理论、世界市场和交往等理论中。一是生产力和生产关系理论。马克思认为生产力决定生产关系，人们的经济交往程度随着生产力的发展而不断发展和深化。即随着生产力的发展，人们的经济联系会越来越紧密和频繁。马克思和恩格斯指出："只有随着生产力的这种普遍发展，人们的普遍交往才能建立起来。"生产力的发展使世界联系逐步增强。二是世界市场和交往理论。马克思认为大工业的发展促进了世界市场的产生和世界经济联系的增强，他指出资产阶级开拓了世界市场，资产阶级为了扩大产品销售而奔走于全球各地，从而建立了世界性的经济联系，促进了世界市场的形成和世界经济的全球化。即大工业的发展，能够增强世界

经济联系，促进世界市场的形成和经济的全球化，促使区际、国际经济互动发展。

2. 马克思恩格斯的区域经济充分发展理论

马克思和恩格斯并没有直接提出区域经济充分发展理论，但是马克思的经济充分发展思想在其生产力理论、劳动价值论、剩余价值理论、扩大再生产理论等理论中均有体现。一是马克思的生产理论、劳动价值论。马克思认为社会主义是比资本主义更为优越的社会制度。而社会主义的任务正是解放生产力和发展生产力。生产力得到极大发展正是区域经济充分发展的重要组成部分，发展生产力需要要素投入。马克思认为劳动对象、劳动工具和劳动者是生产的三大要素，他指出，劳动过程的简单要素是：有目的的活动或劳动本身，劳动对象和劳动资料。马克思还认为生产力的高低受多种因素的影响，他说，劳动生产力是由多种情况决定的，其中包括：工人的平均熟练程度，科学的发展水平和它在工艺上应用的程度，生产过程的社会结合，生产资料的规模和效能，以及自然条件。即工人、科学技术创新和应用、生产资料规模和结构状况、自然资源等都对生产力有着重要影响，与此同时，马克思还指出，不论生产的社会形式如何，劳动者和生产资料始终是生产的因素，但是，二者在彼此分离的情况下只在可能上是生产因素。凡要进行生产，就必须使它们结合起来。可以这样理解：区域经济充分发展需要劳动力、资本、科学技术、资源等的投入，要素投入水平、投入规模和投入结构都会影响区域经济充分发展水平。二是马克思的扩大再生产理论。马克思的扩大再生产理论中充分体现出区域经济充分发展的思想。马克思在《资本论》第二卷中论证了简单再生产的实现条件，他认为简单再生产的实现条件是第 II 部类的不变资本等于第 I 部类可变资本与剩余价值的加总，用公式表达为

$$\mathrm{II}c = \mathrm{I}(v + m) \tag{2-1}$$

马克思认为扩大再生产的实现需要满足三个条件，即

$$\mathrm{I}(v + \Delta v + m/x) = \mathrm{II}(c + \Delta c) \tag{2-2}$$

$$\mathrm{I}(c + v + m) = \mathrm{I}(c + \Delta c) + \mathrm{II}(c + \Delta c) \tag{2-3}$$

$$\mathrm{II}(c + v + m) = \mathrm{I}(v + \Delta v + m/x) + \mathrm{II}(v + \Delta v + m/x) \tag{2-4}$$

即剩余价值 m 中，有 m/x 用于生产资料所有者的消费，其余部分用于积累和扩大再生产。马克思认为生产力的发展是通过扩大再生产实现的，扩大再生产又可分为两种，一种是外延式扩大再生产，即数量积累；另一种是内涵式扩大再生产，即"质"的提升。两大部类内部和两大部类之间合理的结构和比例正是内涵扩大再生产的表现。因此，区域经济的充分发展不但要求经济产出数量的增长，还要求经济发展的"质"的提升，比如经济结构的优化、经济效益的提升等。

3. 马克思恩格斯的区际经济平衡发展理论

马克思恩格斯的区际经济平衡发展理论主要表现在生产力均衡布局理论、区位选择理论和区域差异理论三个方面。一是生产力均衡布局思想。马克思恩格斯的区际经济平衡发展理论首先体现在对生产力均衡布局的描述上。他们认为资本主义制度以生产资料私有制为基础，私人企业追求私人利益，无政府状态的社会生产无法对整体利益进行调节，故而导致区域经济发展极不协调。只有在以公有制为基础的社会主义制度下，政府通过计划手段对生产力进行合理配置和区域空间布局，才能实现区域经济的平衡发展。恩格斯指出大工业应该在全国平衡分布，他认为只有按照统一计划配置生产力的社会，才能使工业布局适合工业发展。在资本主义社会，资本主义私有制使工业布局不均衡，有些区域的经济得不到充分发展，造成了区域间的矛盾和冲突，而社会主义公有制制度，可以通过政府计划，实现区域生产力的平衡布局。二是区位选择理论。马克思认为在生产力布局时，要尽可能在原料产地进行工业生产。他指出资本主义生产越发达，由机器等组成的不变资本增加的手段越多，积累越快，机器和其他固定资本的相对生产过剩情况也越严重，原料的相对生产不足也越严重。因此，为了节约运输成本，防止和克服原料不足的限制，扩大再生产的能力，工业生产应尽可能布局在原料产地、产品消费地和交通便利的地方。三是马克思恩格斯的区域差异理论。马克思和恩格斯认为区域差异只能缩小而不可能完全消除。恩格斯认为，在国与国、省和省，甚至地方和地方之间总会有生活条件方面的某种不平等存在，这种不平等可以减少到最低限度，但是永远不可能完全消除。阿尔卑斯山的居民和平原上的居民的生活条件总是不同的。因此，区域经济协调发展，并不是完全消除区域差异，而是将区域差异减少到最低限度。

（二）中华人民共和国五代领导人的区域经济协调发展论述

中华人民共和国五代领导人的区域经济协调发展论述是马克思恩格斯区域经济协调发展理论与我国实践相结合的产物，是马克思主义的中国化，是集体智慧、群众智慧的结晶。我国区域经济协调发展思想中的区际经济互动发展、区域经济充分发展、区际经济平衡发展为广大发展中国家提供了区域经济协调发展模式的借鉴。

1. 毛泽东的区域经济协调发展论述

毛泽东的区域经济协调发展论述可以从以下三个维度进行理解。

（1）区际经济互动发展论述。毛泽东并没有明确提出区际经济互动发展的理论，但"三线建设"、协作区、交通运输等方面均体现出了他的区际经济互动发展的思想。"三线建设"时期，成昆铁路、湘鄂铁路等得到发展，众多物资由沿海流向内地，沿海和内地的经济联系大大加强。1958年，我国开始建立经济协作区的探索，将全国分为东北、华北、华东、华南、华中、西南、西北七大协作区，1959年，又将华中、华南两个协作区合并为中南协作区，协作区内部经济联系得到增强。1954年，周恩来在《政府工作报告》中提出建设强大的现代化工业、农业、交通运输业和现代化国防①，这是四个现代化的最早论述。中华人民共和国成立后，我国修建了多条交通干线，如兰新铁路、陇海铁路、成渝铁路、鹰厦铁路、成昆铁路、襄渝铁路、宝成铁路、川黔铁路、康藏公路、青藏公路、淮河水道、长江水道和京杭运河的整治与扩建，增加了区际经济联系，促进了我国区际经济的互动发展。

（2）区域经济充分发展论述。毛泽东的区域经济充分发展论述主要体现在其生产力的发展思想、革命的思想、群众路线思想等方面。毛泽东指出，中国一切政党的政策及其实践在中国人民中所表现的作用的好坏、大小，归根到底，看它对于中国人民的生产力的发展是否有帮助及其帮助之大小，看它是束

---

① 《周恩来在全国人大一届一次会议上作〈政府工作报告〉》，2009年11月18日，见 http://www.gov.cn/test/2009-11/18/content_ 1467435. htm。

缚生产力的，还是解放生产力的。在中华人民共和国成立前后一穷二白、积贫积弱情况下，解放生产力和发展生产力是发展的首要任务。毛泽东将革命作为经济充分发展的动力，他采取的土地革命大大提升了农民生产的积极性、主动性，释放了改革红利，促进了我国经济增长，后又经过"三大改造"，极大地促进了我国产业的发展和国民经济的提升。毛泽东一直十分重视群众，发展为了群众和发展依靠群众的指导思想体现在经济社会发展的方方面面，如"国家、集体、个人利益三兼顾"的经济思想等，大大激发了人民群众投身生产、建设国家的热情。但当时过于追求"速度""赶超"和人的主观能动性，也导致了一些经济问题，因此，区域经济的充分发展必须是遵循经济规律前提下的科学发展。

（3）区际经济平衡发展论述。中华人民共和国成立之初，在学习马克思恩格斯生产力均衡布局理论的基础上，毛泽东基于当时我国国情提出了区域均衡发展论述。毛泽东指出中国工业约 70% 在沿海，30% 在内地，这是不合理的，为平衡工业布局，应在内地大力发展工业。在内地大力发展工业的举措，使我国沿海和内地的经济差距逐步缩小。20 世纪 60 年代，面对美国经济封锁、中苏关系恶化等严峻的国际形势，他又提出了"三线建设"，采取了经济发展逐步向中西部倾斜的政策。在区域经济均衡发展思想的指导下，旧中国遗留下来的积贫积弱的状况得到改善，旧中国经济发展极不均衡的状态得到改善，内地生产力得到较大发展，我国逐步处于低水平的经济协调发展水平。

2. 邓小平的区域经济协调发展论述

依据区际经济互动原则、区域效率原则、区际公平原则三个方面，可将邓小平的区域经济协调发展论述分成以下三个维度进行分析。

（1）区际经济互动发展论述。邓小平并没有直接提出区际经济互动发展的观点，但三大经济带和经济区理论、对外开放理论等都蕴含着区际经济互动发展的思想。我国第七个五年计划（"七五"规划）首次划分东部、中部、西部三大地带，要求东部沿海地带、中西部地带之间要相互支持，相互促进。邓小平指出，世界是开放的，发展经济必须要对外开放。在中国共产党第十二次全国人民代表大会召开时，邓小平提出，我们坚定不移地实行对外开放政策，在平等互利基础上积极扩大对外交流。从 1979 年设立四个沿海开放城市开始，我国逐步形成了经济特区—沿海开放城市—沿海经济开放区—内地的区域梯度，这对加强区域梯度内部联系起到积极作用。在实行对外开放的同时，他要求我国内部也要形成合理分工，相互开放市场，共同促进全国统一大市场的形成和发展，并要求企业积极利用国际国内两个市场、两种资源，扩大市场在资源配置中的作用，这些举措一方面促进了区际劳动要素、资本要素、技术等要素的流动；另一方面促进了区际产品和服务贸易的达成，对我国市场一体化和产业分工合理化具有重要作用。

（2）区域经济充分发展论述。邓小平并未明确提出区域经济充分发展的理论，但邓小平的生产力理论、市场经济理论、科学技术是第一生产力理论、效率优先等均体现出区域经济充分发展的思想。邓小平认为解放生产力，发展生产力是社会主义的本质，改革是解放和发展生产力的重要动力，通过改革使生产关系更好地适应生产力的发展。邓小平认为，社会主义和市场经济之间不存在根本矛盾。问题是用什么方法才能更有力地发展社会生产力……我们发挥社会主义固有的特点，也采用资本主义的一些方法（是当作方法来用的），目的就是要加速发展生产力……中国不走这条路，就没有别的路可走。只有这条路才是通往富裕和繁荣之路。1978 年，邓小平提出了"四个现代化，关键是科学技术的现代化"。1988 年 9 月，他又提出"科学技术是第一生产力"的著名论断。邓小平对内改革、对外开放、市场经济等举措极大地释放了改革红利、开放红利、制度红利，极大地激发了市场活力，我国经济取得了巨大成就。

（3）区际经济平衡发展论述。邓小平的"共同富裕"论、"两个大局"思想中均体现着区际经济平衡发展的理论。在区域经济均衡发展理论的指导下，我国中西部地区得到发展，但全国整体仍旧处在低水平的均衡上，整体生产力水平仍旧较低，经济发展中的平均主义较为严重，经济效率低下。我国与国外经济差距进一步拉大。基于此，20 世纪 70 年代末，邓小平提出了区域非均衡发展理论，在政策取向上要求"效率优先，兼顾公平"。他认为社会主义发展的最终目的是实现"共同富裕"，他指出，社会主义原则，第一是发展生产，第二是共同富裕。1988年，他又提出了"两个大局"思想，即"沿海地区要加快对外开放，使这个拥有两亿人口的广大地带较快地发展起来，从而带动内地更好地发展，这是一个事关大局的问题。内地要顾全这个大局。反过来，发展到一定的时候，又要求沿海拿出更多力量来帮助内地发展，这也是个大局。那时沿海也要服从这个大局"，在这些思想的指导下，东部地区得到迅速发展，但西部地区落后面貌没有改善，我国区域差距进一步扩大。

3. 江泽民的区域经济协调发展论述

20世纪90年代中期以来，江泽民提出了区域经济协调发展理论。

（1）区际经济互动发展论述。江泽民并没有直接提出区际经济互动发展，但他认为区域之间应开展多种形式的经济合作、联合协作、共同发展等，这正是区际经济互动发展思想的体现。江泽民十分重视区际经济联系，认为区域间应合理分工、关联互动和共同发展，他要求各区域"应当在国家统一规划指导下，按照因地制宜、合理分工、各展所长、优势互补、共同发展的原则，促进地区经济合理布局和健康发展"。他在讲民族区域与其他区域之间的经济联系时，强调了"民族地区要加强同沿海地区的经济联系，加快对外开放的步伐，充分利用各种有利条件，结交新伙伴，开拓新市场"。江泽民的区际经济联系的思想还体现在党的十五大报告中，"进一步发展东部地区同中西部地区多种形式的联合和合作"。强调东部、中部、西部三大地带的经济互动，要求实现各区域间的合理分工、关联协作。江泽民指出，加强国内经济联合，进一步促进生产力的合理布局，使东、中、西部地区形成各具特色、优势互补的经济，将大大提高我国的生产社会化水平和经济效益、竞争能力，有利于我们更好地凝聚全国力量参与国际竞争和拓展国际市场。西气东输、西电东送、南水北调、青藏铁路等大型项目的建设，加强了东、西部地区的经济联系，促进了区域之间的互动发展。

（2）区域经济充分发展论述。江泽民并没有直接对区域经济充分发展进行论述，其区域经济充分发展的论述主要体现在各个经济带都要实现发展，进而实现全国整体经济发展的思想中。关于东部地区的充分发展。江泽民认为，东部地区应加强科技创新、制度创新，继续扩大开放，走在全国经济发展中的前列，有条件的地区率先实现现代化，并积极采用沿海开放战略。他指出，东部地区一方面继续充分利用有利条件，进一步增强经济活力，在深化改革，转变经济增长方式，提高经济素质效益方面迈出更大的步伐，另外，在东部沿海地区，要大力发展外向型经济，重点发展附加值高、创汇高、技术含量高、能源和原材料消耗低的产业和产品，多利用一些外国资金、资源，求得经济发展的更高速度和更好效益。党的十六大报告明确指出，东部地区应"形成以高新技术产业为指导、基础产业和制造业为支撑、服务业全面发展的产业格局"。关于中部地区的充分发展。江泽民指出，中部地区是我国重要的粮食生产区和传统的工业区，具有承东启西的区位优势。要结合产业结构调整和西部大开发加快中部地区的发展。"中部地区要加大结构调整力度，推进农业产业化，改造传统产业，培育新的经济增长点，加快工业化和城镇化进程"。关于西部地区的充分发展。江泽民强调，西部开发要重点抓好交通、通信、能源等基础设施建设，尤其要把水资源的合理开发和有效利用放在突出的位置；大力植树种草，有计划、有步骤地退耕还林，搞好综合治理，加快生态环境建设；调整产业结构，发展优势产业，促进资源加工增值；优先发展科技教育，着力培养人才，提高劳动者素质，为振兴西部奠定好的基础。

（3）区际经济平衡发展论述。通过东、中、西部的充分发展，尤其是中、西部地区的充分发展，促进区域之间经济差距的缩小。江泽民指出，要从全国经济协调发展的战略高度，着眼于地区优势的相互结合，相互补充，相互促进，共同发展，把东、中、西部各地区的积极性都调动起来。我们强调协调发展，是要在东部地区快速发展的同时，促进和带动中西部地区发展得更好。江泽民指出，解决地区发展差距，坚持区域经济协调发展，是今后改革和发展的一项战略任务。1999 年，党中央提出了"西部大开发"战略，加大了对西部地区的投资力度，也在政策上予以倾斜。江泽民指出，积极推进西部大开发，促进区域经济协调发展。实施西部大开发战略关系到全国发展的大局，关系民族团结和边疆稳定。他认为，我们强调协调发展，是要在东部地区快速发展的同时，促进和带动中西部地区发展得更好。他指出，缩小区域经济发展差距是一个长期过程，不能急功近利和急于求成，要分步骤、分阶段进行。党的十四大报告也提出"解决地区发展差距，坚持区域经济协调发展，是今后改革和发展的一项战略任务"。

4. 胡锦涛的区域经济协调发展论述

实施西部大开发战略之后，西部地区发展环境得到改善，但我国区域经济差距问题仍没有得到较好的解决。党的十六届三中全会提出了科学发展观，推进区域经济协调发展思路。

（1）区际经济互动发展论述。以胡锦涛同志为核心的领导集体的统筹城乡发展、统筹区域发展的理论包含着区际经济互动发展理论。《中华人民共和国国民经济和社会发展第十一个五年（2006—2010 年）规划纲要》[①] 提出了区域经济协调发展的总体战略部署，要求形成区域间互相促进、优势互补的互动机制，强调要实现这一战略部署，需要健全市场机制、合作机制、互助机制和扶持机制，以促进区域经济的协调互动、优势互补和共同发展[②]。促进要素在区域间的自由流动，促进产业转移，健全区域之间的技术、人才等合作，加强区际经济互动发展。

（2）区域经济充分发展论述。关于东部地区的充分发展。"十一五"规划强调，东部地区要提升自主创新能力，促进经济结构优化升级。继续发挥经济特区、上海浦东新区的作用，推进天津滨海新区开发开放，支持海峡西岸和其他台商投资相对集中地区的经济发展，带动区域经济发展。关于中部地区的充分发展。2006 年，《国务院办公厅关于落实中共中央国务院关于促进中部地区崛起若干意见有关政策措施的通知》提出中部地区要建设全国粮食生产基地、能源原材料基地、现代装备制造基地、高技术产业基地，发挥交通枢纽优势等。[③] 关于

---

① 《中华人民共和国国民经济和社会发展第十一个五年（2006—2010 年）规划纲要》，2006 年 3 月 16 日，见 http://www.gov.cn/ztzl/2006-03/16/content_ 228841_ 2. htm。

② 《新华时评：健全四大机制促进区域协调发展》，2005 年 11 月 7 日，见 http://www.gov.cn/ztzl/2005-11/07/content_ 92566. htm。

③ 《国务院办公厅关于落实中共中央国务院关于促进中部地区崛起若干意见有关政策措施的通知》，2008 年 3 月 28 日，见 http://www.gov.cn/zhengce/content/2008-03/28/content_ 1984. htm。

西部地区的充分发展。《西部大开发"十一五"规划》[①] 指出，立足比较优势，促进结构调整，转变增长方式，提升竞争能力，加强政府引导和政策支持，促进资源优势转化为产业优势和经济优势，逐步形成若干特色资源加工基地和优势产业发展基地。提高基本公共服务水平，促进西部地区城镇化、改善生态环境、扩大西部开放等。关于东北地区的充分发展。2008 年，《关于实施东北地区等老工业基地振兴战略的若干意见》[②] 指出："支持东北地区等老工业基地加快调整改造，是党的十六大提出的一项重要任务，是党中央从全面建设小康社会全局着眼作出的又一重大战略决策。各地区各部门要充分认识实施东北地区等老工业基地振兴战略的重要性和紧迫性，要像当年建设沿海经济特区、开发浦东新区和实施西部大开发战略那样，齐心协力，扎实推进，确保这一战略的顺利实施。"

（3）区际经济平衡发展论述。科学发展观、统筹区域发展理念、对区域间的经济结构进行合理布局等，正是区际经济平衡发展的思想。在宏观战略层面上，胡锦涛陆续提出和强化了继续实施西部大开发战略、振兴东北地区老工业基地战略、中部崛起战略、鼓励东部地区率先发展战略，形成了内陆"四轮驱动"格局；在中西部地区和东北地区自身层面上，加强自身充分发展能力；在四大板块层面上，加强东部地区对中西部地区、东北地区的帮扶力度；在国家整体层面上，加强对中西部地区、东北地区的支持力度，增加财政转移支付，促进公共服务均等化建设，尤其增加了对革命老区、民族区域、边疆区域和贫困区域的帮助和扶持。

5. 习近平的区域经济协调发展论述

（1）区际经济互动发展论述。习近平总书记的区际经济互动发展论述表现在其三大区域战略（"一带一路"、京津冀协同发展和长江经济带三大战略）

---

① 《西部大开发"十一五"规划》，2007 年 3 月 2 日，见 http://www.scio.gov.cn/m/xwbfbn/2007/0301/Document/324548/324548.htm/。

② 《国务院办公厅关于落实中共中央国务院关于促进中部地区崛起若干意见有关政策措施的通知》，2008 年 3 月 28 日，见 http://www.gov.cn/zhengce/content/2008-03/28/content_1984.htm。

中，体现在其建设现代化的交通服务网络体系、实施物流强国战略、加强区际经济联系中。2014 年，习近平总书记在中央工作会议上指出，要重点实施"一带一路"、京津冀协同发展、长江经济带三大战略。这三大战略的共同特点，是跨越行政区划、促进区域协调发展①。至此，以"一带一路"倡议、京津冀协同发展和长江经济带建设为代表的习近平新时代区域经济协调发展论述正式形成，这三大战略的实施对加强区际经济联系，促进区际经济互动发展具有十分重要的意义。丝绸之路经济带建设中的"五通"（即政策沟通、设施联通、贸易畅通、资金融通、民心相通）正是区际经济互动发展的直接体现。

（2）区域经济充分发展论述。习近平总书记指出，我们要从社会主义初级阶段这个最大国情出发，坚持以经济建设为中心不动摇。任何束缚和阻碍社会生产力发展的言行，都是违背社会主义本质要求的，都要坚决反对，排除各种干扰②。必须把创新作为引领发展的第一动力，把人才作为支撑发展的第一资源，把创新摆在国家发展全局的核心位置，不断推进理论创新、制度创新、科技创新、文化创新等各个方面的创新，以供给侧结构性改革为主线，激发经济增长动力和活力。

（3）区际经济平衡发展论述。党的十九大报告明确指出"中国特色社会主义进入新时代，我国社会主要矛盾已经转化为人民日益增长的美好生活需要和不平衡不充分的发展之间的矛盾"③，因此，要紧扣我国社会主要矛盾，实施区域经济协调发展战略，提升区域经济协调的发展质量和效益。习近平总书记在党的十九大报告中提出："强化举措推进西部大开发形成新格局，深化改革加快东北等老工业基地振兴，发挥优势推动中部地区崛起，创新引领率先实现东部地区优化发展，建立更加有效的区域协调发展新机制"，这成为新时代我国区域经济协调发展的行动指南。进入新时代，我国"一部分人先富起来"的目标已经基本实现，实施"精准扶贫"，以达到全面小康。

---

① 《习近平谈治国理政》第二卷，外文出版社 2017 年版，第 236 页。
② 中共中央文献研究室：《习近平关于社会主义经济建设论述摘编》，中央文献出版社 2017 年版。
③ 《决胜全面建成小康社会 夺取新时代中国特色社会主义伟大胜利——在中国共产党第十九次全国代表大会上的报告》，人民出版社 2017 年版，第 11 页。

全国人民"共同富裕"是社会主义的本质要求，让发展成果更多地惠及全体人民，降低区际收入差距，促进区际的共享发展是实现区际经济平衡发展的题中之义。

总结中华人民共和国五代领导人的区域经济协调发展的论述，不难发现，他们重视交通的思想是一以贯之的，从邓小平开始，对市场、开放、要素流动、区域合作等的重视也是一以贯之的，这都表现出他们对区际经济联系、区际经济互动发展的重视；解放生产力，发展生产力的传承正是区域经济充分发展思想的体现；"共同富裕"思想的继承和发展、对中西部地区的重视也正体现出区际经济平衡发展的思想。马克思恩格斯和我国历代中央领导集体的区域经济协调发展思想是一脉相承和一以贯之的。中华人民共和国五代领导人的区域经济协调发展思想是马克思主义与我国区域经济实践相结合、马克思主义中国化的结果，充分反映了党和国家领导人对我国区域经济问题的把握和解决能力，具有较强的时代特色。

二、西方区域经济协调发展思想

（一）区域均衡发展理论

1. 大推进均衡增长理论

20 世纪 40 年代，均衡增长理论开始形成，该理论认为投资是国民经济增长的发动机，通过在各个部门、各个产业、各个地区进行全面的、大规模的均衡投资，进而推动国民经济各个部门、各个产业和各个地区的均衡增长，强调政府干预对经济发展的作用。具有代表性的是英国经济学家罗森斯坦·罗丹（R. Rodan，1943）所提出的大推进理论，该理论认为发展中国家存在社会资本的不可分性、需求的不可分性以及储蓄的不可分性，发展中国家各个部门应该同时进行大规模的、全面的投资，创造出互相联系的市场需求，以推动经济均衡增长，摆脱贫困，然后通过投资推动，降低生产成本，增加利润，促进储蓄，进一步扩大投资，并认为投资推动工业发展是发展中国家脱贫的必要条件。罗丹也特别重视基础设施建设投资的作用，认为基础设施投资是经济增长的先决性条件。

2. 讷克斯的贫困恶性循环理论

讷克斯（Ragnar Nurkse）在 1953 年提出了贫困恶性循环理论，该理论认为发展中国家的资本匮乏所导致的贫困恶性循环，是阻碍其经济增长的主要原因，他将这种贫困循环分为供给的贫困循环和需求的贫困循环。该理论认为发展中国家要突破这种恶性循环，就必须进行全面的大规模的资本投资，增加储蓄，进而形成经济的良性增长。

3. 新古典经济学的区域均衡增长理论

20 世纪 50 年代中期，经济学家索洛（Solow，1956）和斯旺（Swan，1956）提出了新古典经济增长理论之后，均衡增长理论的统治地位逐渐被新古典经济增长理论所取代。新古典增长理论经济增长来源于物质资本、劳动和技术进步；认为经济发展中的不平衡现象都是暂时的，长期来看，随着生产要素在区际间的自由流动，在一定条件下，各区域在经济增长水平上会逐步达到均衡，认为通过发挥市场在资源配置的基础性作用，就能实现经济的稳定均衡增长。

（二）区域非均衡发展理论

1. 佩鲁的"部门增长极"理论

佩鲁（Francois Perroux）在 1950 年提出了增长极理论，该理论认为经济增长不是遵循均衡路径，而是发源于一个所谓的"推动型单位"。该理论是区域经济发展的基础理论之一，认为区域经济发展应采取不均衡发展战略，主张首先将要素聚集在优势区域，然后通过扩散效应带动周边区域经济发展，进而实现整体区域发展。

2. 赫希曼的"核心区与边缘区"理论

赫希曼（Albert O. Hirschman）在 1958 年出版的《经济发展战略》一书中提出了不均衡增长理论。该理论主张发展中国家应将有限的资源分配到增长潜力最大的产业，促进这些产业的优先发展，通过产业关联效应带动其他产业发展。该理论还认为，部门和产业发展的不均衡是区域经济发展不均衡的主要原因。

3. 缪尔达尔的"地理上的二元经济结构"理论

缪尔达尔（Gunnar Myrdal）在 1957 年提出了"地理上的二元经济结构"

理论（也称"循环累积因果"理论），该理论指出经济发展是一个动态变动过程，影响经济发展的各因素之间存在着循环累积因果。如落后区域与发达区域存在着要素收益率的差别，回流效应使落后区域的要素流向发达区域，导致落后区域要素的进一步不足，发展更加落后；扩散效应使发达区域的要素流向落后区域，促进落后区域发展。区域经济差距主要看两种效应的作用程度，市场的作用往往导致回流效应远远高于扩散效应，导致区域经济差距的不断拉大。

4. 克鲁格曼的新贸易理论

克鲁格曼（P. Krugman）在1991年发表的《收益递增和经济地理》中对该理论进行了更为详尽的补充和优化，并构建了"中心—外围"模型。克鲁格曼从集聚力（向心力）和离心力两个方面揭示了区域经济集聚的内在机制，认为中心—外围模式的形成取决于运输成本、规模经济和制造业在国民收入中的比重。

（三）由非均衡到均衡的过程理论

1. 弗里德曼的"核心区与边缘区"理论

20世纪60年代初，弗里德曼（A. J. Friedman）提出"核心区与边缘区"理论，该理论从创新问题出发，依据资源要素流动的状态和区域经济的典型特征，将区域经济的发展过程划分为四个阶段：即工业化前阶段、工业化初期阶段、工业化成熟阶段和大量消费阶段，不同发展阶段的区域空间结构不同。他认为任何区域都由核心区和边缘区组成，区域经济发展总是由具有发展优势的核心区率先发展，然后扩散到边缘区的，即区域经济通过先极化，后扩散的方式实现区域经济的非均衡状态到均衡状态的转变。

2. 威廉姆森的倒U形理论

威廉姆森（Jeffrey G. Williamson，1965）提出了区域经济差异的倒U形理论，认为经济的发展是通过区域发展不均衡来实现均衡发展的，他指出在一国经济发展初期，其内部区域差异不大，随着区域经济发展，经济发展的区域差异会逐步扩大，即出现区域经济的不平衡，但随着经济发展到更高水平，区域之间的差异会保持稳定，当一国经济达到成熟的发展阶段时，区域之间差异会趋于缩小，最终实现区域之间的均衡发展，即区域经济差异有先扩大后缩小的倒 U 形发展趋势。这种倒 U 变动趋势由四个因素决定，这四个因素分别是人口迁移成本、投资收益率、国家发展目标和区际连锁反应程度。该理论揭示了长期中区域经济会经历一个由非均衡状态到均衡状态的发展过程。

（四）区域相互依赖理论和空间相互作用理论

1. 区域相互依赖理论

区域相互依赖理论认为世界是普遍联系的，区域不是孤立存在的，区域之间是相互影响、相互依赖、相互制约的。1968 年，库珀（Richard Cooper）在《相互依赖经济学：大西洋国家的经济政策》一书中，对区域经济相互依赖进行了最早的分析。后来，众多学者对该理论进行了发展完善。区域相互依赖理论认为国家与国家之间是相互依赖的，只是依赖程度有所区别；一国内部区域之间是相互依赖的，只是依赖程度有所差异。这种区域之间的依赖是双向的、可传递的，区域相互依赖程度随市场经济发展而增加，倡导区域与区域之间加强经济联系，进而实现合作共赢。

2. 空间相互作用理论

空间相互作用理论认为任何空间区域都不是孤立存在的，区域之间不断进行着物质、能量、信息、人员等的流动、交换或传递。海格特（P. Haggett, 1965）认为对流、传导和辐射是空间相互作用的三种形式，现代空间相互作用理论认为，区域空间相互作用的主要形式包含人员流动、物质流动、资金流动、信息流动和技术流动等。

西方区域经济协调发展的相关理论奠定了区域经济理论的基础，成为发展经济学和区域经济学的经典，这些都成为区域经济协调发展的理论支撑，为发展中国家区域经济的协调发展提供了发展模式的借鉴。区域互相依赖理论和空间相互作用理论为研究区域经济之间的联系奠定了理论基础，为区际经济互动发展提供了理论指导。

第四节　本章小结

本章主要做了三个方面的工作：（1）对区域经济协调发展的相关文献进

行述评。本章对区域经济发展理论、区域开发理论、区域相互依赖理论、空间相互作用理论、区域经济差异的研究等方面对国外关于区域经济协调发展的文献进行了梳理；从区域经济协调发展的内涵、区域经济协调发展的驱动因素和促进区域经济协调发展的措施三个方面对国内关于区域经济协调发展的研究成果进行了梳理和总结。（2）区域经济协调发展的概念界定。基于文献述评，本书认为：区域经济协调发展可以从区际经济互动发展、区域经济充分发展和区际经济平衡发展三个维度进行界定。区际经济互动发展是区域经济协调发展中的"互动"原则，是区域经济充分发展和区际经济平衡发展的前提条件；区域经济充分发展是注重效率的发展，区域经济协调发展中的"效率"原则；区际经济平衡发展是注重区际公平的发展，是区域经济协调发展中的"公平"原则。（3）区域经济协调发展理论梳理。从区际经济互动发展、区域经济充分发展和区际经济平衡发展三个维度对马克思主义的区域经济协调发展理论进行了梳理，从区域均衡发展理论、区域非均衡发展理论、由非均衡到均衡的过程理论、区域相互依赖理论和空间相互作用理论等对西方区域经济协调发展思想进行了梳理。这些理论将成为机理分析和实证分析的基础。

第三章　物流业发展质量影响区域
经济协调发展的机理分析

在对物流业发展质量和区域经济协调发展的概念做出明确界定、对相关理论进行梳理的基础上，本章将对物流业发展质量影响区域经济协调发展的机理进行深入分析。思路是采用分总结构，即先分析物流业发展质量对区际经济互动发展、区域经济充分发展和区际经济平衡发展三个维度的影响，这一方面为分析物流业发展质量对区域经济协调发展的总体影响打下基础，另一方面也可以明确物流业发展质量对区域经济协调发展三个维度的影响路径如何，然后再对物流业发展质量对区域经济协调发展的总体影响进行综合分析。

第一节　文献述评

一、国外关于物流业对区域经济协调发展影响的研究

国外学者对物流业对区域经济协调发展的影响进行了研究，研究成果主要集中在：物流业能够增加区域之间的经济联系，促进区际经济互动发展；物流业能够促进区域经济发展。

（一）物流业能够促进区际经济互动发展

拉克什曼南（T. R. Lakshmanan，2011）运用经济地理学的理论和方法，研究不同地区的交通基础设施情况和建设规模，认为改善交通运输条件，有助于扩大市场范围、促进聚集和技术溢出，进而加强经济联系，带动经济发展。塔利·韦恩（Talley Wayne，1996）对交通设施投资水平和区域经济发展水平

的关系进行了研究，发现交通对经济发展的影响路径为：交通基础设施投资增加——空间可达性和服务质量提高——区域生产和运输服务改善——经济联系增加，经济发展水平提升。拉莫戈帕（Ramokgopa，2004）分析了城市物流系统对于城市可持续发展和经济辐射范围的重要作用。

（二）物流业能够促进区域经济充分发展

亚当·斯密（Adam Smith，1776）在《国富论》中提道："一国商业的发达，全赖有良好的道路、桥梁、运河及港湾等公共工程""经济的发展，需要有良好的物流基础设施作为支撑，整个流通过程才能得以顺利进行。"即物流基础设施的发展能够促进区域经济充分发展。韦伯（A. Weber，1996）的工业区位论第一次提到了物流系统的规模和效率会对区域经济发展产生正向影响。马西乌利斯（A. Maciulis，2009）对物流基础设施投入与经济增长的正向和负向影响进行了分析。卡马瑟斯（R. Camuthers，2004）发现中国香港地区和新加坡的物流业发展对经济发展有着显著的拉动效应，进而提出加快物流业发展，提升物流业效率，进而实现经济增长的结论。巴萨拉布（Basarab，2001）对42个国家的物流业与经济发展之间的关系进行了分析，发现物流业能够显著促进经济增长。

二、国内关于物流业对区域经济协调发展影响的研究

国内对物流业影响区域经济发展的研究，主要集中在以下三个方面。

（一）物流业能够增强区际经济联系，促进区际经济互动发展

我国自古以来就十分重视物流业对区际经济联系和区域经济增长的作用，从古代的"茶马古道""丝绸之路经济带"、京杭大运河等，到21世纪后的"一带一路"、长江经济带等重要战略布局都体现了物流业对增强区际经济联系，促进经济发展的作用。众多学者对物流基础设施、物流通道对加强区际经济联系，促进区域之间经济互动的影响进行了研究，代表性的有：朱瑞雪（2015）对"丝绸之路经济带"背景下的我国与中亚经贸合作进行了研究，认为交通物流建设有助于经贸合作，加强区际联系，促进区域之间的协同发展；狄乾斌和马洁（2018）、王泽东等（2017）对渤海海峡跨海通

道加强区际联系的作用进行了分析。范月娇和陆爽（2019）以我国沿海物流通道和长江物流通道为例，对物流通道的形成对沿线区域空间经济联系范围的影响进行了研究，发现物流通道能够有效增强经济联系强度，扩展空间范围，提升辐射区域的经济竞争力。沈丽珍等（2018）、王克强和万宁娜（2017）、秦璐和高歌（2017）采用物流数据对区域经济的流动特征、区际联系特征和城市节点层级进行了分析，发现物流业与区际经济联系密不可分。龙江（2002）、戴小红（2016）分别对物流对区际联系、城市经济空间结构的影响进行了分析，充分肯定了物流业在促进区际经济联系和改变区域空间格局的作用。

（二）物流业能够促进区域经济充分发展

马倩（2013）指出现代物流业是区域经济发展的主要动力源，物流业的发展对提高经济资源配置效率，提升区域发展能力，进而提升整体经济竞争力具有重要作用。何小洲等（2007）研究了物流业对区域产业结构优化，以及区域综合经济实力的推动作用，并以重庆市为例进行了实证研究。李爱彬和赵翩翩（2011）对徐州市物流业对区域经济的贡献进行了实证分析，发现物流业对区域经济增长的作用呈现明显的阶段性特征。范月娇（2018）从规模效应、密度效应和专业化效应三个维度出发，对我国11条物流通道的集聚效应进行深入研究，得到物流通道能够有效驱动经济集聚，促进经济发展的结论。张竟成和张竟轶（2017）采用VAR模型对物流业与区域经济增长的长期关系进行了研究，发现物流业与经济增长具有长期稳定的正向相关关系，物流业的发展能够长期驱动区域经济增长。

（三）物流业能够促进区际经济平衡发展

我国一直有"要想富，先修路"的说法，国家的"村村通"工程中涉及的公路、电话、互联网正是物流业、信息业加强区际经济联系，实现区际经济平衡发展的要求。戢晓峰等（2019）、聂凤英和熊雪（2018）、杨水根和王露（2018）对物流业发展、电子商务、流通的减贫效应进行了分析和评价，认为物流业、电子商务、流通的发展对贫困地区脱贫具有正向促进作用。王晓东和张昊（2012）、沈剑飞（2018）认为流通能够促进区域一体化发展。卞元超等（2018）、覃成林等（2015）认为铁路发展能够促进要素流动、促进区际经济的收敛，进而促进区际经济平衡发展。李雪松和孙博文（2015）通过研究发现交通密度和距离对长江经济带区域经济一体化发展具有正向驱动效应。张方和陈凯（2018）认为物流运输成本对区域经济差距具有显著影响，物流运输成本的降低能够有效促进区域差距的缩小，实现区际经济平衡发展。

由上可见，我国众多学者对物流业影响区域经济协调发展进行了研究，这些研究主要体现在：物流业对区际经济联系、区际经济互动发展的驱动作用；物流业对区域经济增长或区域经济充分发展的作用；物流业对区域差距缩小、区际经济平衡发展的作用等方面。

第二节 物流业发展质量对区际经济互动发展的影响机理

本书认为物流业发展质量的提升对区际经济互动发展的影响有两方面：一方面，物流业发展质量的提升能够直接促进区际经济互动发展；另一方面，物流业发展质量的提升能够通过促进时空压缩、市场一体化和分工合理化间接促进区际经济互动发展。本节首先对物流业发展质量对区际经济互动发展的直接影响进行分析；其次，对物流业发展质量对区际经济互动发展的间接影响进行分析；最后，对物流业发展质量对区际经济互动发展的总体影响进行总结。

一、物流业发展质量对区际经济互动发展的直接影响

物流业按照涉及领域进行分类，可以分为生产领域物流业、生活领域物流业等。生产领域物流业即为企业生产提供物流服务的物流行业，生活领域物流业即为人们的生活提供服务的物流行业。

（一）生产领域的物流业发展质量的提升能够直接促进区际经济互动发展

作为"生产性服务业"，物流业与生产过程紧密相连，企业生产从原材料

采购开始，就需要原材料物流、采购物流提供服务，这就促进了原材料产地、需求地、中转地之间的经济联系，直接促进区际经济的互动发展；在生产过程中，企业需要原材料和半成品供应，即需要生产物流提供服务，这能够直接促进原材料产地或半成品产地、中转地与需求地之间经济的互动发展；生产中产生的废弃物又需要废弃物物流进行处理，这能够促进生产地与废弃物处理地、中转地的经济联系，促进区际经济互动发展；可重复利用的物资、部分半成品或余料的回收，又需要回收物流提供服务，这又能够促进区域之间经济的互动发展。因此，企业的整个生产过程都伴随着物流所带来的经济互动，即物流业发展质量的提升能够直接促进不同区域生产领域的经济联系，直接促进区际经济互动发展。

（二）生活领域物流业发展质量的提升能够直接促进区际经济互动发展

生活领域物流业的发展，与人们的生活息息相关。物流业的高质量发展可以更好地促进物品的保存、增值和运输，提升运输效率，保障商品价值的顺利实现和增殖，如冷链物流、农产品物流、电子商务物流等，只有冷链物流实现了发展质量的提升，才能更好地提振生鲜市场（包括水果市场、蔬菜市场、肉品市场、水产市场、干货及日配市场、熟食市场和糕点市场等），激发生鲜市场活力，创造出更多就业机会，更好地满足消费者对生鲜商品的需求，在提高人民生活质量的同时，直接提升生鲜品的跨区域互动发展水平；农产品物流的高质量发展，能够完成农产品从农田到餐桌、到家庭的高质量运输和配送，促进农民增收的同时，也提升城市居民的消费需求和消费水平，促进城乡交流，实现城乡之间的区际经济的互动发展；电子商务物流作为一种数字化、网络化的物流模式，使市场主体的消费不拘泥于区域限制，为国内外的生产者和消费者交易的达成提供了保障，大大刺激了需求，提升了供给，促进供求匹配，在带动经济增长的同时，增强了区际经济的联系和互动，使生产和销售突破地域限制，使区际经济互动发展水平实现了变革。

作为连接商品生产和消费的纽带，物流业的高质量发展能够扩大生产领域，扩大要素和产品的市场辐射范围、扩大消费领域和需求市场的辐射范围，促进供给与需求的匹配与均衡，增强区际经济联系，直接促进区际经济的互动发展。

二、物流业发展质量对区际经济互动发展的间接影响

（一）物流业发展质量的提升能够促进时空压缩

物流业发展质量的提升，通过"时空压缩"效应的发挥，带动区际经济的互动发展。所谓"时空压缩"，意指人们的活动范围所需要的时间和距离，随着交通与通信技术的进步而不断缩短。哲学家哈维（David Harvey，1990）使用这一概念用来说明资本主义的历史在生活步伐上不断加速的特征，是对马克思"时间消灭空间"时空观的继承和发展。

马克思认为运输业"根本不使用原料而只使用生产工具，运输业所出售的东西，就是场所的变动。它产生的效用，是和运输过程即运输业的生产过程不可分离地结合在一起的"，即物流业中占比最大的交通运输业通过场所变动创造场所价值，这是物流业的空间效应；马克思在《资本论》中指出："在运输工具发展的同时，不仅空间运动的速度加快了，而且空间距离在时间上也缩短了。"即物流业发展能够缩短流通时间，即物流业的时间效应。马克思认为"重要的不是市场在空间上的远近，而是商品到达市场的速度"，因此，马克思的时空观被认为是"用时间消灭空间"的时空观。

哈维（1990）对马克思"用时间消灭空间"的时空观进行了继承和发展。哈维认为：时空压缩"标志着那些把空间和时间的客观品质革命化了"，"资本主义的历史具有在生活步伐方面加速的特征，而同时又克服了空间上的各种障碍，甚至世界有时显得是内在地朝我们崩溃了"，也即是时空压缩使人们有时间上不断加速，空间上不断缩小的时空体验。

物流业的高质量发展带来的"时空压缩"效应，主要表现在时间效应和空间效应上。一方面，物流业发展质量的提升能够缩短区际的流通时间，节省时间成本，即时间效应；另一方面，物流业发展质量的提升能够加强区域空间交往，扩大空间经济联系和经济活动的范围，提升了空间可达性，即空间效

应。物流业发展质量的提升，使生产和消费在时间和空间上被大大压缩，极大地扩展了区际经济互动的深度和广度。

（二）物流业发展质量提升能够促进市场一体化

市场一体化与区域市场分割互为对立面，市场一体化反映了要素、商品和服务自由流动的状态。开放经济条件下，物流业发展质量的提升通过市场一体化，进而促进区际经济互动发展，这可以从两个方面进行理解。

1. 物流业发展质量的提升能够促进区际贸易，进而促进区际经济互动发展

西托夫斯基（Scitovsky，1958）的大市场理论指出，区域市场一体化程度的加深能够通过规模效应、竞争效应、消费效应、循环反馈效应促进区际经济联系的增强和区域经济增长，即区域市场一体化能够通过规模效应降低商品成本、通过竞争效应促进充分竞争、通过消费效应降低区际商品价格差异带动消费、通过循环反馈效应使成本降低，充分竞争及商品综合价格差异的降低又会带动市场一体化程度加深，形成良性循环。物流业发展质量的提升能够通过优化区域商品流动、降低商品的物流成本、促进商品的保值增值、提升商品运转效率、扩大商品市场范围、促进商品供给与需求的有效匹配，进而带动区际商品和服务市场一体化，增加区际贸易，充分发挥规模效应、竞争效应、消费效应和循环反馈效应，进而促进区际经济联系的增强和区际经济的互动发展。

2. 物流业发展质量的提升能够促进要素流动，进而促进区际经济互动发展

依据要素禀赋理论，生产要素在数量和质量上均存在区域差异，这种要素禀赋差异构成要素区际流动的基础。发达区域通常拥有较为充足的资本、科学技术、管理经验和先进的生产工具等，而落后区域拥有丰富的土地资源、充裕的劳动力资源、自然资源、能源矿产和原生态的自然环境等。物流业发展质量的提升，能够通过物流网络将要素区际流动的需求变成现实，促进不同禀赋区域的要素跨区域流动，带动要素资源富裕度不同的区域之间的联系，带动要素市场一体化水平的提升，促进要素资源富裕度不同的各区域实现要素价格趋同

化和收入水平的均等化，优化区际要素配置，促进区际经济互动发展。

（三）物流业发展质量的提升能够促进分工合理化

亚当·斯密和杨小凯等均认为分工促进经济增长。马克思的劳动地域分工理论更是从本质上阐述了分工协作对增加经济联系、提升生产力的重要作用。马克思的劳动地域分工理论，对区域产业分工合理化具有重要指导作用。"一方面，协作可以扩大劳动的空间范围，因此，某些劳动过程由于劳动对象空间上的联系就需要协作；……另一方面，协作可以与生产规模相比相对地在空间上缩小生产领域。在劳动的作用范围扩大的同时劳动空间范围的这种缩小，会节约非生产费用。"分工协作增加了空间联系，促进生产费用的节约。马克思指出"这样一来，往往整个城市和整个地区都专门从事某种行业"，劳动地域分工形成了区域不同的产业类型。

物流业发展质量的提升，有助于区际分工的合理化，进而促进区际经济互动发展。生产力越发展，专业分工就越合理越细化，而分工越合理越细化，又越会促进生产力的发展。物流业发展质量的提升能够拓展区域市场分工协作的范围，促进更多区域参与到产业分工协作中来，带动区际产业分工的深化、细化、合理化，产业分工合理化进一步形成劳动密集型、资本密集型、资源密集型等产业的优势互补，加强区际联系，促进区际经济互动发展。

三、物流业发展质量影响区际经济互动发展的机理总结

以上我们首先分析了物流业发展质量直接影响区际经济互动发展的机理，又分析了物流业发展质量通过时空压缩、市场一体化和分工合理化三个中介桥梁、间接影响区际经济互动发展（时空压缩主要从空间和时间效应方面，市场一体化侧重于贸易和要素流动方面，分工合理化主要从区际合理的产业分工方面）的机理。这里，本书将其概括为直接、间接两方面，将物流业发展质量影响区际经济互动发展的总机理如图3-1所示。

图3-1显示，物流业发展质量既直接对区际经济互动发展产生影响，即直接效应；也能通过促进时空压缩、市场一体化和分工合理化对区际经济互动产生影响，即间接效应。

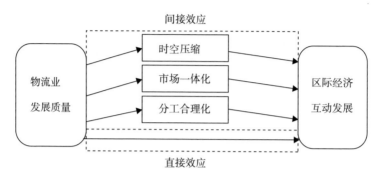

图 3-1　物流业发展质量对区际经济互动发展的影响机理

注：图中箭头表示影响路径，虚线表示直接效应和间接效应的范围及分割。

第三节　物流业发展质量对区域经济充分发展的影响机理

本书认为物流业发展质量的提升对区域经济充分发展的影响有两方面：一方面，物流业发展质量的提升能够直接促进区域经济充分发展；另一方面，物流业发展质量的提升能够通过改善供给侧、刺激需求侧，间接促进区域经济充分发展。本节首先对物流业发展质量对区域经济充分发展的直接影响进行分析；其次，对物流业发展质量对区域经济充分发展的间接影响进行分析；最后，对物流业发展质量对区域经济充分发展的总体影响进行总结。

一、物流业发展质量对区域经济充分发展的直接影响

物流业发展质量的提升能够直接促进经济增长、优化产业结构、促进创新驱动、提升经济效益，这正是区域经济充分发展的四个方面。

（一）物流业发展质量的提升能够直接促进经济增长

作为国民经济的基础性产业，物流业隶属于第三产业服务业范畴，具有独立经济活动属性，因此，物流业发展质量的提高，如物流业发展效率的提升、发展结构的优化和发展环境的改善等都能促进物流业的价值增值，作为国民经济的重要组成部分，物流业的价值增值能够直接促进区域经济增长。

（二）物流业发展质量的提升能够促进区域产业结构优化

作为国民经济的复合型产业，物流业包含了交通运输业、仓储业、装卸业、包装业、流通加工业、配送业、物流信息业等行业，这些行业的高质量发展和配合，可以促进商流、信息流、人流等的有效聚集，通过乘数效应，进一步带动区域内商贸业、金融业、会展业、信息业等多种行业的集聚和扩散，通过一系列的产业关联效应提升区域内部第三产业比重，进而促进行业结构的合理化和高级化；物流业可以和第一产业、第二产业密切结合起来，也可以采用现代化的物流基础设施和设备、先进的技术手段对分散的物流进行统筹协调和管理，实现区域行业结构的高级化。

（三）物流业发展质量的提升能够促进区域经济的创新驱动

从宏观层面看，作为国民经济的先导性产业，物流业发展质量的提升，比如物流业集约化、智能化、机械化、数字化、技术化、标准化、信息化、网络化水平的提升，对其关联行业的智能化、技术化和信息化具有较强的带动作用，进而促进区域经济的创新驱动；物流技术、物流制度、物流基础设施、物流市场和物流服务的创新及变革，能够通过区域关联水平的提升，促进区域经济的创新驱动。

从微观层面看，物流业发展质量的提升所带来的成本节约和时间节约，能够带来企业成本的节约和财富的增加，进而使企业有更多的资金和时间用于研发新产品和新技术，进而促进区域经济的创新驱动；物流业发展质量的提升所带来的市场范围的扩大，能够促进企业的充分竞争与合作，激发其市场敏锐度，促进学习效应、模仿效应和创新效应的发挥，促进区域经济的创新驱动水平的提升。

（四）物流业发展质量的提升能够促进区域经济的效益提升

作为"第三利润源"和国民经济发展的"加速器"，物流业发展质量的提升能够提高生产、消费和流通的运行效率和运行速度，提升农业、工业和服务业的效益。2019年3月1日，国家发展和改革委员会发布的《关于推动物流高质量发展促进形成强大国内市场的意见》（发改经贸〔2019〕352号）指出，物流业的高质量发展有利于激发实体经济活力，有利于增强发展的内生动力，有利于形成强大国内市场、有利于提升社会经济运行效率。①

1. 物流业高质量发展对提升农业经济效益的作用

农产品物流和农业物流的高质量发展，能够带动农村物流基础设施建设，带动农村分拣业、包装业、流通加工业、装卸业、仓储业、快递业等的发展，促进农产品的加工、保存、销售，促进农业机械化和现代化，因此，物流业的高质量发展对农业具有较强的支撑带动作用，能够提升农业产销效益。

2. 物流业高质量发展对提升工业经济效益的作用

物流业的降本增效，对降低工业成本、拓展工业利润空间，促进制造业向中高产业链延伸，促进工业效益的提升具有较强的推动作用，物流业大数据、物联网、云计算等数据服务的提升，为制造业提升市场敏感度，把握有效商机，捕捉市场需求商机提供物流数字支撑；物流供应链管理和无缝衔接服务，为制造业提供一体化、个性化、柔性化的物流服务，能够有效提升制造业效益。

3. 物流业高质量发展对提升服务业经济效益的作用

物流业属于服务业范畴，其高质量发展对增强服务效率，促进就业、带动税收，方便人民生活，满足消费者体验，增强人民的幸福感具有较大作用。物流业"门到门""点对点""端对端"服务、云仓、分时配送、夜间配送、无人机配送、冷链配送、定制化配送等对增强服务效率，提升服务效益具有十分重要的作用。

二、物流业发展质量对区域经济充分发展的间接影响

（一）物流业发展质量的提升能够优化供给侧

经典增长理论均将资本、劳动和技术作为供给侧要素，如柯布—道格拉斯（C-D）生产函数是研究经济增长时使用最广泛的经典模型之一，它将劳动力、资本、技术纳入模型，它表明供给侧要素劳动力、资本、技术的投入都能够促进经济增长。

---

① 《关于推动物流高质量发展促进形成强大国内市场的意见》，2019 年 3 月 1 日，见 ht-tps://www.ndrc.gov.cn/xwdt/dt/sjdt/201903/t20190301_ 1112192.html。

1. 物流业发展质量的高低影响企业区位选择和工业布局，进而影响资本投入的大小和流向

胡佛（Edgar M. Hoover，1948）提出的运输区位论发现运输费用递减规律，为交通枢纽站和交通运输线进行工业选址奠定了理论依据，与韦伯（A. Weber，1909）的运输区位法则不谋而合。由此可以看出，物流业对工业企业、工业的影响。资本流向与工业企业区位选择、工业产业布局密切相关，物流业对工业企业区位选择、工业布局的影响，会影响资本流向和资本投入水平等供给侧因素，因此，物流业发展质量的提升，能够优化工业选址和布局，优化资本使用效率。

2. 物流业发展质量的提升能够促进劳动力投入的增加，进而促进经济增长

物流业作为复合型产业，它包含着交通运输业、仓储业、邮政业、装卸业、搬运业、包装业、流通加工业、配送业、物流信息业等行业，这些行业的关联行业众多，如交通运输设备制造业、批发和零售贸易业、农业、房地产业、通信设备制造业、计算机及其他电子设备制造业、住宿和餐饮业、旅游业、综合技术服务业等，物流业的高质量发展，本身就能促进物流业劳动力投入的增加和集聚，又能通过促进关联产业发展，带动关联产业劳动力投入的增加和集聚，进而促进经济增长。

3. 物流业发展质量的提升能够促进技术创新能力的提升，进而促进经济充分发展

新古典学派和熊彼特学派都认为，技术创新是经济发展的源动力。马克思也认为技术创新能够带来生产力的革命性变革，他说："蒸汽、电力和自动纺机甚至是比巴尔贝斯、拉斯拜尔和布朗基诸位公民更危险万分的革命家。"物流业的信息化和数字化，能够帮助企业依据市场需求进行研发投入，物流业发展质量的提升能够降低企业的生产成本、流通成本和时间成本，进而提升企业效益，进而减少企业的成本支出、节约时间和节约精力，以投资于研发投入，促进企业技术创新水平的提升；作为国民经济的先导性产业，物流业技术创新能力的提升，能够通过产业关联效应和区域关联效应的发挥，促进相关产业、

相关区域技术创新能力的提升，促进区域经济充分发展；物流业能够促进创新资源的集聚和扩散，促进创新资源的合理配置和专业化分工，提升技术创新能力，进而带动区域经济的充分发展。

（二）物流业发展质量的提升能够刺激需求侧

1. 物流业发展质量的提升通过促进消费促进区域经济的充分发展

消费、投资和出口被认为是拉动经济增长的"三驾马车"，而消费被认为是最重要的"一驾马车"。物流业发展通过刺激消费促进经济充分发展的途径可以表现在两方面：一方面，物流业能够带动就业、促进消费支出的增加，进而促进经济发展。凯恩斯（Keynes，1936）的消费理论认为，消费由人们的可支配收入决定，消费与当期可支配收入的关系是：消费支出随着收入的增加而增加，但消费支出没有收入增加的多。物流业属于服务业，具有较强的创造就业岗位、吸纳劳动力的作用，因此，物流业能够通过促进就业，增加就业人员收入进而促进消费，带动区域经济充分发展。另一方面，"物流业+移动互联网"带动消费方式的变革，进而促进区域经济充分发展。"物流业+移动互联网"、物流与信息化的结合，物联网、互联网和移动支付的便捷，大幅增加了消费的深度和广度，扩大消费范围、满足着企业和个人批量的、零售的、快捷便利的、一体化的、定制化的、专业化和多样化的需求，这对提振实体经济、扩大内需、促进区域经济的充分发展具有十分重要的作用。

2. 物流业发展质量的提升通过拉动投资促进区域经济充分发展

物流业的发展，需要物流基础设施为物质载体，物流基础设施包括车站、港口、机场、物流园区、仓储中心、配送中心等点的基础设施；又包括公路、铁路、航空等交通线的基础设施，也包括汽车、火车、飞机、轮船、管道等的运输设施；还包括装卸搬运设备、货物分拣设备、货物保管设备、货物计量设备、养护检验设备、通风照明设备、消防安全设备、劳动防护设备，以及配套的电子信息设备等。这些设施的建设和对接需要大量投资，因此，物流业发展质量的提升能够促进投资增加，进而促进区域经济充分发展。

3. 物流业发展质量的提升通过刺激出口促进区域经济充分发展

比较优势理论认为，在开放经济条件下，每个国家都应集中生产并出口具有比较优势的商品，进口不具有比较优势的商品，则各国均能从贸易中获利，这也是专业化分工带来的好处。比较优势的存在是国际贸易的基础。物流业的发展使区际贸易、国际贸易成为可能，国际物流的高质量发展能够为进出口贸易提供物流保障，能够实现商品在物流中的保值增值，降低商品变质、损毁、过时和破坏的可能性，能够缩短交易和流通时间，节约时间成本，减少商品资金占用成本，节约运输成本、仓储成本，提升物流服务水平，增强各国具有比较优势的出口商品的竞争力；国际物流的高质量发展还能扩展出口商品的市场范围，促进市场一体化水平和专业分工，进一步强化各国的比较优势，带动区域经济充分发展。

三、物流业发展质量影响区域经济充分发展的机理总结

以上我们先分析了物流业发展质量直接影响区域经济充分发展的机理，又分析了物流业发展质量通过优化供给侧、刺激需求侧间接影响区域经济充分发展的机理。这里，本书概括为直接、间接两方面，物流业发展质量影响区域经济充分发展的总机理如图 3-2 所示。

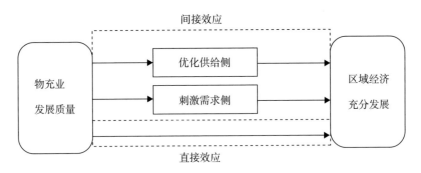

图 3-2　物流业发展质量对区域经济充分发展的影响机理

注：图中箭头表示影响路径，虚线表示直接效应和间接效应的范围及分割。

由图 3-2 可知，物流业发展质量对区域经济充分发展的影响分成直接效应和间接效应两部分，即物流业发展质量的提升既能直接促进区域经济的充分发展，又能通过优化供给侧的资本、劳动、技术供给和刺激需求侧的消费、投资、出口，间接促进区域经济的充分发展。

第四节 物流业发展质量对区际经济平衡发展的影响机理

本书认为物流业发展质量的提升对区际经济平衡发展的影响有两方面：一方面，物流业发展质量的提升能够直接促进区际经济平衡发展；另一方面，物流业发展质量的提升能够通过促进收入均等化、消费平等化和基础设施均等化，进而促进区际经济平衡发展。本节首先对物流业发展质量对区际经济平衡发展的直接影响进行分析；其次，对物流业发展质量对区际经济平衡发展的间接影响进行分析；最后，对物流业发展质量对区际经济平衡发展影响进行总结。

一、物流业发展质量对区际经济平衡发展的直接影响

（一）物流业发展质量促进落后区域经济充分发展带动区际经济平衡发展

物流业具有独立经济活动属性，物流业发展质量的提升能够直接促进落后区域的经济增长、结构优化、创新驱动和效益提升，促进落后区域的充分发展，实现区际经济平衡发展。

（二）物流业发展质量通过扩散效应带动区际经济平衡发展

物流业发展质量的提升能够通过扩散效应，促进落后区域发展。后发优势理论认为，落后区域能够通过技术模仿、技术引进、技术外溢、制度学习等，降低技术创新的投入和风险，加速经济追赶，缩小与发达区域的经济差距。物流业可以借助物流的各层级网络和网点，通过扩散效应、知识溢出效应、技术创新溢出效应、制度模仿效应，促进商流、人流、产品流和信息流向落后区域扩散，促进知识的传播、技术的传播，促进技术创新的外溢，让落后区域搭上知识和技术创新、制度模仿和移植的"便车"，促进落后区域的跨越式发展，缩小发达区域和落后区域的区际经济差距，促进区际经济平衡发展。

二、物流业发展质量对区际经济平衡发展的间接影响

（一）物流业发展质量的提升能够促进收入均等化

1. 物流业发展质量的提升能够通过就业效应，促进收入均等化，进而促进区际经济的平衡发展

配第一克拉克定理表明，伴随着经济发展水平的提升，第三产业的国民收入和劳动力的比重会出现逐步上升趋势。物流业属于第三产业，而第三产业具有极强的劳动力吸纳能力。马赛厄斯·孙（Matthias Sohn，2015）、熊浩和鄢慧丽（2014）均认为物流业具有较强的就业效应。一方面，物流业能够创造出大量的就业岗位。物流业包含着交通运输业、仓储业、邮政业、装卸业、搬运业、包装业、流通加工业、配送业、物流信息业等行业，这些行业能够催生出大量就业岗位，增加物流业从业人员的收入水平。另一方面，物流业关联和渗透的行业众多，如交通运输设备制造业、建筑业、通信设备、计算机及其他电子设备制造业，批发和零售贸易业、农业、房地产业、住宿和餐饮业、旅游业、综合技术服务业等，几乎包含国民经济的方方面面，物流业关联行业的发展，能够创造大量就业岗位，促进人们收入的增加，尤其是中低收入群体收入的增加，进而促进区际经济平衡发展。

2. 物流业发展质量的提升能够通过要素分配效应，促进收入均等化，进而促进区际经济平衡发展

马克思的收入分配理论认为：生产决定分配，要素拥有者获得要素收入。马克思指出："生产表现为起点，消费表现为终点，分配和交换表现为中介环节"，即生产决定分配。马克思还指出："由每年新追加的劳动新加进的价值分成三部分，它们采取三种不同的收入形式，一部分属于或归于劳动力的所有者，另一部分属于或归于资本的所有者，第三部分属于或归于地产的所有者。"也就是说，工人获得工资、资本家获得利润、土地所有者获得地租。如前所述，由物流业发展质量对区域经济充分发展的影响机理可知，物流业发展质量的提升能够促进区域经济充分发展，能够带动生产要素的自由流动、优化要素配置。区域经济的充分发展能够促进区域税收收入的增加，为收入公平的

调节奠定基础；要素流动和要素配置效率的增加，能够提升要素收入水平，增加税基，促进收入分配，促进收入的均等化，进而促进区际经济的平衡发展。

（二）物流业发展质量的提升能够促进消费平等化

1. 物流业发展质量的提升有助于缩小区际消费差距，进而促进区际经济平衡发展

物流业的高质量发展，有助于提升落后区域的消费需求。信息化高度发达的今天，以网上交易为核心内容的电子商务得到迅猛发展，物联网、互联网和移动支付的便捷，物流业配送范围的扩展，能够使人们的消费需求突破了地域限制，使落后区域的生产性消费如原料、燃料、机器设备等需求，生活性消费如衣食住行、教育、医疗等需求得到满足，落后区域的消费需求得到成倍扩大，这就缩小了区际消费差距，促进了区际经济的平衡发展。

2. 物流业高质量发展的消费"示范效应"的产生，能够促进消费平等化，进而促进区际经济平衡发展

杜森贝利（Duesenberry，1949）的相对收入假说指出，消费者的消费往往会受到周围消费群体的影响，即"示范效应"，物流与互联网、信息化的结合，使消费者的"示范效应"得到放大，让不同区域的人们的消费出现模仿和趋同。这有利于消费区域差异的缩小，有利于消费平等化，带动区际经济平衡发展。

3. 作为连接生产与消费的桥梁和纽带，物流业的高质量发展，有助于满足落后区域日益增长的消费需求

物流业的高质量发展，有助于消费品的区际转移和区际互补，进而促进区际经济平衡发展。产业链中低端的商品从东部地区向西部地区的转移，如海产品通过冷链物流由东部运往西部，满足西部地区对海产品的需求，如水果、高粱、小米等农产品，通过农产品物流，由西部地区运往东部地区，以满足东部地区对农产品的需求。

需要指出的是，凯恩斯（Keynes，1936）的消费理论认为，消费由人们的可支配收入决定，消费支出随着收入的增加而增加，但消费支出没有收入增加的多。因此，区际的收入平等化能够促进消费均等化，即物流业发展质量的提升能够促进收入平等化，进而促进消费均等化，间接促进区际经济的平衡发展。

（三）物流业发展质量的提升能够促进基础设施均等化

1. 物流业发展质量的提升，有助于区际基础设施的共建共享，进而促进区际经济平衡发展

大推进理论认为，在经济发展的初期，应对基础设施进行大规模、全面的投资，才能促进规模效应的产生进而使基础设施"正外部性"影响得以发挥。罗斯托（Rostow，1971）的经济起飞理论认为基础设施是经济成长和生产发展的基础和先决条件，因此，发展经济学家将其称为"社会先行资本"。依据世界银行的分类，可将基础设施分为经济性基础设施和社会性基础设施，而经济性基础设施主要指为经济生产服务和为居民生活服务的公共事业、公共设施、公共工程和交通设施等；社会性基础设施包括文化、教育、医疗、体育等，本书主要指经济性基础设施，主要包括公共交通、邮电通信、水电供应和环境卫生基础设施。基础设施均等化注重区域之间有建设和使用基础设施的均等的机会，强调区际基础设施的共享。物流基础设施包括车站、港口、机场、物流园区、仓储中心、配送中心等"点"的基础设施，包括公路、铁路、航空等交通线的基础设施，也包含汽车、火车、飞机、轮船、管道等的运输设施，还包括仓储、运载设备、信息通信基础设施等。物流基础设施的共建共享，能够促进物流基础设施均等化水平的提升，促进区际联系，促进辐射区域经济增长，缩小区域差距，带动区际经济平衡发展。

2. 物流业发展质量的提升，能够促进要素流动、提升基础设施的使用效率

物流业发展质量的提升，能够促进基础设施要素的区际流动和基础设施的使用效率，能够促进基础设施的资本、劳动力、技术投入要素的区际流动和优化配置，提升区际基础设施建设水平和建设效率，提升基础设施的使用效率，促进基础设施均等化水平的提升，促进区际基础设施的共建共享，进而带动区际经济平衡发展。

3. 物流基础设施建设投资对加强区际联系，促进区际经济平衡发展具有较大意义

区际间铁路网、高速公路网、水运网、航空网、管道运输网、信息通信

网、物联网、互联网等基础设施的共建共享，有利于促进基础设施的均等化、共享化，进而促进区际经济的平衡发展。"要致富，先修路"正是物流基础设施促进落后区域发展和促进区际经济平衡发展的写照。

三、物流业发展质量影响区际经济平衡发展的机理总结

以上我们先分析了物流业发展质量直接影响区际经济平衡发展的机理，又分析了物流业发展质量通过促进收入均等化、消费平等化和基础设施均等化等间接影响区际经济平衡发展的机理。这里，本书概括为直接和间接两个方面，物流业发展质量影响区际经济平衡发展的总机理如图3-3所示。

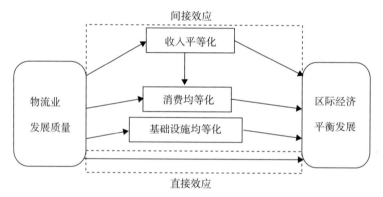

图3-3　物流业发展质量对区际经济平衡发展的影响机理

注：图中箭头表示影响路径，虚线表示直接效应和间接效应的范围及分割。

图3-3中，物流业发展质量对区际经济平衡发展的影响可以从两个方面进行解读，一方面，物流业发展质量能够直接对区际经济平衡发展产生影响，我们称之为直接效应；另一方面，物流业发展质量能够通过收入平等化、消费均等化和基础设施均等化间接影响区际经济平衡发展，即间接效应。

第五节　物流业发展质量影响区域经济协调发展的总机理

依据物流业发展质量对区际经济互动发展、区域经济充分发展和区际经济

平衡发展的影响机理，可绘制出物流业发展质量影响区域经济协调发展的总机理图，如图 3-4 所示。

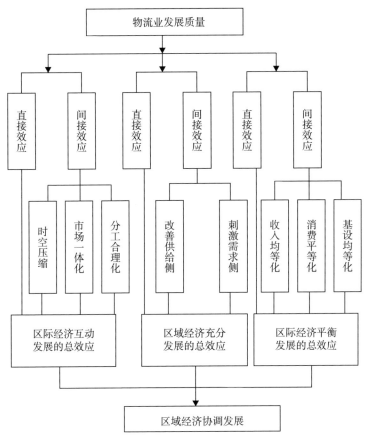

图 3-4　物流业发展质量对区域经济协调发展的影响机理

注：图中"基设均等化"即基础设施均等化，为画图表达方便将其缩写。

　　由图 3-4 可知，物流业发展质量对区域经济协调发展的影响有三条路径，即物流业发展质量分别通过影响区际经济互动发展、区域经济充分发展和区际经济平衡发展而最终形成了对区域经济协调发展的总影响。物流业发展质量对区际经济互动发展的影响可以分为直接效应（直接影响）和间接效应（间接影响），间接效应中的三种路径分别为时空压缩、市场一体化和分工合理化；物流业发展质量对区域经济充分发展的影响可以分为直接效应和间接效应，间接效应中的两种路径分别是优化供给侧和刺激需求侧；物流业发展质量对区际经济平衡发展的影响也可以分为直接效应和间接效应，间接效应中的三种路径分别为收入均等化、消费平等化和基础设施均等化。

第四章　物流业发展质量评价

物流业发展质量是本书唯一核心解释变量，对其进行测度和评价是后面章节实证分析的基础和支撑。由物流业发展质量的概念界定可知，物流业发展质量可以分为物流业发展效率、发展结构和发展环境"三元"。因此，本章的研究思路是：首先，对物流业发展效率、发展结构和发展环境进行测度和分析；其次，从物流业发展效率、发展结构和发展环境"三元"结合构建物流业发展质量评价指标体系，并运用1998—2017年的数据对物流业发展质量进行测度和分析。

第一节　物流业发展效率评价

一、评价指标体系构建

物流业发展效率是对物流业投入产出水平的一种衡量，其公式为物流业发展效率=物流业总产出/物流业总投入，是反映物流业发展质量和综合竞争力的核心指标。物流业发展效率涉及物流业产出和物流业投入，本部分将从这两个方面对物流业发展效率的评价指标体系进行构建。

（一）物流业产出

物流业产出分为期望产出和非期望产出两类，其中，多多益善、越多越好的"好"产出如物流业产值等，被称为期望产出，也叫合意产出；而现实生活当中，物流运输车辆需要使用汽油、柴油、燃料油等燃料，不可避免带来空气污染，物流包装涉及的快递运单、包装箱、包装袋、包装盒、封套、内部缓冲物、包装胶带等物流包装污染，物流业所带来的在量上越少越好的"坏"

的产出被称为非期望产出，也叫非合意产出。若不考虑非期望产出，物流业发展效率就不客观、不全面，物流业的高质量发展必须要倡导绿色发展，必须要考虑物流业的环境影响，因此，借鉴陈诗一和陈登科（2018）的观点，将环境影响纳入发展质量评价指标体系。

物流业新增产值是衡量物流业产出的核心变量，因此，将物流业新增产值，这种越多越好的产出作为期望产出纳入到物流业发展效率评价指标体系；物流业带来的污染等问题越来越被重视，很多专家学者提出绿色物流、循环物流、可回收物流等新的物流发展模式。发展物流业不可避免带来一系列的污染，即一些"坏"产出，因省域物流业的包装污染、空气污染等数据的缺乏，无法将这些纳入指标体系，而物流业的碳排放数据较为客观和相对全面，因此，基于"减排"约束，采用物流业二氧化碳排放量作为物流业的非期望产出的衡量指标，将其纳入物流业发展效率评价体系中。

（二）物流业投入

1. 物流业的资本投入和劳动力投入

马克思认为劳动和资本是对立统一的，生产必须以劳动者与作为资本的生产资料相结合为基础，在资本主义私有制条件下，资本和劳动相结合是双方存在的基础。西方经济学的生产理论认为：资本和劳动是生产必不可少的两种最为重要的生产要素。物流业的资本投入的高低直接关系到物流业网络覆盖率、关系到物流业的运转效率、物流业的市场范围和物流业的发展质量。物流业属于服务业范畴，物流业的劳动力投入是物流业发展的条件，对物流业发展效率的提升具有极其重要的意义。因此，本书采用物流业的资本投入和劳动力投入作为物流业发展效率的投入要素纳入物流业发展效率的评价指标体系中，分别采用物流业物质资本存量、物流业从业人员数量进行衡量。

2. 物流基础设施投入

从人、财、物的视角来看，物流基础设施是物流业发展的物质载体，属于物流业"物"的投入。比如火车站、汽车站、港口、航空基地、物流园区、仓储中心、配送中心等"点"的基础设施；如公路、铁路、航空、航运、管道等"线"的基础设施；物流基础设施的发展，是物流业发展的动因和物质载体，运输线路长度能够反映出物流业的市场辐射范围和物流业的发展程度，采用运输线路长度作为物流基础设施的测度指标，依据姚娟和庄玉良（2013）的研究成果，将公路、铁路、航空线路长度总和作为运输线路长度的衡量指标，对物流基础设施数据进行替代。

3. 物流业能源投入

物流业能源消耗是物流业重要的投入要素之一，物流运输工具离不开能源投入，而物流业的高质量发展必须是"节能减排"约束下的绿色发展、低能耗的发展，因此，从"节能减排"视角出发，将物流业的能源投入作为投入要素纳入物流业发展效率评价指标体系中，用物流业能源消耗总量予以衡量。

基于物流业产出指标和投入指标，构建物流业发展效率评价指标体系如表4-1所示。

表 4-1　物流业发展效率评价指标体系

一级指标	二级指标	三级指标	具体衡量指标
发展效率	产出指标	期望产出	物流业新增产值（亿元）
		非期望产出	物流业二氧化碳排放量（万吨）
	投入指标	物流业资本投入	物流业物质资本存量（亿元）
		物流业劳动力投入	物流业从业人员数量（万人）
		物流基础设施投入	运输线路长度（万千米）
		物流业能源投入	物流业能源消耗总量（万吨标煤）

由表4-1可知，物流业产出指标可分为期望产出和非期望产出，分别用物流业新增产值和物流业二氧化碳排放量进行衡量。物流业投入指标采用物流业资本投入、劳动力投入、基础设施投入和能源投入进行衡量，分别用物流业的物质资本存量、从业人员数量、运输线路长度和能源消耗量予以量化。

二、研究方法

（一）基于非期望产出的 SBM 模型

2001 年，托恩（Tone）提出了一种基于松弛变量测度的非径向 DEA 模型，即 SBM（Slacks-based Measure）模型，SBM 模型将投入和产出的松弛程度纳入到模型的目标函数当中，解决了变量的松弛性问题，克服了传统的 CCR 和 BCC 模型不考虑松弛变量的缺点。我们将投入既定条件下，越多越好的产出称为期望产出，将越少越好的产出称为非期望产出，在物流业绩效评价中，物流业二氧化碳排放量等非期望产出越小越好，因此，考虑非期望产出的 SBM 模型，本书构建"节能减排"约束下的物流业发展效率评价模型。

假定有 n 个决策单元（DMU），每个决策单元有 m 个投入要素、s_1 个期望产出和 s_2 个非期望产出，其向量表达式分别为：$x \in R^m$，$y^d \in R^{s_1}$，$y^u \in R^{s_2}$，其矩阵形式分别为 X、Y^d 和 Y^u，其中，$X = [x_1, x_2, \ldots, x_n] \in R^{m \times n}$，$Y^d = [y_1^d, y_2^d, \ldots, y_n^d,] \in R^{s_1 \times n}$，$Y^u = [y_1^u, y_2^u, \ldots, y_n^u] \in R^{s_2 \times n}$。

考虑非期望产出的 SBM 模型的分式规划为

$$\rho = \min \frac{1 - \frac{1}{m}\sum_{i=1}^{m} \frac{s_i^-}{x_{i0}}}{1 + \frac{1}{s_1 + s_2}\left(\sum_{r=1}^{s_1} \frac{s_r^d}{y_{r0}^d} + \sum_{l=1}^{s_2} \frac{s_l^u}{y_{l0}^u}\right)} \tag{4-1}$$

$$\text{Subject to} \begin{cases} x_0 = X\lambda + s^- \\ y_0^d = Y^d\lambda - s^d \\ y_0^u = Y^u\lambda + s^u \\ \lambda \geq 0 \\ s^- \geq 0 \\ s^d \geq 0 \\ s^u \geq 0 \\ i = 1, 2, \ldots, m \\ r = 1, 2, \ldots, s_1 \\ l = 1, 2, \ldots, s_2 \end{cases}$$

其中，ρ 为效率值，x、y^d 和分别为投入、期望产出和非期望产出，s^-、s^d 和 s^u 分别为投入、期望产出和非期望产出的松弛变量，λ 为权重，当 $0 \leqslant \rho < 1$ 时，为

DMU 无效,当 $\rho = 1$,且 $s^- = 0$, $s^d = 0$, $s^u = 0$, y^u 为 DMU 有效。

(二) 物流业物质资本存量的测度方法

借鉴刘思明等 (2015) 的研究成果,采用永续盘存法进行估算,其公式为

$$K_t = IN_t + (1 - \delta) K_{t-1} \tag{4-2}$$

期初资本存量估算方法,采用公式:

$$K_0 = IN_0/(g + \delta) \tag{4-3}$$

其中, K_t 为 t 期资本存量, IN_t 为 t 期全社会固定资产投资额, g 为研究区间 (1998—2017 年) 固定资产投资额的平均增长率, δ 为固定资产折旧率,借鉴郑世林等 (2015) 的研究成果,将固定资产折旧率设定为世界平均水平 6%,将基期设定为 1997 年。

(三) 物流业能源消耗总量和碳排放的测度方法

物流业能源消耗总量作为物流业能源投入的替代指标,借鉴张立国等 (2015) 的观点,依据 IPCC (2006) 中的能源转化系数,将物流业的原煤、汽油、煤油、柴油、燃料油、天然气、热力和电力消耗折算成标准煤,加总后得到物流业能源消耗总量的数据,并利用碳排放公式计算物流业的二氧化碳排放量,该公式为

$$CO_2 = \sum_{i=1}^{8} A_i B_i \tag{4-4}$$

其中, CO_2 为物流业二氧化碳排放总量, A_i 为转化成标准煤的第 i 种能源的消耗量, $1 \leq i \leq 8$, B_i 为第 i 种能源的碳排放系数,依据 IPCC (2006) 中的碳排放因子来确定。

三、数据来源

本书借鉴李娟和王琴梅 (2019) 等学者的观点,将交通运输业、仓储业和邮电业作为物流业的核心,并采用交通运输业、仓储业和邮电业数据来替代物流业的相关数据。数据来源于 1999—2018 年的《中国统计年鉴》《中国能源统计年鉴》《中国物流年鉴》和我国各省区市统计年鉴,数据不一致时以《中国统计年鉴》数据为准。

四、实证分析结果及评价

基于物流业发展效率评价指标体系，采用基于非期望产出的 SBM 模型，运用 DEA Solver Pro 5.0 软件对我国 30 个省域 1998—2017 年的物流业发展效率进行测度。基于测度值，分别从我国 30 个省域层次、四大板块层次和全国整体层次对物流业发展效率进行分析。

（一）我国 30 个省域层次的物流业发展效率分析

基于 1998—2017 年的物流业发展效率值，计算出每个省份 20 年的均值，按照由高到低的顺序对该均值进行排名，如表 4-2 所示。

表 4-2　1998—2017 年我国 30 个省域的物流业发展效率均值及排名

排名	省份	效率均值	排名	省份	效率均值
1	上海	0.927	16	重庆	0.737
2	山西	0.886	17	新疆	0.735
3	广东	0.869	18	河南	0.728
4	河北	0.867	19	安徽	0.727
5	北京	0.858	20	云南	0.724
6	浙江	0.830	21	宁夏	0.723
7	内蒙古	0.826	22	湖北	0.719
8	吉林	0.817	23	四川	0.716
9	黑龙江	0.797	24	山东	0.713
10	辽宁	0.795	25	江西	0.696
11	江苏	0.783	26	海南	0.692
12	天津	0.770	27	陕西	0.692
13	青海	0.765	28	甘肃	0.678
14	湖南	0.742	29	广西	0.657
15	福建	0.739	30	贵州	0.624

由表 4-2 可知，从效率均值来看，我国 30 个省域的物流业发展效率均值均小于 1，为 DEA 无效，表明我国省域物流业发展效率尚有一定的提升空间。我国省域物流业发展效率均值大小不一，如果按照 1、0.9、0.8 和 0.7 的阈值

进行划分，则可将我国省域物流业发展效率均值划分为四个等级，第一等级
（0.901—1.000）包含上海 1 个市；第二等级（0.801—0.900）包括山西、广
东、河北、北京、浙江、内蒙古和吉林，共 7 个省区市；第三等级（0.701—
0.800）包含黑龙江等 16 个省区市；第四等级（0.601—0.700）包含江西、海
南、陕西、甘肃、广西和贵州，共 6 个省。从排名来看，排名首位的是上海
市，物流业发展效率的年份均值为 0.927，排名末位的是贵州省，物流业发展
效率的年份均值为 0.624，二者相差 0.303，表明我国省域物流业发展效率存
在区域差异。

借鉴李娟和王琴梅（2019）的研究成果，将物流业发展效率的有效比率
定义为物流业发展效率 DEA 有效的年份占所有年份的比重，即效率为 1 的年
份在总年份中的占比。对我国 30 个省域的物流业发展效率的有效比率进行计
算，并按照从大到小的顺序进行排名，具体结果如表 4-3 所示。

表 4-3 1998—2017 年我国 30 个省域的物流业发展效率均值及排名

排名	省份	有效比率（%）	排名	省份	有效比率（%）
1	江苏	40	16	河南	30
2	山西	40	17	广东	30
3	湖北	40	18	重庆	30
4	四川	40	19	上海	25
5	广西	40	20	浙江	25
6	黑龙江	40	21	陕西	25
7	吉林	40	22	辽宁	20
8	北京	35	23	安徽	20
9	河北	35	24	湖南	20
10	江西	35	25	青海	20
11	云南	35	26	山东	15
12	宁夏	35	27	海南	15
13	天津	30	28	贵州	15
14	内蒙古	30	29	甘肃	15
15	福建	30	30	新疆	15

由表 4-3 可以看出，从有效比率来看，1998—2017 年，我国 30 个省域物流业发展效率的有效比率均小于等于 40%，表明我国各省域物流业发展效率仍有较大提升空间。从有效比率的区域差异看，我国省域物流业发展效率的有效比率呈阶梯式分布。

（二）我国四大板块层次物流业发展效率分析

基于 1998—2017 年我国 30 个省域的物流业发展效率值，将每个板块所辖省域的均值作为板块的物流业发展效率值。其中，东部地区包含 10 个省市，即北京、天津、河北、上海、江苏、浙江、福建、山东、广东和海南；中部地区包含 6 个省，即山西、安徽、江西、河南、湖北和湖南；西部地区包含 12 个省区市，即内蒙古、广西、重庆、四川、贵州、云南、西藏、陕西、甘肃、青海、宁夏和新疆；东北地区包含 3 个省，即黑龙江、吉林和辽宁。计算结果如图 4-1 所示。

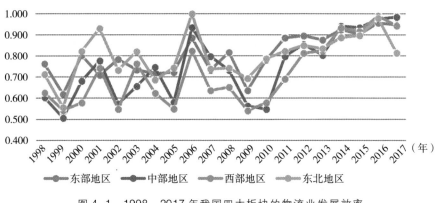

图 4-1　1998—2017 年我国四大板块的物流业发展效率

图 4-1 显示：从时间维度来看，我国四大板块物流业发展效率呈波浪形演进趋势，且四大板块呈现趋同性特征。从空间维度看，四大板块物流业发展效率的最大值为 1，最小值为 0.506，相差 0.494，表明四大板块物流业发展效率存在区域差异。1998—2017 年，四大板块物流业发展效率大小不一，相互缠绕，并且差距有进一步缩小的趋势。

按照板块均值从大到小的顺序，四大板块物流业发展效率可排序为：东部地区（0.805）、东北地区（0.803）、中部地区（0.750）及西部地区

（0.716），排名首位的东部地区与排名末位的西部地区差异为 0.089，表明我国板块间的物流业发展效率存在区域差异，但区域差异不大。

（三）全国整体层次物流业发展效率分析

基于四大板块的物流业发展效率值，采用算术平均法计算出全国整体的物流业发展效率值如图 4-2 所示。

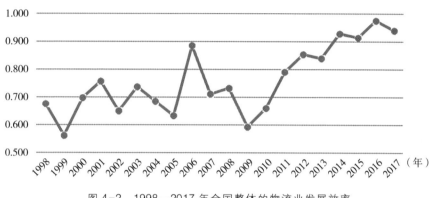

图 4-2　1998—2017 年全国整体的物流业发展效率

由图 4-2 可知，全国整体均值为 0.761，远小于 1，为 DEA 无效，物流业发展效率的有效比率为 0，表明全国物流业发展效率仍有较大提升空间。从时间维度来看，全国整体物流业发展效率存在阶段性特征。1998—2007 年，全国整体物流业发展效率呈现波浪式演进特征；2008—2017 年，全国整体物流业发展效率呈现 V 形演进特征，V 形下降阶段或许与 2008 年金融危机有关，2010 年以后，我国物流业发展效率有不断提升的趋势。

第二节　物流业发展结构评价

一、评价指标体系构建

物流业发展结构是物流业各个组成部分的搭配和组合的比例关系。结构红利假说认为，要素由低生产率部门向高生产率部门的流动能够促进全要素生产率的提升，进而促进经济增长。我国近些年也提出"调结构"，意在通过调整经济结构，发挥结构红利，进而促进经济的稳定增长和高质量发展。就物流业而言，物流业要素结构变动、物流产业结构变动、物流成本结构和物流业供需结构等的变动，都会影响物流业的发展质量。

（一）要素结构

要素结构即生产要素投入结构，是指各个生产要素的量的构成和组合关系，物流业要素结构是指物流业的投入要素资本、劳动、技术等的构成及组合关系；投入要素是经济增长最直接的动力，而要素投入结构通过不同要素之间配比、某一要素投入在不同行业、不同地区的流动和配置对经济增长产生影响。物流业的投入要素包括物流业的资本投入、劳动力投入、技术投入、基础设施投入和能源投入等，因我国 30 个省域物流业技术投入和基础设施投入的数据可得性问题，无法对物流业技术投入结构和基础设施投入结构进行测度，而物流业资本投入和劳动力投入是物流业最基本的两大投入要素，因此，本书选取物流业资本投入占比、物流业从业人员占比对物流业的要素投入结构予以衡量，分别用物流业物质资本存量占全社会物质资本存量比重、物流业从业人员占所有从业人员比重进行测度。

（二）产业结构

产业结构是指产业间的比例构成及相互之间的关系。产业结构合理化侧重于产业间的协调发展，产业结构高级化侧重于产业形态由低级向高级的转变。物流业所包含的产业如交通运输业、仓储业、邮政业、货代业、包装业、流通加工业、配送业和物流信息业等产业之间配比协作关系的优化、物流业逐步由劳动和资本密集型向技术密集型、知识密集型的转变，都可认为是物流业结构的优化升级。因物流业子产业数据的缺失，物流业技术投入等数据的不可得和不全面，本书选择物流业新增产值占比对物流产业结构进行衡量，用物流业新增产值在地区生产总值所占比重予以量化，认为物流业新增产值占比越高，物流产业结构的合理化和高级化的程度越高，物流业产业结构越优化。

（三）成本结构

成本结构指某成本在总成本中的占比及比例关系，物流业的成本包含多个方面，如运输费用、仓储费用、包装费用、装卸费用、燃油成本、配送成本、管理成本、制度成本等，结合数据的可得性，选取物流业的能源消耗成本作为衡量物流成本的替代指标，将物流业能源消耗总量占物流业产值的比重作为物流业成本结构的测度指标，物流业能源消耗总量占比越高，表明成本结构越不合理，占比越低，表明成本结构越合理越优化。

（四）供需结构

微观经济理论认为，供给和需求是决定市场价格的核心因素，而市场价格调节着市场关系，供给和需求的均衡有利于稀缺资源的合理配置和充分利用，有利于经济效率的提升。供需结构体现着供给和需求之间的配比关系，供需错配如供过于求导致产品过剩，造成经济资源浪费；供不应求导致排队、抢购、寻租和黑市交易等一系列的经济问题，造成经济资源配置和利用效率下降，只有供需结构合理、供需匹配才能促进经济稳定增长和经济效率的提升。物流业的供需结构对物流业的发展意义重大，只有物流业的供给和需求均衡发展，才能促进物流业市场的稳定，才能满足各经济主体个性化、一体化、定制化和多样化的物流需求，带动和促进物流供给，进而实现物流业的高质量发展。邮政业务总量能够在一定程度上衡量着物流业的供给和需求，因此，采用邮政业务总量占比，即邮政业务总量占物流业产值的比重对物流业的供需结构予以量化。

基于物流业要素结构、产业结构、成本结构和供需结构的相关指标，构建物流业发展结构评价指标体系，如表4-4所示。

表4-4　物流业发展结构评价指标体系

一级指标	二级指标	具体衡量指标	方向
发展结构	要素结构	物流业资本存量占比（%）	+
		物流业从业人员占比（%）	+
	产业结构	物流业产值占比（%）	+
	成本结构	物流业能源消耗占比（%）	+
	供需结构	邮电业务总量占比（%）	-

注："+"代表正向指标，"-"代表反向指标。

由表 4-4 可知，可以从物流业的要素结构、产业结构、成本结构和供需结构对物流业的发展结构进行衡量，分别用物流业资本存量占比、物流业从业人员占比、物流业产值占比、物流业能源消耗占比、邮电业务总量占比予以量化。

二、研究方法

（一）熵值法

常用的赋权方法分为主观赋权法和客观赋权法，鉴于主观赋权法存在主观性强，随意性大的缺点，本书选择客观赋权法进行分析，客观赋权法包含主成分分析法、变异系数法和熵值法等。熵值法是一种客观赋权方法，能够最大限度地减少主观因素造成的偏差，它依据指标的相对变化程度对系统整体的影响决定指标权重，影响越大赋值越高，影响越小赋值越低。因此，本书选择熵值法进行客观赋权。借鉴众多学者的研究成果，将熵值法的计算步骤设置如下：

第一步：对所有物流业发展结构的衡量指标数据进行标准化处理。

为克服指标数据之间量纲和单位不同所导致的偏差，采用组内极值法对指标数据进行标准化处理。对正向指标采取组内正向极值法，其公式为

$$x'_{ij} = [x_{ij} - \min(x_{ij})] / [\max(x_{ij}) - \min(x_{ij})] \qquad (4-5)$$

对反向指标采取组内反向极值法，其公式为

$$x'_{ij} = [\max(x_{ij}) - x_{ij}] / [\max(x_{ij}) - \min(x_{ij})] \qquad (4-6)$$

其中，x_{ij} 代表第 i 个评价对象在第 j 个评价指标的观测值，$i = 1, 2, \ldots, n$，$j = 1, 2, \ldots, m$，x'_{ij} 为原始数据标准化之后的值，$\min(x_{ij})$ 表示组内极小值，$\max(x_{ij})$ 表示组内极大值。

第二步：计算功效函数。

$$P_{ij} = x_{ij} / \sum_{i=1}^{n} x_{ij} \qquad (4-7)$$

其中，P_{ij} 为第 j 项指标在第 i 个评价对象中所占的比重，即功效函数。

第三步：计算指标熵值。

熵值公式为

$$e_j = -\frac{1}{\ln n}\sum_{i=1}^{n} P\ln(P_{ij}) \qquad\qquad (4-8)$$

其中，e_j 为第 j 项评价指标的熵值，其取值范围为 [0，1]。

第四步：计算指标的差异性系数。

指标的差异系数取决于 e_j 与 1 之间的差值，公式为

$$d_j = 1 - e_j \qquad\qquad (4-9)$$

其中，d_j 为差异性系数，d_j 越大，指标越重要，该指标应赋权重越大，反之，越小。

第五步：计算评价指标权重。

第 j 项指标的权重公式为

$$W_j = d_j / \sum_{j=1}^{m} d_j \qquad\qquad (4-10)$$

公式（4-7）中，W_j 代表指标的权重，权重越大，该指标对评价的重要程度越高。

第六步：计算综合评价值。

采用加权求和公式计算出综合评价值，综合评价值的计算公式为

$$Z_i = \sum_{j=1}^{m} w_j \times x_{ij} \qquad\qquad (4-11)$$

其中，Z_i 为综合评价值，Z_i 值越大，表明 i 项指标越重要，Z_i 取值范围为 [0，1]。

（二）指标测度方法

受制于数据约束，物流业资本投入结构和物流业从业人员投入结构，分别用物质资本投入占比和物流业从业人员占比来表示，其中，物流业资本投入占比＝物流业物质资本存量/全社会物质资本存量，物流业从业人员占比＝物流业从业人员数量/从业人员总量。物流业新增产值占比＝物流业新增产值/地区生产总值，物流业能源投入占比＝物流业能源消耗总量/能源消耗总量，其中，能源消耗总量采取原煤、汽油、煤油、柴油、燃料油、天然气、热力和电力消耗折算成标准煤，通过加总后得到能源消耗总量的数据，单位为万吨标准煤。

三、数据来源

数据来源于 1999—2018 年的《中国统计年鉴》《中国物流年鉴》和我国

各省区市的统计年鉴，数据不一致时以《中国统计年鉴》数据为准。

（一）我国四大板块层次的物流业发展结构分析

基于1998—2017年我国省域的物流业发展结构值，计算出每个板块的值，如图4-3所示。

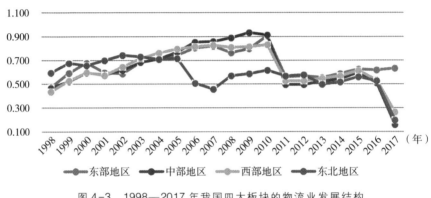

图4-3　1998—2017年我国四大板块的物流业发展结构

从时间维度来看，1998—2017年，东部、中部和西部地区物流业发展结构大致呈M形演进，阶段性特征较为明显，大致出现上升（1998—2010年）—下降（2010—2011年）—平稳增长（2011—2015年）—下降（2015年以后）的演进特征。东北地区物流业发展结构大致呈M形演进特征，但高低点与其他板块存在差异，1998—2016年，东北地区物流业发展结构的波动区间明显小于其他三个板块，2016年以后，与中西部同时出现下降趋势，从2005年开始，东北地区有明显低于其他三个板块的趋势。具体来看，1998—2017年，四大板块物流业发展结构不高，特别是2011年以后，四大板块都没有超过0.7，表明我国四大板块物流业发展迅速，但物流业发展的结构红利并没有得到充分发挥。

从空间维度来看，除2017年外，东部、中部和西部地区呈现趋同趋势。除2005—2011年外，东北地区与其他三大板块呈现趋同趋势。1998—2016年，四大板块的物流业发展结构值在0.4—1之间波动。四大板块区域差异较大的区间出现在2005—2011年、2016年之后，表明我国四大板块区域差异呈现阶段性特征。按照从大到小的顺序，四大板块物流业发展结构可排名为：东部地区（0.665）、西部地区（0.637）、中部地区（0.635）和东北地区（0.585），这表明四大板块物流业发展结构均值存在区域差异，但区域差异不大。

（二）全国整体层次的物流业发展结构分析

基于我国四大板块 1998—2017 年的物流业发展结构值，计算出全国整体的物流业发展结构值，如图 4-4 所示。

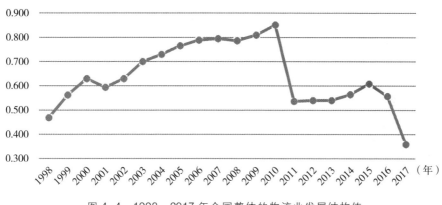

图 4-4 1998—2017 年全国整体的物流业发展结构值

由图 4-4 可以看出，从时间维度来看，全国整体的物流业发展结构大致呈现 M 形演进特征且阶段性特征较为明显。1998—2017 年，全国整体的物流业发展结构经历了上升（1998—2010 年）—下降（2010—2011 年）—上升（2011—2015 年）—下降（2015 年以后）的演变。1998—2017 年，全国整体的物流业发展结构值在 0.3—0.9 区间内波动，且 2011 年以后，基本保持在 0.7 以下，表明全国整体物流业发展结构指数不高，物流业发展的结构红利尚未得到充分发挥。

第三节 物流业发展环境评价

一、评价指标体系构建

物流业的发展环境是物流业高质量发展的保障和外部条件，发展环境越好，物流业发展质量倾向于越高。物流业的发展环境包含：经济环境、制度环境、创新环境、信息环境等方面，其中，经济环境是物流业发展的保障。

（一）经济环境

1. 经济规模

经济环境是物流业发展的经济保障，物流业发展的经济环境包含经济规模和经济结构，经济规模即经济产出规模，可用经济发展水平衡量，经济结构可用产业结构予以衡量。经济发展水平越高的国家和地区，越能为物流业发展提供良好的经济支持，如提升物流基础设施建设水平、促进物流业人力资本的提升、促进物流技术的研发应用、扩大物流市场范围、通过规模效应降低物流成本，提升物流业效率等。经济发展水平越高的国家和地区，其工业化、城镇化程度通常越高，物流市场和物流需求往往越大，物流基础设施越健全，物流业发展体系越完整，物流业发展质量也倾向于越高。经济发展水平越高的国家和地区越有能力满足人们日益增长的物流需求，提供与经济社会需求相匹配的物流供给，进而促进物流业发展质量的提升。一般地，经济发展水平越高、经济环境越好的国家和地区，其物流业的发展质量也会倾向于越高。

2. 经济结构

经济结构可用产业结构予以衡量。产业结构的优化升级能够为物流业的发展提供良好的产业环境。物流业是一个跨地区、跨行业、跨部门的复合性产业，产业结构优化升级能够通过产业关联效应（区域关联效应、行业关联效应和部门关联效应）带动物流业的优化升级，进而促进物流业发展质量的提升。产业结构优化升级能够通过聚合效应，带动物流业及相关产业集聚，促进物流业规模效应的产生，降低物流成本，提高物流业发展质量。产业结构优化升级能够通过扩散效应，使不同区域的物流业产生极化扩散和溢出效应，进而带动落后区域物流业发展质量的提高。

（二）制度环境

制度环境是物流业发展的制度保障，制度学派认为，制度能够通过建立明确的规则，提高信息的透明度，减少信息成本和交易成本，从而提升经济效率。良好的制度能够明确产权、保护产权，改善私人收益与社会收益之间的关系，促进技术和知识产权保护，促进创新，从而为经济发展提供更强的动力。物流业的制度保障体现在：良好制度所建立的规则能够促进信息对称和信息充分，减少物流业的信息成本和交易性成本；良好制度能够对物流业的产权保护提供帮助，有利于激发物流企业的积极性和活力，促进物流技术和知识的保护，鼓励技术创新和应用，进而为物流业的发展提供持久动力。

（三）创新环境

创新环境是物流业发展的动力保障。新古典学派和熊彼特学派都认为，创新是经济发展的源动力。科技是第一生产力，创新是引领发展的第一动力，科技创新是提高生产力、提升区域发展能力和竞争力的战略支撑。科技创新能够有效驱动产业发展，每一次物流业科技创新成果的应用，都会带来物流业的速度变革、效率变革和质量变革。因此，科技创新水平对物流业发展具有十分重要的影响，本书用科技创新作为衡量创新环境的指标，借鉴陈向东和王磊（2007）的观点，选择专利申请受理量作为其衡量指标。

（四）信息环境

信息环境是物流业发展的信息保障。信息化是时代发展的趋势，信息革命正改变着企业、政府和个人等经济主体的方方面面。网络经济理论认为：互联网作为高效率的信息库和信息交换载体，是经济变革的重要动力。对物流业而言，网络和信息技术的普及，能够提供及时、准确的物流信息，方便物流参与主体的决策、对接和管理；物联网、互联网、大数据、云计算、人工智能、电子商务等能够降低物流成本、促进物流资源的优化利用、缩短物流时间、扩大物流市场边界。智能配送系统、分拨管理系统、供应链管理系统、运输管理系统、物流业订单处理和跟踪系统、网络客户下单和跟踪系统等的应用大大促进了物流业的速度变革和质量变革，本书采用互联网普及率对信息环境进行测度，即采用上网人数在常住人口中所占比重进行衡量。

依据上述指标，构建物流业发展环境评价指标体系，如表4-5所示。

表 4-5　物流业发展环境评价指标体系

一级指标	二级指标	具体衡量指标	方向
发展环境	经济环境	区域生产总值（亿元）	＋
		第三产业占比（%）	＋
	制度环境	制度发展指数	＋
	创新环境	专利申请授权量（项）	＋
	信息环境	互联网普及率（%）	＋

注："＋"代表正向指标，"－"代表反向指标。

表 4-5 显示，从经济环境、制度环境、创新环境和信息环境这四个方面对物流业的发展环境进行分析，采用经济产出规模（区域生产总值）和产业结构（第三产业占比）对经济环境予以量化，采用制度发展指数对制度环境予以量化，采用专利申请授权量对创新环境予以测度，采用互联网普及率对信息环境进行衡量。

二、研究方法

采用熵值法对物流业发展环境的值进行测度。采用制度发展指数对物流业发展的制度环境进行量化。制度发展指数沿用刘文革等（2008）学者的研究成果，将制度变量分成产权多元化因素、国家控制资金因素和对外开放因素三个方面，分别用非国有化率、非财政收入占比和对外开放程度来衡量，并按照他们的研究成果，给这三个制度变量赋予 40%、20% 和 40% 的比重。非国有化率的计算思路是首先采用国有企业总资产在工业企业总资产中所占比重计算出国有化率，然后用 1 减去国有化率，即可得到非国有化率。非财政收入占比的计算思路是首先采用财政收入占 GDP 比重计算出财政收入占比，然后用 1 减去财政收入占比，即可计算出非财政收入占比。对外开放程度采用进出口额在 GDP 所占比重进行衡量。

三、数据来源

数据来源于1999—2018年的《中国统计年鉴》。依据物流业发展质量评价指标体系，将物流业发展环境分为经济环境、制度环境、创新环境和信息环境。

四、实证分析结果及评价

基于物流业发展质量评价指标体系中的发展环境指标，采用熵值法对我国30个省域1998—2017年物流业的发展环境进行测度。基于测度结果，分别从我国30个省域、四大板块和全国整体层次对物流业的发展环境进行分析。

（一）我国30个省域层次的物流业发展环境分析

基于1998—2017年我国30个省域的物流业发展环境的值，计算出每个省域的均值，并按照从大到小顺序，对该均值进行排名，结果如表4-6所示。

表4-6　我国30个省域的物流业发展环境均值及排名

排名	省份	环境均值	排名	省份	环境均值
1	上海	0.454	16	广西	0.377
2	浙江	0.445	17	广东	0.376
3	辽宁	0.429	18	青海	0.375
4	黑龙江	0.426	19	河北	0.373
5	山东	0.423	20	重庆	0.372
6	吉林	0.420	21	云南	0.368
7	北京	0.419	22	海南	0.368
8	新疆	0.419	23	河南	0.361
9	江苏	0.407	24	天津	0.357
10	山西	0.397	25	福建	0.353
11	内蒙古	0.397	26	贵州	0.353
12	湖南	0.395	27	甘肃	0.350

续表

排名	省份	环境均值	排名	省份	环境均值
13	湖北	0.388	28	陕西	0.347
14	四川	0.383	29	宁夏	0.346
15	安徽	0.382	30	江西	0.336

由表4-6可知，从均值来看，我国省域物流业发展环境均值均小于0.5，表明我国省域物流业发展环境仍有一定的提升空间。我国物流业发展环境均值大小不一，最大值为0.454，最小值为0.336，二者相差0.118，这表明我国省域物流业发展环境存在明显的区域差异。从排名来看，排名前10位的省份中，东部省份占比50%，中西部省份占比20%，东北省份占比30%；排名后10位的省份中，东部省份占比30%，西部省份占比50%，中部省份占比20%，表明中西部地区的省份物流业发展环境相对不足，这或许与中西部地区经济效率相对偏低有关。

（二）我国四大板块层次的物流业发展环境分析

基于1998—2017年我国省域物流业发展环境的值，计算出每个板块的值，结果如图4-5所示。

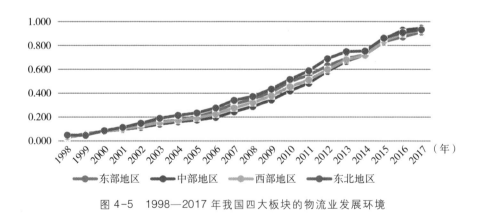

图4-5　1998—2017年我国四大板块的物流业发展环境

由图4-5可以看出，从时间维度来看，1998—2017年，四大板块的物流业发展环境呈递增态势，且增幅较大，这表明研究时段内，我国四大板块的物流业发展环境出现明显提升。从空间维度来看，四大板块的物流业发展环境存在较为明显的趋同趋势，表明我国四大板块物流业发展环境区域差距不大，这或许与我国四大板块经济环境特征较为相似有关。

（三）全国整体层次的物流业发展环境分析

基于1998—2017年我国四大板块物流业发展环境的值，计算出全国整体的值，1998—2017年全国整体的物流业发展环境如图4-6所示。

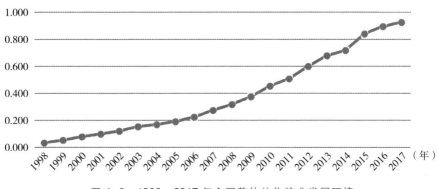

图4-6　1998—2017年全国整体的物流业发展环境

由图4-6可以看出，1998—2017年，全国整体的物流业发展环境存在明显的递增趋势，这表明研究时段内，全国整体的物流业发展环境不断优化和改善。

第四节　物流业发展质量评价

一、评价指标体系构建

由第一章物流业发展质量的概念界定可知，物流业发展质量可以分为物流业发展效率、发展结构和发展环境三个元素，本书将从这"三元"构建物流业发展质量评价指标体系。

物流业发展效率、发展结构和发展环境共同构成了物流业发展质量的三个元素，其中，物流业发展效率是核心，发展结构是动能，发展环境是保障。物流业发展效率、发展结构和发展环境评价指标体系共同构成了物流业发展质量评价指标体系，具体如表 4-7 所示。

表 4-7　物流业发展质量评价指标体系

一级指标	二级指标	三级指标	衡量指标	方向
物流业发展质量	发展效率	物流业资本投入	物流业物质资本存量（亿元）	+
		物流业劳动力投入	物流业从业人员数量（万人）	+
		物流业能源投入	物流业能源消耗总量（万吨标准煤）	−
		交通基础设施投入	交通线路长度（万千米）	+
		期望产出	物流业新增产值（亿元）	+
		非期望产出	物流业二氧化碳排放量（万吨）	
			物流业资本存量占比（%）	+
	发展结构	要素结构	物流业从业人员占比（%）	+
		产业结构	物流业产值占比（%）	+
		成本结构	物流业能源消耗占比（%）	−
		供需结构	邮电业务总量占比（%）	+
			区域生产总值（亿元）	+
	发展环境	经济环境	第三产业占比（%）	+
		制度环境	制度发展指数	+
		创新环境	专利申请授权量（项）	+
		信息环境	互联网普及率（%）	+

注："+"代表正向指标，"−"代表负向指标。

二、实证分析结果及评价

（一）我国 30 个省域层次的物流业发展质量分析

基于 1998—2017 年我国 30 省域的物流业发展效率、发展结构和发展环境的数据，采用熵值法测算出我国 30 个省域的物流业发展质量，并按照从大到小的顺序进行排序，结果如表 4-8 所示。

表 4-8　1998—2017 年我国 30 个省域的物流业发展质量的均值及排名

排名	省份	均值	排名	省份	均值
1	上海	0.479	16	湖北	0.426
2	辽宁	0.477	17	甘肃	0.424
3	浙江	0.470	18	陕西	0.423
4	北京	0.466	19	福建	0.422
5	山东	0.465	20	贵州	0.421
6	江苏	0.455	21	四川	0.417
7	新疆	0.455	22	安徽	0.417
8	山西	0.451	23	海南	0.416
9	宁夏	0.446	24	重庆	0.412
10	天津	0.445	25	广西	0.408
11	内蒙古	0.443	26	河北	0.403
12	河南	0.432	27	青海	0.399
13	广东	0.432	28	黑龙江	0.386
14	湖南	0.431	29	江西	0.381
15	吉林	0.427	30	云南	0.379

由表 4-8 可知，从发展质量的均值看，我国 30 个省域的物流业发展质量均值均小于 0.5，表明我国省域物流业发展质量的提升仍有较大空间。我国物流业发展质量均值大小不一，最大值为 0.479，最小值为 0.379，二者相差 0.1，这表明我国省域物流业发展质量存在区域差异。整体而言，我国省域物流业发展质量均值集中在 0.35—0.5 的区间之内，表明我国省域物流业发展质量均值区域差异不大，波动性不够明显。从排名来看，排名前 10 位的省份中，东部省份占比 60%，中西部省份占比 30%，东北省份占比 10%；排名后 10 位的省份中，东部省份占比 20%，西部省份占比 50%，中部省份占比 20%，东北省份占比 10%，表明中西部地区所辖省份的物流业发展质量相对不高。

（二）我国四大板块层次的物流业发展质量分析

基于 1998—2017 年的我国省域物流业发展质量的值，计算出每个板块的值，结果如图 4-7 所示。

图 4-7　1998—2017 年我国四大板块的物流业发展质量

由图 4-7 可知，从时间维度来看，1998—2017 年，我国四大板块的物流业发展质量有明显递增趋势。从空间维度看，我国四大板块物流业发展质量存在明显的趋同性，但 2012 年以后，东北地区物流业发展质量逐步下降，与其余三个板块的差距开始拉大。

采用 σ 收敛性模型进一步对我国四大板块的收敛性进行分析，以明确其空间演进特征。采用 1998—2017 年四大板块内部省域物流业发展质量的数据对四大板块的 σ 收敛性进行测度；借鉴曾先峰和李国平（2008）的研究方法，σ 收敛系数可以用公式表示为

$$\sigma = \sqrt{\frac{\sum_{i=1}^{n} (x_i - \bar{x})^2}{n}} / \bar{x} \qquad (4-12)$$

使用四大板块内部所辖省域的数据对四大板块的收敛性进行分析时，x_i 为板块内部的 i 省域，$\bar{x}$ 为均值，n 为板块的省域数目，即东部地区 $n = 10$；中部地区 $n = 6$；西部地区 $n = 11$；东北地区 $n = 3$。σ 为板块收敛系数，若 σ 逐步减小，则说明板块内部省域物流业发展质量越来越接近，板块内部省域差距越来越小，即存在 σ 收敛，反之，存在 σ 发散，则说明板块内部所辖省域区域差距越来越大。对四大板块和全国整体的 σ 收敛系数进行测度，结果如图 4-8 所示。

由图 4-8 可以看出，就四大板块来说，我国四大板块物流业发展质量的

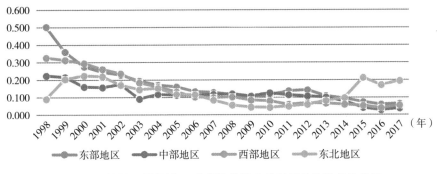

图 4-8　1998—2017 年四大板块物流业发展质量的收敛性分析

有越来越小的趋势，表明我国四大板块物流业发展质量存在 σ 收敛，板块内部省域的物流业发展质量有不断趋同趋势，省域差距将会越来越小。

（三）全国整体层次的物流业发展质量分析

基于 1998—2017 年我国四大板块物流业发展质量的值，采用简单算术平均法计算出全国整体的值，并把 1998—2017 年全国整体的物流业发展质量反映在图形上，具体结果如图 4-9 所示。

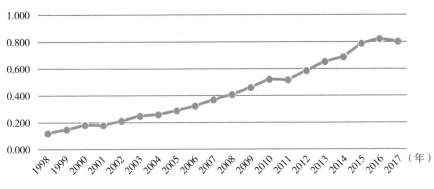

图 4-9　1998—2017 年全国整体的物流业发展质量

由图 4-9 可知，从时间维度来看，1998—2017 年，全国整体的物流业发展质量存在明显的递增趋势，这表明研究时段内，全国整体的物流业发展质量有不断提升趋势。

从空间维度来看，采用 1998—2017 年四大板块的物流业发展质量数据进一步对全国整体物流业发展质量的 σ 收敛性进行分析。x_i 为第 i 个板块，x 为均值，n 为板块数目，即 $n = 4$；σ 为全国整体收敛系数，若 σ 逐步减小，则说明四大板块之间物流业发展质量越来越接近，板块之间差距越来越小，即存在 σ 收敛，反之，说明板块之间区域差距越来越大。对全国整体的 σ 收敛系数进行测度，结果如图 4-10 所示。

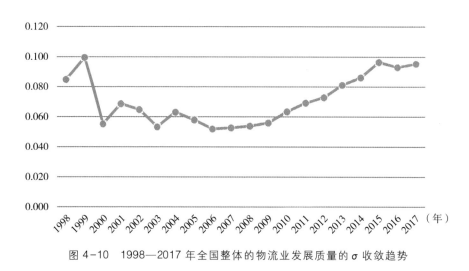

图 4-10　1998—2017 年全国整体的物流业发展质量的 σ 收敛趋势

由图 4-10 可知，全国整体的 σ 收敛系数值没有发生太大变化，表明全国整体不存在 σ 收敛，即四大板块之间物流业发展质量差距没有变小的趋势。

第五节　本章小结

基于 1998—2017 年的物流业相关数据，本章首先采用 SBM 模型对物流业发展效率进行了测度和评价；其次，采用熵值法对物流业发展结构进行了测度和评价；再次，采用熵值法对物流业发展环境予以测度和评价；最后，基于物流业发展效率、发展结构和发展环境的测度值，采用熵值法对物流业发展质量予以测度和评价。

本章的主要结论是：（1）物流业发展效率。我国 30 个省域层次的物流业发展效率均值不高且存在区域差异；四大板块层次的物流业发展效率在时间上呈波浪式演进，在空间上呈现趋同性特征，按照从大到小的顺序，可排序为：

东部、东北、中部及西部地区；全国整体的物流业发展效率呈现波浪形和 V
形演进。（2）物流业发展结构。我国省域的均值尚有较大提升空间；四大板
块大致呈 M 形演进，阶段性特征较为明显；全国整体先后呈现波浪形和 V 形
演进特征。（3）物流业发展环境。我国 30 个省域的物流业发展环境不完善，
且存在区域差异；四大板块的物流业发展环境不断改善，且四大板块之间趋同
性明显；全国整体的物流业发展环境不断改善。（4）物流业发展质量。我国
省域物流业发展质量的均值不高且存在明显的区域差异；四大板块呈递增态势
且存在趋同性，四大板块内部存在 σ 收敛；全国整体的物流业发展质量不断
提升但不存在 σ 收敛，即四大板块之间差异有不断扩大的趋势。

第五章　区域经济协调发展水平评价

由第二章区域经济协调发展的概念界定可知，区域经济协调发展可以划分为区际经济互动发展、区域经济充分发展和区际经济平衡发展三个维度。因此，本章的研究思路是：首先，对区际经济互动发展、区域经济充分发展和区际经济平衡发展三个维度进行测度，对其时空演化特征进行分析；其次，基于1998—2017年这三个维度的测度结果，对区域经济协调发展水平进行测度，对我国30个省域、四大板块和全国整体层次的区域经济协调发展的时空演化特征进行分析。

第一节　区际经济互动发展水平评价

一、研究方法

借鉴覃成林和崔聪慧（2019）的研究成果，采用全局 Moran's I 模型对区际经济互动发展水平进行测度，Moran's I 的计算公式为

$$I = \frac{n}{\sum\limits_{i=1}^{n}\sum\limits_{j=1}^{n}W_{ij}} \times \frac{\sum\limits_{i=1}^{n}\sum\limits_{j=1}^{n}W_{ij}(x_i - \bar{x})(x_j - \bar{x})}{\sum\limits_{i=1}^{n}(x_i - \bar{x})^2} \qquad (5-1)$$

其中，n 为区域数量，x_i 和 x_j 分别代表固定年份区域 i 与区域 j 的人均 GDP，x 为同年份人均 GDP 的均值，W_{ij} 为区域 i 与区域 j 的空间相邻权重矩阵。

依据地理学第一定律，所有事物都与其他事物存在关联，但通常和地理

位置相对较近的事物的联系，比和地理位置相对较远的事物的联系更为紧密。因此，本书选用相邻关系的空间权重矩阵，即选取 Root 原则的二分权重矩阵方法建立空间相邻权重矩阵。当区域间相邻时，权重为 1，当区域间不相邻时，权重为 0，某区域与它本身的权重选择 0，一般相邻的标准为

$$W_{ij} = \begin{cases} 1, \ i \text{区域和} j \text{区域有共同边界} \\ 0, \ \text{其他} \end{cases}$$

其中，$i = 1, 2, ..., n$；$j = 1, 2, ..., m$；n 和 m 代表区域数量。需要说明的是，在本研究中，假定海南省和广东省相邻，二者权重设为 1。

Moran's I 估计数值介于 [−1, 1]。当 Moran's I>0 时，表示区域 i 与区域 j 空间正相关，即区际经济实现了互动发展，其值越大，区域 i 与区域 j 之间互动发展水平越高；当 Moran's I = 0 时，区域 i 与区域 j 不相关。当 Moran's I<0 时，则表示区域 i 与区域 j 空间负相关，没有实现区际经济互动发展，其值越小，区域 i 与区域 j 之间互动发展水平越弱。

二、数据来源

我国省（区、市）内的市、区、盟、自治州的数据来源于 Wind 数据库和其统计年鉴、各省（区、市）1999—2018 年的统计年鉴、区县统计年鉴；四大板块的数据来源于 1999—2018 年的《中国统计年鉴》、所辖省域的统计年鉴；我国的数据来源于 1999—2018 年的《中国统计年鉴》，空间相邻数据来自百度地图。

需要指出的是：第一，本书在进行实证分析时，我国 30 个省域层次的区际经济互动发展指的是各省域内部的市、区、盟、自治州这些地级行政区之间经济的互动发展，而不是 30 个省域经济之间的互动发展；第二，我国四大板块层次的区际经济互动发展指的是各板块内部所辖省域经济之间的互动发展，而不是四大板块之间的互动发展；第三，全国整体层次的区际经济互动发展指的是我国内部 30 个省域经济之间的互动发展。

三、实证结果分析

(一) 总体分析

本节的实证思路是：首先，采用我国 30 个省域各自内的市、区、盟、自治州的人均 GDP 对我国省域层次的区际经济互动发展水平进行测度；其次，采用四大板块各自内省域的人均 GDP 数据对四大板块层次的区际经济互动发展水平进行测度；最后，采用我国 30 个省区市的人均 GDP 数据对全国整体层次的区际经济互动发展水平进行测度。

1. 我国 30 个省域层次的区际经济互动发展水平分析

基于全局 Moran's I 模型，采用 1998—2017 年的省域内的市、区、盟、自治州层级行政单位的人均 GDP 数据对 30 个省域层次的区际经济互动发展水平进行测度。依据测度结果，采用简单算术平均法，计算出 1998—2017 年的省域均值，如表 5-1 所示。

表 5-1　1998—2017 年我国 30 个省域层次的区际经济互动发展水平的均值及排名

排名	省份	均值	排名	省份	均值
1	上海	0.361	16	新疆	0.132
2	天津	0.340	17	海南	0.130
3	北京	0.333	18	山西	0.128
4	江苏	0.290	19	湖南	0.122
5	贵州	0.278	20	湖北	0.094
6	云南	0.276	21	重庆	0.090
7	河南	0.275	22	陕西	0.086
8	广东	0.244	23	内蒙古	0.079
9	浙江	0.220	24	宁夏	0.077
10	四川	0.198	25	福建	0.051
11	安徽	0.174	26	黑龙江	0.036
12	河北	0.165	27	辽宁	0.031

排名	省份	均值	排名	省份	均值
13	青海	0.158	28	山东	0.027
14	甘肃	0.144	29	江西	0.021
15	广西	0.140	30	吉林	0.008

由表 5-1 可以看出，从均值来看，我国 30 个省域层次的区际经济互动发展水平均值均大于 0，这表明省域内部空间正相关，即省域内部经济联系为正，区际经济实现了互动发展。我国省域内部区际经济互动发展水平的最大值为 0.394，离经济互动发展水平的最大值 1 还有较大差距，这表明我国省域经济互动水平还有较大的提升空间。我国 30 个省域互动发展水平的最小值为 0.001，表明我国省域经济互动发展水平存在明显的区域异质性。以 0.4、0.3、0.2 和 0.1 的阈值进行分割，我国 30 个省域层次的区际经济互动发展水平的均值可划分为四个等级，第一个等级（0.301—0.400）包括上海、天津和北京 3 市；第二等级（0.201—0.300）包括江苏、贵州、云南、河南、广东和浙江 6 个省；第三等级（0.101—0.200）包括四川等 10 省（区、市）；第四等级（0—0.100）包括湖北等 11 个省（区、市）。

2. 我国四大板块层次的区际经济互动发展水平分析

基于全局 Moran's I 模型，采用 1998—2017 年的四大板块所辖省域的人均 GDP 数据对四大板块层次的区际经济互动发展水平进行测度，并计算出各板块的均值，按照由大到小的顺序，对区际经济互动发展水平均值进行排序，四大板块可排序为：东部地区（0.273）、中部地区（0.157）、西部地区（0.078）和东北地区（0.036），表明我国四大板块内部经济联系为正，各板块内部经济实现互动发展，四大板块均值离区际经济互动发展水平的最大值 1 还有较大差距，这表明我国四大板块内部区际经济互动水平还有较大的提升空间。

3. 全国整体层次的区际经济互动发展水平分析

基于全局 Moran's I 模型，采用 1998—2017 年的我国 30 个省域的人均 GDP

数据对全国整体层次的区际经济互动发展水平进行测度，并计算出全国整体的均值。全国整体层次的区际经济互动发展水平均值为 0.397，和理想值 1 还有较大差距，这表明我国内部区际经济互动发展水平不高。

（二）时空演进特征分析

从我国 30 个省域层次、四大板块层次和全国整体层次对区际经济互动发展水平的均值进行分析，发现我国 30 个省域、四大板块和全国整体的内部经济联系为正，即实现了区际经济互动发展，但这三个层次的区际经济互动发展水平不高，离理想值 1 仍有较大距离。为进一步探讨区际经济互动发展的时间特征和空间特征，下面将对我国 30 个省域层次、四大板块层次和全国整体层次的区际经济互动发展的时空演进进行分析。

1. 我国 30 个省域层次的区际经济互动发展分析

就时间维度而言，对我国 30 个省域层次的区际经济互动发展水平进行考察，1998—2017 年的我国 30 个省域的均值如图 5-1 所示。

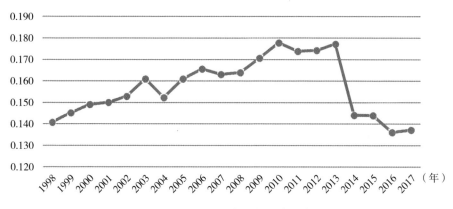

图 5-1　1998—2017 年时间维度的省域均值

由图 5-1 可以看出，1998—2017 年，时间维度的省域均值呈现先上升后下降的倒 U 形演进趋势，1998—2010 年为上升区间（2004 年除外），2011 年和 2012 年为倒 U 形的顶部，2013 年以后，区际经济互动水平一路走跌；1998—2017 年，时间维度的省域均值都大于 0，这表明研究时段内省域内部经济联系为正，即省内经济实现了区际经济互动发展；1998—2017 年，时间维度的省域均值的最大值没有超过 0.18，这离理想值 1 还有特别大的差距，说明我国省内属于低水平的区际经济互动发展。

就空间维度而言，我国30个省域层次的区际经济互动发展水平的均值数据如图5-2所示。

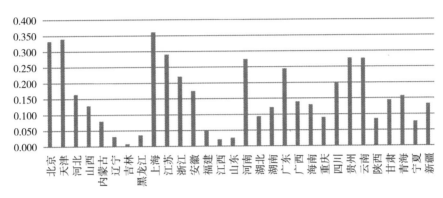

图 5-2　1998—2017 年空间维度的省域均值

由图5-2可以看出，就空间维度的省域均值来说，按照从大到小的顺序，对30个省域进行排名，省域均值排名前10位的省（区、市）为：上海（0.361）、天津（0.340）、北京（0.333）、江苏（0.290）、贵州（0.278）、云南（0.276）、河南（0.275）、广东（0.244）、浙江（0.220）、四川（0.198），排名前10位的省份中，东部省份占到60%，中西部省份占到40%，这表明东部省份内部的经济互动发展水平相对较高；省域均值排名最后10位的省（区、市）为：重庆（0.090）、陕西（0.086）、内蒙古（0.079）、宁夏（0.077）、福建（0.051）、黑龙江（0.036）、辽宁（0.031）、山东（0.027）、江西（0.021）、吉林（0.008），西部省份占到50%，东北三个省均排在最后5名中，这表明西部省份和东北省份内部的区际经济互动发展水平仍旧是四大板块中的"洼地"。

2. 我国四大板块层次的区际经济互动发展分析

就时间维度而言，四大板块层次的区际经济互动发展水平的数据如图5-3所示。

由图5-3可以看出，就时间维度而言，在研究时段内，东部地区内部的区际经济互动发展水平大致呈U形演进，1998—2009年一直走低，2009—

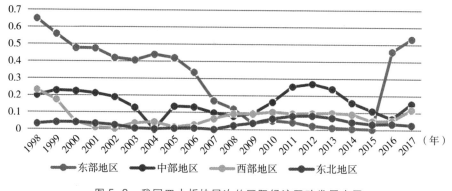

图 5-3　我国四大板块层次的区际经济互动发展水平

2015 年形成 U 形的底部，2015—2017 年上升趋势明显；中部地区内部的区际经济互动发展水平大致呈波浪形演进，演进区间保持在 0—0.3 之间；西部地区内部的区际经济互动发展水平具有明显的阶段性特征，以 2010 年为界，之前大致呈 W 形，之后基本保持平稳，除 1998—1999 年以外，西部地区内部的区际经济互动发展水平基本位于 0—0.1 区间内；东北地区无明显演进趋势，但演进区间始终介于 0—0.1 之间。表明我国四大板块内部的区际经济互动发展水平尚有较大提升空间。

就空间维度而言，采用 σ 收敛性分析对我国四大板块内部的区际经济互动发展水平的收敛性进行分析。σ 收敛系数可以用公式表示为

$$\sigma = \sqrt{\frac{\sum_{i=1}^{n}(INT_i - \overline{INT})^2}{n}} / \overline{INT} \qquad (5-2)$$

使用四大板块内部所辖省域数据对四大板块收敛性进行分析时，INT_i 为板块内部的 i 省域的区际经济互动发展水平，$\overline{INT}$ 为均值，n 为板块的省域数目，即：东部地区 $n=10$；中部地区 $n=6$；西部地区 $n=11$；东北地区 $n=3$。σ 为板块收敛系数，若 σ 逐步减小，则说明板块内部省域区际经济互动发展水平越来越接近，板块内部省域差距越来越小，即存在 σ 收敛，反之，若 σ 逐步增加，即存在 σ 发散，则说明板块内部所辖省域区域差距越来越大。

采用 1998—2017 年四大板块内部省域的区际经济互动发展水平的数据对四大板块的 σ 收敛系数进行测度，结果如图 5-4 所示。

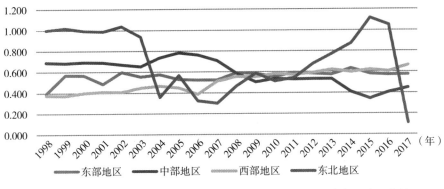

图 5-4 1998—2017 年我国四大板块层次的区际经济互动发展的 σ 收敛

由图 5-4 可以看出，东部地区和西部地区内部的 σ 收敛系数值有增加的趋势，即东部地区和西部地区内部的区际经济互动发展水平有略微发散态势，这表明这两个板块内部省域的区际经济互动发展水平的区域差距呈略微扩大趋势；中部地区的 σ 收敛系数大致呈下降态势表明中部地区存在 σ 收敛，中部地区内部省域的区际经济互动发展水平的区域差距有缩小的趋势；东北地区的 σ 收敛系数波动性较大，出现了下降—上升—下降的趋势，表明东北三省区际经济互动发展的差距出现了缩小—扩大—缩小趋势。

3. 全国整体层次的区际经济互动发展分析

就时间维度而言，全国整体层次的区际经济互动发展水平的测度结果如图 5-5 所示。

从图 5-5 可以看出，1998—2014 年，我国内部的区际经济互动发展水平大致呈 M 形演进；2015 年以后出现上扬趋势。研究时段内，全国整体层次的区际经济互动发展水平的变动范围介于 0.36—0.43，离理想值 1 还有较大差距，这表明我国内部的区际经济互动发展水平变动幅度较小，变动范围较为稳定。

就空间维度而言，采用四大板块数据对我国内部的区际经济互动发展水平的 σ 收敛系数进行测度，在测度时，INT_i 为第 i 个板块的区际经济互动发展水

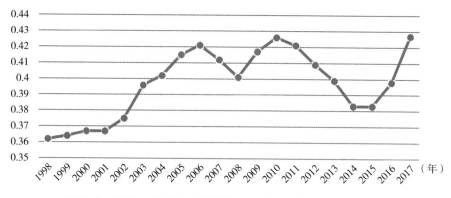

图5-5 1998—2017年全国整体层次的区际经济互动发展水平

平，$\overline{INT}$ 为均值，n 为板块数目，即 $n=4$；σ 为全国整体收敛系数，若 σ 逐步减小，则说明我国板块之间区际经济互动发展水平越来越接近，板块之间差距越来越小，即存在 σ 收敛，反之，若 σ 逐步增加，即存在 σ 发散，则说明板块之间区域差距越来越大。结果如图5-6所示。

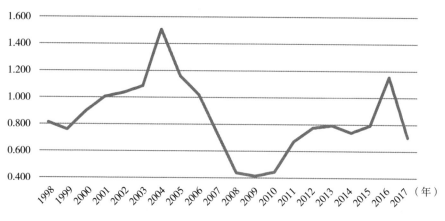

图5-6 1998—2017年全国整体层次的区际经济互动发展的 σ 收敛

由图5-6可知，全国整体层次的 σ 系数存在明显的阶段性特征，1998—2005年间，我国内部的区际经济互动发展不存在 σ 收敛，四大板块的区域差距越来越大；2005—2009年存在 σ 收敛，四大板块的区域差距越来越小；2009—2016年，不存在 σ 收敛，四大板块的区域差距扩大；而2016—2017年 σ 收敛系数又有下降的趋势。因此，全国整体层次的区际经济互动发展水平呈现阶段性收敛的动态特征。

第二节 区域经济充分发展水平评价

一、评价指标体系构建

区域经济充分发展有四个方面的特征，分别是经济增长、结构优化、创新驱动和效益提升。其中，经济增长是区域经济充分发展的外延特征，结构优化、创新驱动和效益提升是区域经济充分发展的内涵特征，或者说经济增长是区域经济充分发展"量"的要求，而结构优化、创新驱动和效益提升是区域经济充分发展的"质"的要求。后三者中，结构优化和创新驱动最终带来的结果是效益提升，因此，效益提升既是核心，也是结果。鉴于以上分析，本节将从经济增长、结构优化、创新驱动、效益提升这四个方面构建区域经济充分发展评价指标体系。

（一）经济增长

经济增长水平可以从增长规模和增长速度两个方面进行衡量，分别用GDP及其增长率来替代。经济增长是区域经济充分发展的"量"的指标，是生产力得到发展的直接表现。

（二）结构优化

借鉴郭晗（2019）将经济结构分为要素结构、产业结构、人口结构和区域结构几个方面，因区域协调本身就属于区域结构方面，因此，本书选取要素结构、产业结构和人口结构进行分析。要素投入结构方面，参照郭晗和任保平（2014）对要素结构的研究，采用劳动投入结构和资本投入结构作为衡量指标；产业结构指一个国家或者地区全部经济资源在各产业中的配置结构和比例关系。产业结构可以从横向的产业结构合理化、纵向的产业结构高级化来测度。产业结构合理化指产业间协调和关联程度提升的动态过程。产业结构高级化是指产业结构由低水平向高水平提升的过程，它包含：由第一产业占比较大向第二产业或第三产业占比较大转变；由劳动密集型产业、资本密集型产业向技术和知识密集型产业转变；由低附加值产业向高附加值产业的转变等。本书借鉴干春晖等（2011）的研究成果，采用泰尔指数和摩尔指数对产业结构进行测度。借鉴铁瑛等（2019）的成果，采用总抚养比（老年抚养比和少儿抚养比之和）作为人口结构的衡量指标。

（三）创新驱动

古典增长理论指出经济增长主要来源于资本和劳动等生产要素的投入，而新古典增长理论则指出经济增长主要来自技术进步，创新驱动经济增长是国家核心竞争力和综合国力的重要表现。随着我国经济进入新常态，单纯的要素驱动已难以为继，创新驱动成为经济充分发展的决定性力量，这也正是我国经济"动力变革"的题中之义。熊彼特的创新理论指出内生的研发和创新是驱动技术进步、驱动经济增长的决定性因素，因此，选取 R&D 人员投入和 R&D 经费投入作为反映创新驱动程度的指标；新产品销售收入在一定程度上衡量着每个产品创新的市场价值和重要程度，选取新产品销售收入作为反映创新产出程度的指标之一；技术市场成交额是衡量区域技术创新的最终产出指标之一，借鉴张欣炜和林娟（2015）的相关研究，将技术市场成交额作为创新驱动程度的衡量指标之一。

（四）效益提升

效益提升既是充分发展的核心，也是充分发展的结果，可以用静态的效率提升、动态的全要素生产率（效率的变动率）提升予以测度，鉴于前三项（经济增长、结构优化、创新驱动）均采用的是静态指标，而非变动率，结合所研究问题的特征，采用静态效率对效益提升程度进行衡量。经济效率反映出经济系统中的投入产出关系，用公式可以表示为：经济效率＝经济总产出/经济总投入。效益提升正是三大变革中"效率变革"的题中之义。古典增长理论将劳动、资本、自然资源禀赋作为生产要素，而新增长理论认为技术和制度是经济增长的内生动力，本书选取劳动力数量、物质资本存量、能源投入、技术创新能力和制度作为效率的投入指标。"绿色发展"作为"五大发展理念"之一，越来越受到重视，因此，将能源消耗总量作为能源投入的替代指标纳入模型。经济产出也可分为期望产出和非期望产出，将国内生产总值作为期望产出，将二氧化碳排放量作为非期望产出，构建"节能减排"和"绿色发展"的经济效率模型。

从经济增长、结构优化、创新驱动和效益提升四个方面构建区域经济充分发展评价指标体系，具体如表5-2所示。

表 5-2 区域经济充分发展评价指标体系

一级指标	二级指标	三级指标	衡量指标	方向
区域经济充分发展	经济增长	增长规模	区域生产总值（亿元）	+
		增长速度	区域生产总值增长率（%）	+
	结构优化	要素结构	资本投入结构（%）	+
			劳动投入结构（%）	+
		产业结构	产业结构合理化	+
			产业结构高级化	+
		人口结构	总抚养比（%）	+
	创新驱动	创新投入	R&D人员投入（万人）	+
			R&D经费投入（万元）	+
		创新产出	新产品销售收入（万元）	+
			技术市场成交额（亿元）	+
	效益提升	资本投入	物质资本存量（亿元）	+
		劳动投入	劳动力数量（万人）	+
		能源投入	能源消耗总量（万吨标煤）	−
		技术投入	专利申请授权量（千项）	+
		制度投入	制度指数	+
		期望产出	区域生产总值（亿元）	+
		非期望产出	二氧化碳排放量（万吨）	−

注："+"代表正向指标，"−"代表负向指标。

需要说明的是，区域经济充分发展评价指标体系中的衡量指标，有些是直接可用的数据，有些则需要进行测算，现将需要测算和说明的指标一一列出。一是要素结构。要素结构中资本投入结构和劳动投入结构的测度借鉴郭晗和任保平（2014）的研究成果，测度公式：资本投入结构＝全社会固定资产投资额／区域生产总值，劳动投入结构＝就业人口／常住人口。二是产业结构。产业结构从三大产业视角出发，分成横向的产业结构合理化和纵向的产业结构高级化，分别采用泰尔指数和摩尔指数进行测度，具体方法见后面介绍。三是人口结构。在人口结构中，总抚养比也称总负担系数，公式：总抚养比＝非劳动年龄人口数量／劳动年龄人口数量＝少儿抚养比＋老人抚养比。四是能源投入和非期望产出。能源消耗总量和二氧化碳排放量的计算方法参照物流业能源消耗总量和物流业二氧化碳排放量。物质资本存量、制度指数同第四章中物流业物质资本存量、制度环境的计算方法。

二、研究方法

（一）产业结构的测度方法

采用泰尔指数对产业结构合理化水平进行测度，采用摩尔指数对产业结构高级化进行测度。

泰尔指数（Theil Index，TL），又称泰尔熵标准，最早由泰尔在 1976 年提出，用于衡量区域收入差距，也是测度产业结构合理化的理想指标，借鉴干春晖等（2011）的观点，将泰尔指数公式设定为

$$TL = \sum_{i=1}^{3} \left(\frac{Y_i}{Y} \right) \ln\left(\frac{Y_i/L_i}{Y/L} \right) \tag{5-3}$$

其中，TL 代表泰尔指数，Y 代表三大产业总产值，Y_i 代表第 i 产业产值，$i = 1$，2，3，L 代表三大产业的从业人数之和，$L_i L_i L_i$ 代表第 i 产业的从业人数，Y_i/L_i 代表产业结构，Y/L 代表生产效率。泰尔指数等于 0 的时候，产业结构处于均衡状态，这时的产业结构最为合理。泰尔指数的数值越大，表明产业结构偏离均衡状态越多，产业结构越不合理。

摩尔指数（Moore Index），又称 Moore 指数，它采用空间向量测定法，将第一、第二和第三产业作为一组三维空间向量，每一个产业的变动都会引起它与其他产业夹角的变动，将所有的夹角加总起来就能得到整个产业结构的变动状况。借鉴王林梅和邓玲（2015）的研究成果，将 Moore 指数公式设

定为

$$M_t = \frac{\sum\limits_{i=1}^{3} W_{it} \times W_{it-1}}{\sqrt{\sum\limits_{i=1}^{3} W_{it}^2} \times \sqrt{\sum\limits_{i=1}^{3} W_{it-1}^2}} \tag{5-4}$$

$$\theta = \arccos M_t \tag{5-5}$$

其中，M_t 代表摩尔指数，i 代表第 i 产业，$i = 1$，2，3。W_{it} 代表 t 期第 i 产业在 GDP 中所占比重，W_{it-1} 代表 $t-1$ 期第 i 产业在 GDP 中所占比重，θ 为 t 期和 $t-1$ 期产业向量之间的总夹角，取值范围为 $[0, \pi]$，它代表着产业结构变动的情况，θ 越大，产业结构的变动幅度越大，产业结构越为优化。

（二）效率的测度方法

采用 Super-SBM 模型对经济效率进行测度。SBM（Slacks-based Measure）模型是一种基于松弛变量测度的非径向 DEA 模型，该模型将投入和产出要素的松弛程度放入目标函数中，克服了传统 DEA 模型不考虑松弛变量的问题。为克服 SBM 模型无法对两个或两个以上 DEA 有效的决策单元进行排序的缺点，托恩（Tone）在 2002 年提出了 Super-SBM 模型，该模型可以对所有的决策单元进行效率评价，计算出的效率值不受 1 的限制。考虑非期望产出的 Super-SBM 模型，本书构建"节能减排"约束下的区域经济效率评价模型。

假定有 n 个决策单元（DMU），每个决策单元有 m 个投入要素、s_1 个期望产出和 s_2 个非期望产出，其向量表达式分别为：$X \in R^m$，$Y^d \in R^{s_1}$，$Y^u \in R^{s_2}$，其矩阵形式分别为 X、Y^d 和 Y^u，其中，$X = [x_1, x_2, \ldots, x_n] \in R^{m \times n}$，$Y^d = [y_1^d, y_2^d, \ldots, y_n^d] \in R^{s_1 \times n}$，$Y^u = [y_1^u, y_2^u, \ldots, y_n^u] \in R^{s_2 \times n}$。则生产可能性集可以定义为

$$P = \{(x, y^d, y^u) \mid x \geq X\lambda, \ y^d \geq Y^d\lambda, \ y^u \leq Y^u\lambda, \ \lambda \geq 0\} \tag{5-6}$$

考虑非期望产出的 SBM 模型的分式规划为

$$\rho = \min \frac{1 - \dfrac{1}{m}\sum\limits_{i=1}^{m} \dfrac{s_i^-}{x_{i0}}}{1 + \dfrac{1}{s_1 + s_1}\left(\sum\limits_{r=1}^{s_1} \dfrac{s_r^d}{y_{r_0}^d} + \sum\limits_{l=1}^{s_2} \dfrac{s_l^u}{y_{l_0}^u}\right)} \tag{5-7}$$

$$
\text{Subject to}
\begin{cases}
x_0 = X\lambda + s^- \\
y_0^d = Y^d\lambda - s^d \\
y_0^u = Y^u\lambda + s^u \\
\lambda \geq 0 \\
s^- \geq 0 \\
s^d \geq 0 \\
s^u \geq 0 \\
i = 1, 2, \ldots, m \\
r = 1, 2, \ldots, s_1 \\
l = 1, 2, \ldots, s_2
\end{cases}
$$

其中，ρ 为效率值，x、y^d 和 y^u 分别为投入、期望产出和非期望产出，s^-、s^d 和 s^u 分别为投入、期望产出和非期望产出的松弛变量，λ 为权重，当 $0 \leq \rho < 1$ 时，为 DMU 无效，当 $\rho = 1$，且 $s^- = 0$、$s^d = 0$ 和 $s^u = 0$ 时，为 DMU 有效。

依据托恩（Tone）的做法，一个排除了 DMU (x_0, y_0) 的生产可能性集可以定义为

$$
P \setminus (x_0, y_0) = \left\{ (\overline{x}, \overline{y}^d, \overline{y}^u) \mid \overline{x} \geq \sum_{j=1}^{n} \lambda_j x_j, \ \overline{y}^d \leq \sum_{j=1}^{n} \lambda_j y_j^d, \ \overline{y}^u \geq \sum_{j=1}^{n} \lambda_j y_j^u, \right.
$$
$$
\left. \lambda \geq 0 \right\} \tag{5-8}
$$

考虑非期望产出的 Super-SBM 模型的分式规划为

$$
\rho^* = \min \frac{\dfrac{1}{m} \sum_{i=1}^{m} \dfrac{\overline{x_i}}{x_{i_0}}}{\dfrac{1}{s_1 + s_2} \left(\sum_{r=1}^{s_1} \dfrac{\overline{y_r^d}}{y_{r_0}^d} + \sum_{l=1}^{s_2} \dfrac{\overline{y_l^u}}{y_{l_0}^u} \right)} \tag{5-9}
$$

其中，ρ^* 是效率值，ρ^* 值不受 1 的限制。其他变量含义同式（5-7）。

采用 SBM 模型和 Super-SBM 模型计算出来的效率，用 TE 表示，i 区域 t 期效率的表达式为

$$
TE_{it} =
\begin{cases}
\rho_{it}, & \rho_{it} < 1 \\
\rho_{it}^*, & \rho_{it} = 1
\end{cases} \tag{5-10}
$$

当 $\rho_{it} < 1$ 时，为 DMU 无效，表明决策单元存在效率损失；当 $\rho_{it}^* \geq 1$ 时，为 DMU 有效，决策单元不存在效率损失。

三、数据来源

数据来源于 1999—2018 年的《中国统计年鉴》、各省（区、市）统计年鉴、《中国能源统计年鉴》、《中国科技统计年鉴》和 Wind 数据库。

本节实证的思路是：首先，求出所有三级指标的值；其次，分别采用熵值法求解结构优化程度和创新驱动水平，采用 Super-SBM 模型求解经济效率；最后，采用熵值法对经济增长规模、经济增长速度、结构优化程度、创新驱动水平、经济效率五个变量求解，最终得到区域经济充分发展水平的值。

四、实证结果分析

（一）总体分析

1. 我国 30 个省域层次的区域经济充分发展评价

基于 1998—2017 年的我国 30 个省域的相关数据，采用 Super-SBM 模型、熵值法等研究方法，运用 DEA Solver Pro 5.0 等软件，对我国 30 个省域层次的区域经济充分发展水平进行测度，依据测度结果，计算出 1998—2017 年的省域均值，如表 5-3 所示。

表 5-3　1998—2017 年我国 30 个省域层次的区域经济充分发展水平的均值及排名

排名	省份	均值	排名	省份	均值
1	广东	0.814	16	安徽	0.270
2	北京	0.798	17	内蒙古	0.246
3	上海	0.793	18	河北	0.238
4	江苏	0.709	19	吉林	0.218
5	河南	0.652	20	贵州	0.211
6	重庆	0.637	21	新疆	0.205
7	山东	0.626	22	山西	0.204
8	浙江	0.623	23	黑龙江	0.190

续表

排名	省份	均值	排名	省份	均值
9	天津	0.593	24	江西	0.185
10	湖南	0.335	25	广西	0.160
11	四川	0.316	26	甘肃	0.153
12	湖北	0.309	27	云南	0.147
13	福建	0.284	28	青海	0.138
14	陕西	0.281	29	宁夏	0.130
15	辽宁	0.279	30	海南	0.085

由表5-3可以看出,从均值来看,我国30个省域的区域经济充分发展水平的值均大于0小于1,表明我国省域经济得到了一定的发展,但充分发展的程度不足,即省域经济发展不充分。按照0.8、0.6、0.4和0.2的阈值进行划分,我国省域经济充分发展水平可分为五个等级,第一等级(0.801以上)只有广东省1个省;第二等级(0.601—0.800)包括北京、上海、江苏、河南、重庆、山东和浙江7个省(市);第三等级(0.401—0.600)包括天津、湖南、四川和湖北4个省(市);第四等级(0.201—0.400)包括福建等10个省(区);第五等级(0—0.200)包括黑龙江等8个省(区)。

2. 我国四大板块层次的区域经济充分发展评价

基于1998—2017年我国30个省域的区域经济充分发展水平,将每个板块所辖省域的均值作为板块的区域经济充分发展水平的值。采用算术平均法计算出四大板块的均值,按照从大到小排名,四大板块的区域经济充分发展水平均值可排序为:东部地区(0.556)、中部地区(0.326)、西部地区(0.239)和东北地区(0.229),排在首位的东部地区是排在末位东北地区的2.43倍,这表明四大板块的区域经济充分发展水平存在区域差异。四大板块的最大值为0.556,这表明我国四大板块的区域经济发展不充分。

3. 全国整体层次的区域经济充分发展水平评价

基于1998—2017年我国四大板块的区域经济充分发展水平,采用算术平均法计算出全国整体1998—2017年的值。1998—2017年,全国整体区域经济充分发展水平介于 0.3—0.4 之间，表明全国整体区域经济充分发展水平较为稳定，这或许与多因素的综合作用有关，虽然改革开放以来，我国 GDP 有了较大增长，但结构优化程度、创新驱动程度和效益提升程度并没有那么突出，因此，区域经济充分发展水平并不高；从均值来看，全国整体的均值为 0.361，这表明全国整体区域经济发展不充分。

（二）时空演进特征分析

通过对我国 30 个省域、四大板块和全国整体三个层次的区域经济充分发展水平评价，发现我国 30 个省域、四大板块和全国整体的区域经济发展不充分。为进一步探讨区域经济充分发展的时间特征和空间特征，下面将对我国 30 个省域、四大板块和全国整体三个层次的区域经济充分发展的时空演进特征进行分析。

1. 我国 30 个省域层次的经济充分发展分析

我国 30 个省域的区域经济充分发展水平的均值数据如图 5-7 所示。

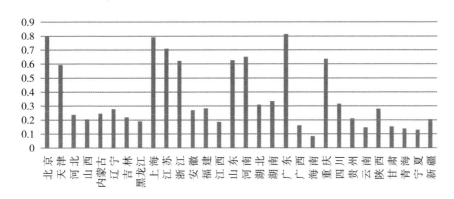

图 5-7　1998—2017 年我国 30 个省域层次的区域经济充分发展水平均值

由图 5-7 可以看出，我国 30 个省域均值的最大值为 0.814，这表明我国省域经济发展不充分。30 个省域均值大小不一，表明我国省域经济发展水平存在较为明显的区域差异。排名前 10 位的省份中，东部省份占到 60%，中西部占到 40%，表明东部省份的区域经济充分发展水平相对较高；排名最后 10 位的省区市中，西部省份占到 60%。表明西部省份的区域发展更为不充分。

2. 我国四大板块层次的区域经济充分发展分析

我国四大板块的区域经济充分发展水平的数据如图 5-8 所示。

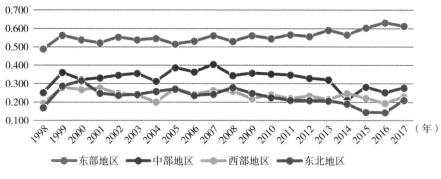

图 5-8　1998—2017 年我国四大板块层次的区域经济充分发展水平

图 5-8 显示：就时间维度而言，在研究时段内，四大板块演进趋势较为相似，大致呈小波浪形态势；四大板块分层性明显，东部地区为第一层次、中部地区为第二层次，西部和东北地区在第三层次，值得注意的是，2010 年以来东北地区的区域经济充分发展水平排在了四大板块的末位。

空间维度来看，基于四大板块内部省域经济充分发展水平的数据，采用 σ 收敛性分析，对我国四大板块经济充分发展水平的收敛性进行评判，四大板块经济充分发展水平的 σ 收敛系数的计算结果如图 5-9 所示。

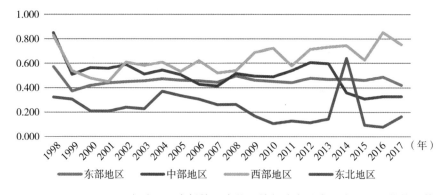

图 5-9　1998—2017 年我国四大板块层次的区域经济充分发展水平的 σ 收敛系数

由图 5-9 可知，东部地区的 σ 收敛系数没有明显趋势，表明东部地区不存在 σ 收敛，东部地区 10 省域的区域经济充分发展水平区域差距基本保持稳定；中部地区的 σ 收敛系数大致出现下降，表明中部地区存在 σ 收敛，即中部 6 省域的区域经济充分发展水平的区域差距有缩小态势；西部地区的 σ 收敛系数有逐步增加的趋势，即西部地区存在 σ 扩散，这表明西部地区 11 省域的区域经济充分发展水平的区域差距有扩大趋势；东北地区呈现出明显的阶段性特征，1998—2013 年出现略微下降趋势，2014—2017 年呈倒 V 形变化特征。

3. 全国整体层次的经济充分发展分析

从全国整体层次来看，就时间维度而言，全国整体层次的区域经济充分发展水平的测度结果如图 5-10 所示。

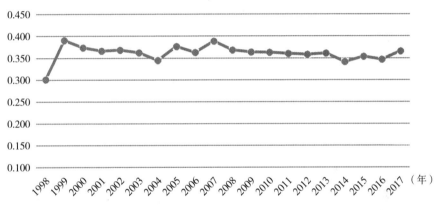

图 5-10　1998—2017 年全国整体层次的区域经济充分发展水平测度结果

从图 5-10 可以看出，1998—2017 年，全国整体的区域经济充分发展水平的变动范围介于 0.3—0.4 之间，表明全国整体的区域经济充分发展水平变动幅度较小。

基于四大板块的经济充分发展水平的值，对全国整体进行 σ 收敛性分析，计算结果如图 5-11 所示。

由图 5-11 可以看出，全国整体的 σ 收敛系数存在明显的 U 形特征，2005—2017 年呈现出小波浪形上升态势，表明 2005 年起，我国四大板块之间的区域经济充分发展水平差距有不断扩大的趋势。

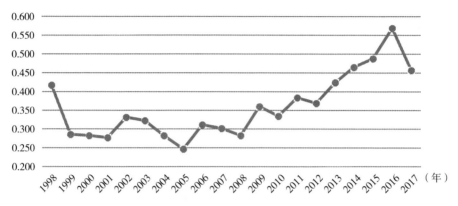

图 5-11 1998—2017 年全国整体层次的区域经济充分发展水平的 σ 收敛系数

第三节 区际经济平衡发展水平及特征

一、研究方法

变异系数是相对差异的统计方法之一，它能够反映出指标偏离均值的程度。借鉴覃成林等（2013）、范恒山等（2012）的研究成果，采用区域经济增长水平的 CV 变异系数法测度区际经济离散程度，其公式为

$$CV = \frac{\sqrt{\dfrac{\sum\limits_{i=1}^{n}(x_i - \bar{x})^2}{n}}}{\bar{x}} \tag{5-11}$$

其中，x_i 为 i 区域的人均 GDP，$\bar{x}$ 为人均 GDP 的均值，n 为区域数，CV 为变异系数，能够反映各区域经济发展偏离全部区域均值的程度，衡量着某区域与全部区域均值的相对差距。值得注意的是，变异系数为负向指标，系数值越大，表示数据的离散程度越大，区际经济发展越不平衡。因此，借鉴范恒山等（2012）的变换方法，采用 1 和离散程度的差来表示区际经济平衡发展水平，将其变换为正向指标，即

$$BAL = |1 - CV| \tag{5-12}$$

其中，BAL 代表区际经济平衡发展水平，BAL 越大，表明区际经济平衡发展水平越高，区际发展越平衡；BAL 越小，表明区际经济平衡发展水平越低，即区际发展越不平衡。

二、数据来源

我国省（区、市）内的市、区、盟、自治州的数据来源于 Wind 数据库和其统计年鉴、各省（区、市）1999—2018 年的统计年鉴、区县统计年鉴；四大板块的数据来源于 1999—2018 年的《中国统计年鉴》、所辖省域的统计年鉴；我国的数据来源于 1999—2018 年的《中国统计年鉴》。

需要指出的是：第一，本书在进行实证分析时，我国省域层次的区际经济平衡发展指的是各省域内部的市、区、盟、自治州这些地级行政区之间经济的平衡发展，而不是省域之间经济的平衡发展；第二，我国四大板块层次的区际经济平衡发展指的是各板块内部所辖省域之间经济的平衡发展，而不是四大板块之间的平衡发展；第三，全国整体层次的区际经济平衡发展指的是我国内部 30 个省域之间经济的平衡发展。

三、实证结果分析

（一）总体分析

本部分实证的思路是：首先，计算我国 30 个省域层次的区际经济平衡发展水平。基于 1998—2017 年的省域所辖市、区、盟、自治州的人均 GDP 数据，运用变异系数法对各省域内部的区际经济平衡发展水平进行测度。其次，计算四大板块层次的区际经济平衡发展水平。基于 1998—2017 年的四大板块所辖省域的人均 GDP 数据，运用变异系数法对每个板块内的区际经济平衡发展水平进行测度。再次，计算全国整体层次的区际经济平衡发展水平。基于我国 30 个省域的人均 GDP 数据，运用变异系数法对全国整体范围内的区际经济平衡发展水平进行测度。最后，依据我国 30 个省域层次、四大板块层次和全国整体层次的区际经济平衡发展的测度值，对其进行评价。

1. 我国 30 个省域层次的区际经济平衡发展水平分析

基于 1998—2017 年省域所辖市、区、盟、自治州的人均 GDP 数据，运用变异系数法对 30 个省域经济平衡发展水平进行测度，依据测度结果，计算出 1998—2017 年这 20 年的省域均值，如表 5-4 所示。

表 5-4　1998—2017 年我国 30 个省域层次的区际经济平衡发展水平的均值及排名

排名	省份	均值	排名	省份	均值
1	吉林	0.685	16	贵州	0.475
2	浙江	0.662	17	山东	0.466
3	山西	0.637	18	安徽	0.458
4	海南	0.631	19	内蒙古	0.450
5	福建	0.619	20	云南	0.447
6	广西	0.616	21	上海	0.429
7	河北	0.588	22	重庆	0.412
8	河南	0.559	23	天津	0.390
9	陕西	0.548	24	宁夏	0.371
10	江西	0.526	25	北京	0.348
11	湖北	0.507	26	广东	0.288
12	四川	0.506	27	青海	0.223
13	辽宁	0.504	28	黑龙江	0.196
14	湖南	0.492	29	甘肃	0.179
15	江苏	0.488	30	新疆	0.176

由表 5-4 可以看出，从均值来看，我国 30 个省域内部的区际经济平衡发展水平均大于 0，这表明我国省域内部的区际经济得到一定程度的平衡发展。我国省域内部的区际经济平衡发展的最大值为 0.685，表明我国省域内部区际经济平衡发展水平较低。省域内部的区际经济平衡发展水平的最小值为 0.176，与最大值相差 0.509，表明我国省域内部的区际经济平衡发展水平存在较大的区域差异。以 0.8、0.6、0.4 和 0.2 的阈值进行分割，可将我国省域内部的区际经济平衡发展水平的均值划分为四个等级，第一等级（0.601—0.800）包括吉林、浙江、山西、海南、福建和广西 6 省（区）；第二等级

（0.401—0.600）包括河北等 16 个省（区、市）；第三等级（0.201—0.400）包括天津、宁夏、北京、广东和青海 5 个省（市）；第四等级（0—0.200）包括黑龙江、甘肃和新疆 3 个省（区）。

2. 我国四大板块层次的区际经济平衡发展水平分析

基于 1998—2017 年四大板块所辖省域的人均 GDP 数据，运用变异系数法对四大板块层次的区际经济平衡发展水平进行测度，并求出四大板块均值，如表 5-5 所示。

表 5-5　1998—2017 年我国四大板块层次的区际经济平衡发展水平

年份	东部地区	中部地区	西部地区	东北地区	板块均值
1998	0.419	0.663	0.363	0.657	0.526
1999	0.424	0.667	0.373	0.649	0.528
2000	0.421	0.657	0.387	0.659	0.531
2001	0.421	0.658	0.390	0.661	0.533
2002	0.420	0.670	0.393	0.666	0.537
2003	0.414	0.680	0.403	0.677	0.544
2004	0.412	0.676	0.405	0.701	0.548
2005	0.398	0.649	0.410	0.683	0.535
2006	0.389	0.647	0.408	0.686	0.532
2007	0.390	0.648	0.403	0.687	0.532
2008	0.388	0.651	0.409	0.676	0.531
2009	0.391	0.650	0.393	0.665	0.524
2010	0.395	0.668	0.395	0.658	0.529
2011	0.399	0.689	0.397	0.664	0.537
2012	0.403	0.688	0.402	0.660	0.538
2013	0.402	0.686	0.413	0.651	0.538
2014	0.398	0.674	0.419	0.649	0.535
2015	0.393	0.664	0.420	0.655	0.533
2016	0.393	0.656	0.414	0.806	0.567
2017	0.384	0.668	0.396	0.791	0.560
均值	0.403	0.665	0.400	0.680	0.537

由表 5-5 可以看出，从时间维度来看，1998—2017 年，我国四大板块层次的区际经济平衡发展水平均值为 0.537，表明四大板块内部的区际经济平衡发展水平不高，区际经济平衡发展水平尚有较大的提升空间，我国四大板块内部的区际经济平衡发展水平的最大值为 0.567，最小值为 0.524，表明我国四大板块内部的区际经济平衡发展水平存在区域差异，但区域差异相对较小。从空间维度来看，按照从高到低的顺序，可将四大板块排序为：东北地区（0.680）、中部地区（0.665）、东部地区（0.403）和西部地区（0.400），即四大板块内部区际经济平衡发展水平最高的是东北地区，最低的是西部地区。

3. 全国整体层次的区际经济平衡发展水平分析

基于 1998—2017 年我国 30 个省域的人均 GDP 数据，运用变异系数法对全国整体层次的区际经济平衡发展水平进行测度，并求出全国整体的均值，如表 5-6 所示。

表 5-6　1998—2017 年全国整体层次的区际经济平衡发展水平

1998 年	1999 年	2000 年	2001 年	2002 年	2003 年	2004 年	2005 年	2006 年	2007 年
0.259	0.254	0.242	0.235	0.228	0.213	0.210	0.194	0.189	0.197
2008 年	2009 年	2010 年	2011 年	2012 年	2013 年	2014 年	2015 年	2016 年	2017 年
0.213	0.219	0.236	0.259	0.274	0.276	0.274	0.262	0.245	0.232

由表 5-6 可以看出，全国整体层次的区际经济平衡发展水平的最大值为 0.276，最小值为 0.189，均值为 0.236，表明全国整体层次的区际经济平衡发展水平较低，即我国内部的区际经济平衡发展水平仍有较大提升空间。

（二）时空演进特征分析

从我国 30 个省域层次、四大板块层次和全国整体层次对区际经济平衡发展水平进行了分析，发现我国 30 个省域层次、四大板块层次和全国整体层次的区际经济平衡发展水平不高，且存在区域差异。为进一步深入分析区际经济平衡发展的时间特征和空间特征，本节将对我国 30 个省域、四大板块和全国整体三个层次的区际经济平衡发展的时空演进特征进行分析。

1. 我国 30 个省域层次的区际经济平衡发展分析

从时间维度来看，基于 1998—2017 年我国 30 个省域层次的区际经济平衡发展水平的测度值，计算出 1998—2017 年的省域均值，如图 5-12 所示。

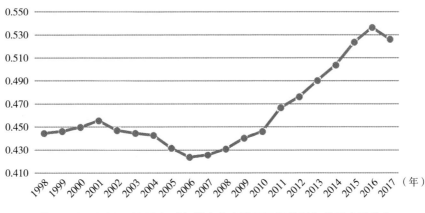

图 5-12　1998—2017 年时间维度的省域区际经济平衡发展水平均值

由图 5-12 可以看出，1998—2017 年，时间维度的省域均值呈近似 U 形演进特征，即省域内部的区际经济平衡发展水平呈现先下降，后上升的动态演进特征。这在一定程度上验证了威廉姆森的倒 U 形理论，威廉姆森的倒 U 形理论认为区域经济差距随着经济的发展呈现先扩大后缩小的趋势，即区际经济平衡发展水平先下降后上升。

从空间维度来看，将表 5-4 中的 30 个省域层次的区际经济平衡发展水平的均值数据反映在图形上，如图 5-13 所示。

结合表 5-4 和图 5-13 可知，就空间维度的省域均值来说，按照区际经济平衡发展水平由高到低的顺序，对我国 30 个省域进行排名，省域均值排名前 10 位的省（区、市）为：吉林、浙江、山西、海南、福建、广西、河北、河南、陕西和江西，排名前 10 位的省份中，东部省份占比 40%，中部省份占比 30%，西部省份占比 20%，东北省份占比 10%。排名后 10 位的省（区、市）有：上海、重庆、天津、宁夏、北京、广东、青海、黑龙江、甘肃和新疆，西部省份占比 50%，东部省份占比 40%，东北省份占比 10%，这表明区际经济发展不平衡问题存在于各个板块中，且与经济发达程度无明显关联，这或许与

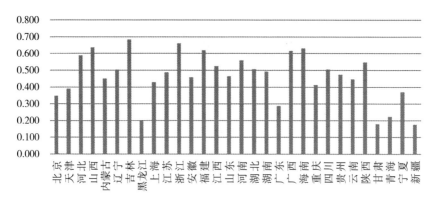

图 5-13　1998—2017 年空间维度的省域区际经济平衡发展水平均值

某些区域低水平平衡发展有关。

2. 我国四大板块层次的区际经济平衡发展分析

从时间维度来看，将表 5-5 中四大板块层次的区际经济平衡发展水平的均值数据反映在图形上，如图 5-14 所示，依据图 5-14 可以观测四大板块层次的区际经济平衡发展的演进特征。

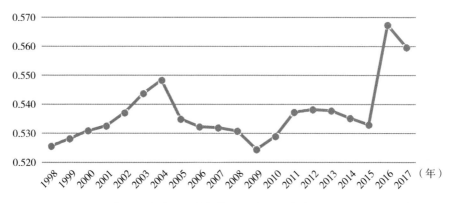

图 5-14　1998—2017 年我国四大板块区际经济平衡发展水平均值的演进趋势

由图 5-14 可以看出，就时间维度而言，1998—2017 年，我国四大板块的区际经济平衡发展水平均值阶段性特征明显，1998—2004 年呈上升趋势，或许与我国西部大开发等政策有关。2005—2016 年呈 U 形演进特征。我国四大板块层次的区际经济平衡发展水平均值的变动区间较小，这表明我国四大板块层次的区际经济平衡发展水平的稳定性较强。

从空间维度来看，将表5-5中四大板块的相关数据反映在图形上，以观测四大板块层次的区际经济平衡发展的演进特征，如图5-15所示。

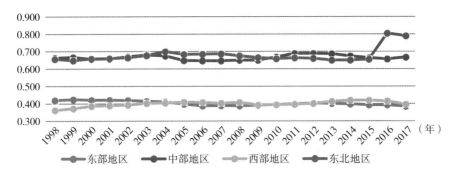

图5-15　1998—2017年我国四大板块层次的区际经济平衡发展的演进趋势

由图5-15可以看出，就空间维度而言，1998—2017年，我国四大板块存在明显的分层特征，中部和东北地区为第一层次，东西部地区为第二层次。东部地区和西部地区具有明显的趋同趋势，除2016—2017年外，中部地区和东北地区具有明显的趋同趋势，四大板块之间存在区域差异，且差异较为明显。

3. 全国整体层次的区际经济平衡发展分析

将表5-6中全国整体层次的区际经济平衡发展数据，反映在图形上，如图5-16所示。

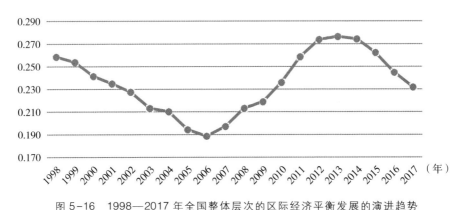

图5-16　1998—2017年全国整体层次的区际经济平衡发展的演进趋势

由图5-16可以看出，在研究时段内，全国整体的数值变动范围介于0.189—0.276之间，这表明全国整体的区际经济平衡发展水平稳定性较强。

1998—2017 年，全国整体的区际经济平衡发展水平呈现下降—上升—下降的变动趋势，阶段性特征较为明显。2013 年以后，全国整体层次的区际经济平衡发展水平不断下降，表明全国整体层次的不平衡程度在不断增加，我国区际经济发展不平衡。

第四节　区域经济协调发展水平评价

一、研究方法

本部分采用的研究方法为熵值法和协调发展度模型。本书将区域经济协调发展界定为区际经济互动发展、区域经济充分发展和区际经济平衡发展三个维度，基于区际经济互动发展、区域经济充分发展和区际经济平衡发展的测度结果，采用熵值法计算出区域经济协调发展的综合值，然后运用区域经济协调发展度作为衡量区域经济协调发展的最终指标。因区域经济协调发展的内涵较为明确，但外延尚无法全部细化，因此，本书借鉴曾珍香和顾培亮（2000）的研究成果，采用模糊数学中的模糊隶属度方法，鉴于本书数据特征，采用正态分布的模糊隶属度方法，建立协调区域经济协调发展度模型，其公式为

$$C = \exp\left\{-\frac{(z-z')^2}{\delta^2}\right\} \tag{5-13}$$

其中，C 代表区域经济的协调发展度，即本章的被解释变量，z 代表某期区域经济协调发展的综合值，z' 为区域经济协调发展的期望值，本书借鉴覃成林等（2011）对区域经济协调发展的研究，选择 z' 为研究年份最大值作为期望值，即选择 1998—2017 年这 20 年的区域经济协调发展的综合值的最大值作为 z'，δ 为方差。区域经济协调发展度 C 的取值范围为 $[0, 1]$，C 越接近于 1，表明区域经济协调发展程度越高；反之，越接近于 0，则表明区域经济协调发展程度越低，本书选择区域经济协调发展度 C 作为衡量区域经济协调发展的最终指标。

二、数据来源

数据来源于我国 30 个省域、四大板块、全国整体的区际经济互动发展、

区域经济充分发展和区际经济平衡发展的测度结果。

需要指出的是：第一，本书在进行实证分析时，我国30个省域层次的区域经济协调发展指的是各省域内部的市、区、盟、自治州这些地级行政区之间经济的协调发展，而不是省域之间经济的协调发展；第二，我国四大板块层次的区域经济协调发展指的是各板块内部所辖省域之间经济的协调发展，而不是四大板块之间的协调发展；第三，全国整体层次的区域经济协调发展指的是我国内部30个省域之间经济的协调发展。

基于区际经济互动发展、区域经济充分发展和区际经济平衡发展水平的数据，本部分的实证思路是：第一步，采用熵值法计算出区域经济协调发展的综合值；第二步，运用区域经济协调发展度模型，计算出区域经济协调发展度 C ，用以衡量区域经济协调发展水平。就我国30个省域层次、四大板块层次和全国整体层次来说，首先，基于我国30个省域层次的区际经济互动发展、区域经济充分发展和区际经济平衡发展水平的数据，采用熵值法和区域经济协调度模型，对我国30个省域各自内的区域经济协调发展水平予以测度；其次，基于我国四大板块层次的区际经济互动发展、区域经济充分发展和区际经济平衡发展水平的数据，采用熵值法和区域经济协调度模型，对我国四大板块各自内的区域经济协调发展水平进行测度；最后，基于全国整体层次的区际经济互动发展、区域经济充分发展和区际经济平衡发展水平的数据，采用熵值法和区域经济协调度模型，对全国整体内各省域之间或四大板块之间的区域经济协调发展水平进行测度。

三、实证结果分析

（一）总体分析

1. 我国30个省域层次的实证结果分析

依据我国30个省域层次的区域经济协调发展水平，采用简单算术平均法计算出1998—2017年共20年的均值，并按照从大到小的顺序进行排名，具体如表5-7所示。

表 5-7　1998—2017 年我国 30 个省域层次的区域经济协调发展水平均值及排名

排名	省份	均值	排名	省份	均值
1	安徽	0.918	16	上海	0.762
2	湖北	0.912	17	四川	0.755
3	河北	0.909	18	辽宁	0.748
4	河南	0.904	19	广西	0.688
5	湖南	0.900	20	浙江	0.685
6	陕西	0.891	21	黑龙江	0.677
7	云南	0.870	22	江西	0.663
8	广东	0.863	23	江苏	0.652
9	天津	0.855	24	山西	0.640
10	海南	0.851	25	山东	0.637
11	重庆	0.850	26	宁夏	0.612
12	青海	0.826	27	甘肃	0.601
13	新疆	0.808	28	吉林	0.589
14	北京	0.802	29	内蒙古	0.582
15	福建	0.782	30	贵州	0.578

由表 5-7 可以看出，从均值来看，我国 30 个省域经济协调发展水平均值的最大值为 0.918，最小值为 0.578，与理想值 1 有较大差距，表明我国 30 个省域层次的区域经济发展不协调且存在明显的区域差异。

2. 我国四大板块层次的实证结果分析

依据四大板块的区域经济协调发展水平的测算结果，计算出四大板块均值，如表 5-8 所示。

表 5-8　1998—2017 年我国四大板块层次的区域经济协调发展水平

年份	东部地区	中部地区	西部地区	东北地区	板块均值
1998	0.753	0.815	0.669	0.621	0.714
1999	0.771	0.803	0.730	0.528	0.708
2000	0.761	0.806	0.728	0.495	0.697
2001	0.760	0.791	0.719	0.506	0.694

年份	东部地区	中部地区	西部地区	东北地区	板块均值
2002	0.761	0.769	0.716	0.597	0.711
2003	0.750	0.765	0.736	0.532	0.696
2004	0.803	0.844	0.746	0.519	0.728
2005	0.835	0.923	0.766	0.512	0.759
2006	0.832	0.913	0.770	0.593	0.777
2007	0.865	0.909	0.756	0.662	0.798
2008	0.627	0.670	0.688	0.540	0.631
2009	0.713	0.725	0.745	0.575	0.689
2010	0.817	0.776	0.775	0.634	0.750
2011	0.834	0.804	0.781	0.655	0.768
2012	0.805	0.802	0.795	0.624	0.756
2013	0.831	0.793	0.792	0.585	0.750
2014	0.851	0.786	0.812	0.742	0.798
2015	0.890	0.769	0.830	0.767	0.814
2016	0.838	0.801	0.838	0.731	0.802
2017	0.818	0.752	0.817	0.682	0.767
均值	0.796	0.801	0.760	0.605	0.740

由表5-8可知，1998—2017年，我国四大板块层次的区域经济协调发展水平的最大值为0.923，最小值为0.495，这表明我国四大板块内部存在区域经济不协调问题和区域异质性问题。从板块均值来看，按照从大到小的顺序，可将四大板块内部的区域经济协调发展水平排序为：中部地区（0.801）、东部地区（0.796）、西部地区（0.760）和东北地区（0.605），四个板块的均值均离理想值1有较大差距，表明四大板块内部的区域经济协调水平尚有较大改善空间。

3. 全国整体层次的实证结果分析

全国整体层次的区域经济协调发展水平如表5-9所示。

表 5-9　1998—2017 年全国整体层次的区域经济协调发展水平

1998 年	1999 年	2000 年	2001 年	2002 年	2003 年	2004 年	2005 年	2006 年	2007 年
0.663	0.631	0.627	0.680	0.642	0.670	0.685	0.694	0.649	0.659
2008 年	2009 年	2010 年	2011 年	2012 年	2013 年	2014 年	2015 年	2016 年	2017 年
0.543	0.594	0.605	0.603	0.611	0.614	0.635	0.700	0.736	0.720

由 5-9 可以看出，1998—2017 年，全国整体层次的区域经济经济协调发展水平的最大值为 0.736，最小值为 0.543，均值为 0.648，不管是最大值还是均值都与理想值 1 有较大差距，这表明我国内部区域经济发展不协调，我国区域经济协调发展水平仍有较大提升空间。

（二）时空演化特征分析

通过对我国 30 个省域层次、四大板块层次和全国整体层次的区域经济协调发展水平评价，发现我国各省域内部、四大板块内部、全国整体内部的区域经济发展不协调，区域经济协调发展水平离理想值 1 仍有较大差距，且存在明显的区域异质性。为进一步探讨区域经济协调发展的时间特征和空间特征，下面将对我国 30 个省域层次、四大板块层次和全国整体层次的区域经济协调发展的时空演进特征进行分析。

1. 我国 30 个省域层次的区域经济协调发展分析

就时间维度而言，根据我国 30 个省域层次的区域经济协调发展水平求得 1998—2017 年我国 30 个省域的年份均值，如图 5-17 所示。

由图 5-17 可以看出，1998—2017 年，时间维度的省域区域经济直辖市发展水平均值呈现阶段性特征，1998—2006 年，我国 30 个省域层次的区域经济协调发展水平均值呈上升趋势，2007—2017 年呈 V 形演进态势，即我国 30 个省域层次的区域经济协调发展水平均值呈上升—下降—再上升的变化趋势。我国省域层次的区域经济协调发展水平均值的变动范围介于 0.600—0.850 之间，这表明我国省域内部区域经济发展较为协调，但仍旧有较大的提升空间。

就空间维度而言，将表 5-7 中的我国 30 个省域层次的区域经济协调发展水平的均值数据如图 5-18 所示。

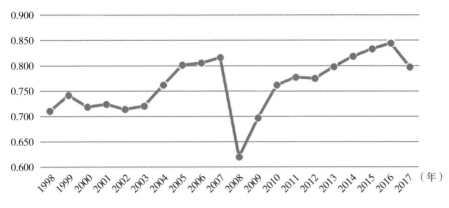

图 5-17　时间维度的省域区域经济协调发展水平均值

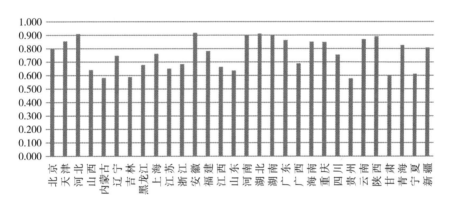

图 5-18　1998—2017 年空间维度的省域区域经济协调发展水平均值

　　结合表 5-7 和图 5-18 可以看出，我国 30 个省域层次的经济协调发展水平存在明显的区域差异，由排名可以看出，排名前 10 位的省域中，东部省份占比 40%，中部省份占比 40%，西部省份占比 20%，这表明东部和中部省份内部的区域经济协调发展均值较高。

　　2. 我国四大板块层次的区域经济协调发展分析

　　从四大板块来看，将表 5-8 中四大板块层次的区域经济协调发展水平的数据反映在图形上，如图 5-19 所示。

　　由图 5-19 可以看出，第一，就时间维度而言，研究时段内，四大板块层次的区域经济协调发展水平大致呈波浪形演进；四大板块均在 0.5—1 之间演

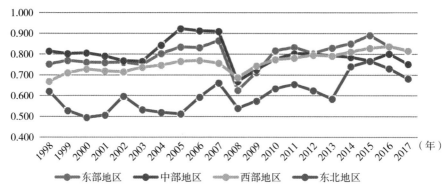

图 5-19 1998—2017 年我国四大板块层次的区域经济协调发展水平

进，整体变动范围不大。第二，就空间维度而言。我国四大板块层次的区域经济协调发展水平存在明显的区域差异，2008 年以前，中部地区始终处于第一位，2008 年以后，中部和东部、西部地区相互缠绕；研究时段内，东北地区始终处于末位，相对而言，东中西部之间的差距没有东北地区与其他地区的差距明显。

3. 全国整体层次的区域经济协调发展分析

从全国整体层次来看，就时间维度而言，将我国内部的区域经济协调发展水平的测度结果反映在图形上，如图 5-20 所示。

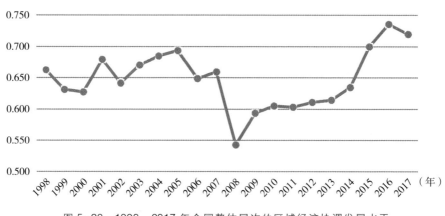

图 5-20 1998—2017 年全国整体层次的区域经济协调发展水平

从图 5-20 可以看出，1998—2017 年，全国整体层次的区域经济协调发展水平大致呈 V 形演进，即我国内部区域经济协调发展水平呈现了先下降后上升的动态演进趋势；研究时段内，我国内部区域经济协调发展水平的变动范围介于 0.5—0.75，离理想值 1 还有较大差距，这表明我国内部的区域经济协调发展水平变动幅度较小，全国整体层次的区域经济协调发展水平有待于更好地提升。

（三）区域经济协调发展的等级划分

为了方便对我国 30 个省域层次、四大板块层次和全国整体层次的区域经济协调发展水平和等级进行分析、评价和比较，借鉴齐晓娟和童玉芬（2008）的研究成果，建立区域经济协调等级划分标准，如表 5-10 所示。

表 5-10　区域经济协调等级划分标准

协调等级	严重失调	中度失调	轻度失调	濒临失调
C	0—0.1	0.101—0.300	0.301—0.400	0.401—0.600
协调等级	初级协调	中级协调	良好协调	优质协调
C	0.601—0.700	0.701—0.800	0.801—0.900	0.901—1.000

将表 5-7、表 5-8、表 5-9 和表 5-10 中的划分标准结合起来，从均值出发，对我国 30 个省域层次、四大板块层次和全国整体层次的区域经济协调等级进行评价，具体如表 5-11 所示。

表 5-11　区域经济协调等级划分标准

排名	省份	协调等级	排名	省份	协调等级	排名	区域	协调等级
1	安徽	优质协调	16	上海	中级协调	1	中部	良好协调
2	湖北	优质协调	17	四川	中级协调	2	东部	中级协调
3	河北	优质协调	18	辽宁	中级协调	3	西部	中级协调
4	河南	优质协调	19	广西	初级协调	4	东北	初级协调
5	湖南	良好协调	20	浙江	初级协调	–	全国	初级协调
6	陕西	良好协调	21	黑龙江	初级协调			
7	云南	良好协调	22	江西	初级协调			
8	广东	良好协调	23	江苏	初级协调			

续表

排名	省份	协调等级	排名	省份	协调等级	排名	区域	协调等级
9	天津	良好协调	24	山西	初级协调			
10	海南	良好协调	25	山东	初级协调			
11	重庆	良好协调	26	宁夏	初级协调			
12	青海	良好协调	27	甘肃	初级协调			
13	新疆	良好协调	28	吉林	濒临协调			
14	北京	良好协调	29	内蒙古	濒临协调			
15	福建	中级协调	30	贵州	濒临协调			

由表 5-11 可知，第一，从我国 30 个省域层次来看，我国省域的协调等级以良好协调和初级协调的省份最多。我国 30 个省域层次的区域经济协调等级占比如图 5-21 所示。

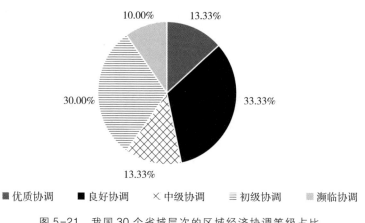

图 5-21　我国 30 个省域层次的区域经济协调等级占比

由图 5-21 可知，优质协调等级的省份有 4 个，占所有省份的比重为 13.33%；良好协调的省份有 10 个，占所有省份的比重为 33.33%；中级协调的省份有 4 个，占比 13.33%；初级协调的省份有 9 个，占比 30%；濒临协调的省份有 3 个，占比 10%；优质协调和良好协调的省份占到所有省份的 46.67%，这表明我国省域区域经济发展较为协调，但仍旧有较大的提升空间。第二，从四大板块层次来看，中部地区达到了良好协调，东部和西部地区分别达到了中级协调，东北地区为初级协调，即四大板块的协调发展等级存在区域差异，中部地区协调等级最优，东、西部次之，东北地区等级最低。第三，从全国整体层次来看，全国整体的区域经济协调发展度为 0.648，属于初级协调等级，这表明全国整体的区域经济协调发展程度仍有较大提升空间。

第五节　本章小结

本章分别采用全局 Moran's I 模型、熵值法和变异系数法对区域经济协调发展的三个维度区际经济互动发展、区域经济充分发展和区际经济平衡发展水平进行了测度和评价，基于三个维度的测度值，采用熵值法和协调发展度模型对区域经济协调发展水平进行了测度和分析。主要结论有：（1）区际经济互动发展。我国三大层次的区际经济互动发展水平不高，且存在区域异质性。我国 30 个省域层次呈倒 U 形演进，且存在区域异质性；四大板块层次的区际经济互动发展水平偏低且存在差异，东、中部地区分别呈倒 U 形和波浪形演进，西部和东北地区无明显趋势且属于四大板块中的"洼地"；全国整体层次呈 M 形演进，且存在阶段性 σ 收敛特征。（2）区域经济充分发展。我国三大层次的区域经济发展不充分。我国 30 个省域层次呈渐进式增长态势；四大板块层次呈波浪式演进，层次性和阶段性特征明显，东部地区明显高于其他区域；全国整体层次存在较强的稳定性。（3）区际经济平衡发展。三大层次区际经济发展不平衡。我国 30 个省域层次呈近似 U 形演进，验证了威廉姆森的倒 U 形理论；四大板块层次的区际经济平衡发展呈分层和趋同特征，中部和东北地区为第一层次，东部和西部地区为第二层次，层次内部出现趋同，按照从高到低的顺序，可将四大板块排序为：东北地区、中部地区、东部地区和西部地区；全国整体层次呈"下降—上升—下降"的演进特征，不平衡程度有增加趋势。（4）区域经济协调发展。三大层次的区域经济发展不协调。我国 30 个省域层次呈 V 形演进趋势；四大板块层次呈波浪形演进，且存在区域异质性，将均值按照从大到小排序，中部地区最高，东部和西部地区次之，东北地区最低；全国整体层次属于初级协调等级，且呈 V 形演进态势。

第六章 物流业发展质量对区际经济
互动发展影响的实证分析

依据第二章对区域经济协调发展的界定，将区域经济协调发展划分为区际经济互动发展、区域经济充分发展和区际经济平衡发展三个维度。依据第三章的机理分析可知，物流业发展质量能够影响区际经济互动发展、区域经济充分发展和区际经济平衡发展。由第三章对物流业发展质量影响区际经济互动发展的路径分析可知，物流业发展质量对区际经济互动发展的影响可以分成直接影响和间接影响两个方面，那么，物流业发展质量对区际经济互动发展的直接效应如何？间接效应如何？总效应又如何？本章采用一元并行多重中介模型对我国30个省域、四大板块和全国整体三个层次，对物流业发展质量影响区际经济互动发展的路径和程度进行实证分析和检验。

第一节 计量模型构建

为分析和比较物流业发展质量对区际经济互动发展的直接效应和间接效应，本书将采用并行多重中介模型进行分析。考虑自变量 X 对因变量 Y 的影响，如果自变量 X 直接影响 Y，这种由 X 直接传导到 Y 的过程被称为直接效应；而如果自变量 X 并没有直接对因变量 Y 产生影响，而是通过变量 M 影响因变量 Y，则 M 被称为中介变量，即自变量 X 通过中介变量 M 来影响因变量 Y，这种由 X 影响 M，再由 M 影响 Y 的传导过程叫作中介效应，当模型中只有一个自变量，有 2 个及 2 个以上中介变量的时候，被称为一元多重中介效应。借鉴温忠麟和叶宝娟（2014）的研究成果，中介变量示意图如图 6-1 所示。

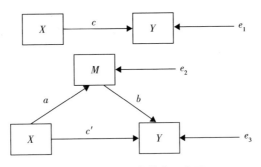

图 6-1　中介效应示意图

图 6-1 中，c 是自变量 X 对因变量 Y 的总效应，它等于直接效应与间接效应之和；$a \times b = ab$ 是经过中介变量 M 的间接效应，当 M 只有一个时，间接效应等于中介效应，当 M 有 2 个及 2 个以上的时候，间接效应等于若干个 M 的中介效应之和；c' 为直接效应；因此，可得到公式：

$$c = c' + ab \tag{6-1}$$

可以用方程组描述上述关系：

$$Y = cX + e_1 \tag{6-2}$$

$$M = aX + e_2 \tag{6-3}$$

$$Y = c'X + bM + e_3 \tag{6-4}$$

基于第三章的机理分析，物流业发展质量对区际经济互动发展的总效应分成两个方面：一是直接效应，即物流业发展质量能够直接影响区际经济互动发展；二是间接效应，即物流业发展质量能够通过时空压缩、市场一体化和分工合理化这三个中介变量影响区际经济互动发展，如图 6-2 所示。图 6-2 中的间接效应（或总中介效应）由时空压缩、市场一体化和分工合理化三方面的个别中介效应构成，个别中介效应指某一个中介变量的中介效应。

依据图 6-2，物流业发展质量对区际经济互动发展的影响可以分为直接效应和间接效应，直接效应用 c' 表示；间接效应由时空压缩、市场一体化和分工合理化三个中介效应构成，a_1、a_2、a_3 分别代表物流业发展质量对时空压缩、市场一体化和分工合理化三个中介的影响程度，b_1、b_2、b_3 代表三个中介对区际经济互动发展的影响程度。

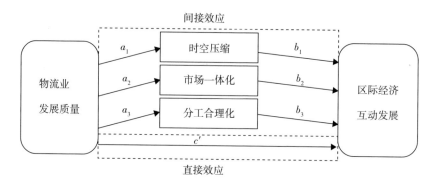

图 6-2　物流业发展质量对区际经济互动发展的影响

参考柳士顺和凌文轮（2009）的研究成果，一元并行多重中介模型指的是由一个自变量和一个因变量，但有多个中介变量同时在自变量和因变量之间起中介作用的模型，因本章只有一个核心解释变量，因此，将一元并行多重中介模型，简称为并行多重中介模型。参照麦金农（Mackinnon，1994）的研究成果，本章设计回归模型如下：

模型 1：$INT_{it} = \beta_0 + cLQ_{it} + \varphi D_{it} + \varepsilon_{it}$　　　　　　　　　　　（6-5）

模型 2：$MT_{it} = \beta_1 + a_1 LQ_{it} + \varphi D_{it} + \varepsilon_{it}$　　　　　　　　　　（6-6）

模型 3：$MM_{it} = \beta_2 + a_2 LQ_{it} + \varphi D_{it} + \varepsilon_{it}$　　　　　　　　　（6-7）

模型 4：$MR_{it} = \beta_3 + a_3 LQ_{it} + \varphi D_{it} + \varepsilon_{it}$　　　　　　　　　（6-8）

模型 5：$INT_{it} = \beta_4 + c'LQ_{it} + b_1 MT_{it} + b_2 MM_{it} + b_3 MR_{it} + \varphi D_{it} + \varepsilon_{it}$　（6-9）

其中，INT 代表区际经济互动发展水平，即因变量，i 代表区域（我国省域、四大板块、全国整体），t 代表时间，LQ 代表物流业发展质量，即自变量，D 为控制变量，MT、MM、MR 分别表示时空压缩、市场一体化、分工合理化三个中介变量，ε 为随机干扰项。

模型 1 用以检验总效应，系数 c 代表自变量 LQ 的系数，即 LQ 对 INT 的总效应；模型 2、模型 3 和模型 4 用于检验中介效应，即估计系数 a_1、a_2、a_3，检验自变量 LQ 对三个中介变量的影响程度；模型 5 中，c' 为直接效应，衡量着物流业发展质量对区际经济互动发展水平的直接影响，b_1、b_2、b_3 衡量着三个中介变量对因变量的影响程度，这三个个别中介效应分别为 $a_1 \times b_1$、$a_2 \times b_2$

和 $a_3 \times b_3$，间接效应或总中介效应为 $\sum a_i b_i$ 或 $c - c'$。当系数为负值时，其中介效应可采用绝对值形式。个别中介效应在间接效应（总中介效应）的占比 P_i 可分别表示为

$$P_i = \frac{a_i b_i}{\sum_1^3 a_i b_i} = \frac{a_i b_i}{c - c'} \tag{6-10}$$

采用个别中介效应在间接效应中的占比公式（6-10），可以对个别中介效应之间的大小进行分析和比较。间接效应（总中介效应）在总效应中的占比 P_M 可用公式计算得出：

$$P_M = \frac{\sum_{i=1}^3 a_i b_i}{c} = \frac{c - c'}{c} \tag{6-11}$$

采用间接效应占比公式（6-11），可以对直接效应和间接效应进行对比分析。

需要说明的是：时空压缩是从时空角度出发解释物流业所带来的时间节约，空间范围扩大的影响；市场一体化包括商品市场一体化、要素市场一体化等内容，本章的市场一体化仅从狭义视角出发，对商品市场一体化程度进行分析；分工合理化主要指产业分工，本章主要指产业的专业化分工程度，因此，本书认为时空压缩、市场一体化、分工合理化三个中介变量是并行的关系，选取一元并行多重中介模型进行分析。

关于模型检验，借鉴温忠麟等（2016）的研究成果，多重中介效应的检验程序如图 6-3 所示。

由图 6-3 可知，多重中介模型的检验步骤为：第一步：总效应检验，即检验系数 c。检验总效应在 1%、5% 或 10% 显著性水平下是否显著。第二步：中介效应检验。总中介效应的检验即检验 $\sum a_i b_i$ 的显著性；个别中介效应的检验即分别检验时空压缩（MT）、市场一体化（MM）、分工合理化（MR）的系数是否显著。第三步：若第二步的个别中介效应全部显著，则检验直接效应，即检验 c' 是否显著，若第二步中至少有一个个别中介效应不显著，则要

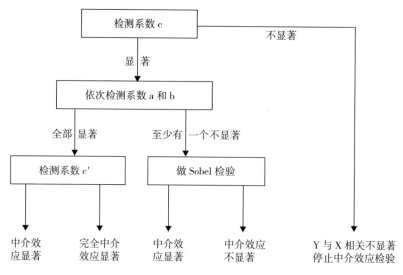

图 6-3 多重中介效应的检验

进行 Sobel 检验，以确定中介效应是否显著。

Sobel 检验法（即 Sobel Test 法，或系数相乘法），它通过构建统计量 Z 来检验中介效应是否显著，其公式为

$$Z = \frac{a_i b_i}{SE_{a_i b_i}} = \frac{a_i b_i}{\sqrt{a_i^2 SE_{b_i}^2 + b_i^2 SE_{a_i}^2}} \qquad (6\text{-}12)$$

其中，a，b 为回归系数，SE 为标准误。将 Sobel 检验统计量 Z 的值与标准正态分布的临界 Z 值比较，若 Sobel 检验统计量 Z 的值大于临界值，则说明中介效应显著，反之，中介效应不显著。

第二节　变量选取及数据来源

一、变量选取

（一）因变量

因变量（被解释变量）是区际经济互动发展水平，用代码 *INT* 来表示。我国 30 个省域、四大板块和全国整体的区际经济互动发展水平均用代码 *INT*

来表示，数据来源于第五章区际经济互动发展水平的测度结果。

（二）自变量

自变量（解释变量）为物流业发展质量，用代码 LQ 来表示。我国 30 个省域、四大板块和全国整体的物流业发展质量均用代码 LQ 来表示，数据来源于第四章物流业发展质量测度结果。

（三）中介变量

本章选取时空压缩、市场一体化和分工合理化三个中介变量，分别用 MT、MM 和 MR 来表示，分别采用交通通达指数、市场一体化指数和专业化分工指数予以衡量。

1. 时空压缩

时空压缩程度可以用交通可达性进行量化，采用交通通达指数对时空压缩程度进行测度，借鉴刘承良等（2014）的研究成果，定义两个子区域间的最短路径为相对通达指数，定义一个子区域节点到其他所有节点的相对通达指数的平均值为该节点的通达指数，则整个区域的通达性指数为

$$\bar{A} = \sum_{i=1}^{n-1} \frac{\bar{a_i}}{n-1} = \sum_{i=1}^{n-1} \sum_{j=1}^{n-1} \frac{\bar{a_{ij}}}{(n-1)^2} \tag{6-13}$$

其中，$\bar{A}$ 为整个区域的通达性指数，$\bar{a_i}$ 为 i 区域节点的总体通达性指数，$\bar{a_{ij}}$ 为 i 区域节点和 j 区域节点之间的相对通达指数，n 为子区域数。最短距离的设定来自百度地图。求解的思路是：首先，用公式（6-13）求出 30 个省域的通达指数；其次，用四大板块所辖省域的相对通达指数求出四大板块的通达指数；最后，采用全国 30 个省域的通达指数求出全国整体的通达指数。

2. 市场一体化

不少学者采用价格法对市场一体化程度或市场分割程度进行测度（市场一体化的对立面就是市场分割），如陆铭和陈钊（2009）基于"一价定律（Law of One Price）"对市场分割进行测度，本书借鉴他们的做法，将地区间的价格差异作为衡量市场分割程度的指标，用以测度市场一体化程度。具体操作参考朱恒鹏（2004）对市场分割程度的度量，采用各区域一般物价水平变动的差异程度来反映地区间市场分割程度，市场分割指数的公式为

$$MM_{it} = \left| \frac{(p_{it} - 100) - (p_t - 100)}{p_t - 100} \right| = \left| \frac{p_{it} - 100}{p_t - 100} - 1 \right| = \left| \frac{p_{it} - p_t}{p_t - 100} \right| \quad (6\text{-}14)$$

其中, i 代表省份, t 代表时间, p_{it} 为 i 区域 t 期的物价水平, p_t 为 t 期全国物价水平, MM_{it} 代表着 i 省相对于全国平均物价水平的变动幅度, 衡量着 i 省物价水平的相对变化幅度, 用以衡量市场一体化水平, 该指标为负向指标, MM_{it} 越大, 表明 i 区域与全国物价水平的差异越大, 市场分割越严重, 市场一体化程度越低, 反之, 市场化程度越高。我们常用的三种价格指数分别为: 居民消费价格指数、固定资产投资价格指数和商品零售价格指数, 因商品零售价格指数比居民消费价格指数和固定资产投资价格指数所包含的商品范围和市场领域更广一些, 代表性更强一些, 因此, 选择商品零售价格指数代入市场分割指数的测度公式。

在度量上, 所有价格指数均换算成 1997 年为基期的值, 在此基础上, 测算的思路是: 采用市场分割指数对市场一体化的程度进行测度, 首先, 对省域的市场一体化程度进行计算: 采用省域和全国的零售价格指数数据, 计算出我国 30 个省域的市场分割指数; 其次, 对四大板块的市场一体化程度进行计算: 将四大板块所辖省域市场分割指数进行加权平均求得各个板块市场分割指数, 因板块所辖省域的经济规模和市场规模不同, 为避免简单算术平均的有偏性, 采用各省份的地区生产总值占全国 GDP 的比重作为权重; 最后, 将 30 个省域的市场分割指数用加权平均法计算全国整体的市场分割指数, 作为全国整体的市场一体化程度, 权重依旧选择各省份地区生产总值占全国 GDP 的比重。

3. 分工合理化

1991 年克鲁格曼在对地区贸易进行研究的时候提出了区域分工指数, 借鉴赵勇和白永秀 (2012) 的观点, 克鲁格曼区域分工指数计算公式为

$$S_{ij} = \sum_{k=1}^{n} \left| \frac{q_{ki}}{q_i} - \frac{q_{kj}}{q_j} \right| \quad (6\text{-}15)$$

其中, q_{ki} 为 k 产业在 i 区域的产值, q_{kj} 为 k 产业在 j 区域的产值, q_i 和 q_j 为两地区的地区生产总值, S_{ij} 为区域分工指数, $0 \le S_{ij} \le 2$, 区域分工指数越接近于 2,

则表明区域分工水平越高；越接近于 0，区域分工水平越低。由于该式限定于两个区域，在研究多区域的时候，借鉴周倩等（2018）的研究成果，可以将其改进为

$$S_i = \sum_{k=1}^{n} \left| \frac{q_{ki}}{q_i} - \frac{\overline{q_k}}{q} \right| \tag{6-16}$$

其中，q_{ki} 为 k 产业在 i 区域的产值，q_i 为 i 区域地区生产总值，$\overline{q_k}$ 为我国 30 个省域 k 产业的平均产值，q 为全国生产总值。在对三次产业间的区域分工合理化程度行分析时，n 为 3。S_i 为区域分工指数，衡量着区域分工合理化程度。

本章对分工合理化程度测算的思路是：首先，对省域分工合理化程度进行计算；其次，将四大板块所辖省域分工指数进行加权平均求得各个板块的分工指数，采用各省份的地区生产总值占全国 GDP 的比重作为权重；最后，将 30 个省域的市场一体化指数用加权平均法计算全国整体的市场一体化指数，权重为各省份地区生产总值占全国 GDP 的比重。

（四）控制变量

1. 经济增长水平

经济增长水平的提高对区际经济互动水平的提升具有积极作用。这种作用主要表现在：一方面，经济增长水平越高的国家和地区，越有能力对基础设施网络、交通、基本建设、信息化等方面进行投资，改善交通条件，提升可达性，改善网络条件，为区际经济互动发展提供良好的物质载体；另一方面，经济增长水平越高的区域，越有能力满足人们不同地区、不同行业、不同要素、不同商品和服务的有效需求，也能提供更为充分的供给，使供求匹配和均衡，这正是区际经济互动发展的动力，采用 GDP 作为衡量经济增长水平的衡量指标。

2. 固定资产投资水平

固定资产投资包括对房产、建筑物、运输工具、机器机械等的建设、改造、修理等活动的投资，而经济联系用到的交通线、运输工具、交通网点等正是区际经济互动发展的物质载体，因此，固定资产投资水平越高，交通网、交通工具等基础设施越完善，区际经济互动发展水平倾向于越高。采用全社会固

定资产投资额作为固定资产投资水平的测度指标。

3. 人口数量

一方面，人口数量越多的区域，越容易形成区域的集聚效应，如生产的集聚和消费的集聚等，进一步促进交换、分工和贸易，促进区际经济互动发展。马克思在描述工业化带来人口集聚时，提到了交通、信息的作用，马克思认为"自然力的征服，机器的采用，化学在工业和农业中的应用，轮船的行驶，铁路的通行，电报的使用，整个大陆的开垦，河川的通航，仿佛用法术从地下呼唤出来的大量人口"，即物流业加速了人口集聚，促进了区际经济联系的增加。另一方面，人口数量越多的区域，人口流动和迁移的基数越大，越能形成区际经济互动的人口条件，采用常住人口数量作为人口数量的衡量指标。

4. 技术创新能力

新古典学派和熊彼特学派都认为，技术创新是经济发展的源动力。每次重大技术创新成果的应用，都会带来技术变革和效率变革，交通、物流、贸易、信息化网络的效率变革都会促进区际经济联系的增强，带来区际经济互动发展；技术创新的溢出效应和学习效应能够促进区域之间，尤其是临近区域之间的经济互动，采用技术市场成交额作为技术创新能力的测度指标。

5. 对外开放程度

绝对优势理论和相对优势理论认为，对外开放有利于国家和地区的经济增长和经济联系。对外开放程度的提升有利于资本、劳动力、技术、信息等生产要素的集中和优化配置，深化的国际交流、合作与竞争，扩大市场范围，进而促进区际经济的互动发展。

6. 市场化程度

市场化程度指市场在资源配置中起作用的程度，西方经济理论认为市场经济是能够实现帕累托最优状态的一种资源配置方式，市场化程度越高，经济效率越高，区际竞争与合作越广泛，市场范围越大，区际经济联系越强，区际经济越容易实现互动发展。

7. 财政支出水平

财政支出可分为购买性支出和转移支付，购买性支出可通过产品贸易提升区际经济联系，转移支付有利于促进分配，提升部分人群的收入和消费能力，改善落后区域的发展状况，缩小区际差距，有利于区际互动。

所有的因变量、自变量、中介变量和控制变量的选取、变量含义、衡量指标和代码，如表 6-1 所示。

表 6-1 变量选取

变量名	变量含义	衡量指标	代码
因变量	区际经济互动发展	区际经济互动发展水平	*INT*
自变量	物流业发展质量	物流业发展质量	*LQ*
中介变量	时空压缩	通达性指数	*MT*
	市场一体化	市场分割指数	*MM*
	分工合理化	专业分工指数	*MR*
控制变量	经济增长水平	GDP	*GDP*
	固定资产投资额	全社会固定资产投资额	*INVE*
	人口数量	常住人口数量	*POPU*
	技术创新能力	技术市场成交额	*TECH*
	对外开放程度	进出口总额	*OPEN*
	市场化程度	非国有化率	*MARK*
	财政支出水平	财政支出总额	*FINA*

注：市场一体化程度用市场分割指数予以测度，市场分割指数为负向指标。

二、数据来源

除区际经济互动发展水平和物流业发展质量外，最短距离测算来源于百度地图，其余变量数据来源于 1999—2018 年《中国统计年鉴》、我国省域统计年鉴和 Wind 数据库。为消除数据间的大小不一及可能的共线性或异方差问题，对所有变量数据取自然对数。按照中介效应模型的要求，对所有变量的数据做去中心化处理（均值为 0），具体做法是变量减去其均值。

第三节 实证结果分析

本章的实证思路是：从我国 30 个省域、四大板块和全国整体三个层次出发，对物流业发展质量影响区际经济互动发展的总效应、间接效应（总中介效应）和直接效应进行分析，每个层次都按照中介效应模型的实证检验顺序进行分析，即首先对物流业发展质量影响区域经济互动发展的总效应进行分析，求出 c 值；其次，对个别中介效应进行分析，求出 a 和 b 值，检验间接效应（总中介效应）是否显著；最后，对总效应的构成比例进行分析和评价。

一、我国 30 个省域层次的实证结果分析

（一）总体分析

依据相关数据，采用 Stata15 软件对我国 30 个省域的物流业发展质量影响区际经济互动发展的总效应、间接效应（总中介效应）和直接效应进行分析，结果如表 6-2 所示。

表 6-2 我国 30 个省域层次的回归结果

自变量	模型 1 因变量 INT	模型 2 因变量 MT	模型 3 因变量 MM	模型 4 因变量 MR	模型 5 因变量 INT
LQ	0.871**	0.142***	−0.616**	0.134***	0.236**
MT					0.639**
MM					−0.824*
MR					0.274***
GDP	0.526**	0.007**	−0.438***	0.0514***	0.448*
INVE	0.123*	0.041*	−0.155***	0.254	0.066*
POPU	0.491	−0.003**	0.473***	0.067	0.219
TECH	−0.095*	0.009*	−0.021**	0.061**	−0.060*
OPEN	0.292***	−0.009	−0.099***	0.014*	0.233***
MARK	0.235**	0.033**	−0.091***	0.054***	0.137*

续表

自变量	模型 1	模型 2	模型 3	模型 4	模型 5
	因变量 *INT*	因变量 *MT*	因变量 *MM*	因变量 *MR*	因变量 *INT*
FINA	0.374	0.027*	−0.852***	0.083***	−0.341
_ cons	0.195**	0.018	−0.039	−0.013**	0.125
Prob > F	0.000	0.000	0.000	0.000	0.000

注：*** 、** 、* 分别表示 1%、5%、10%的显著性水平，下同。

由表 6-2 可以得到如下几点结论：

一是物流业发展质量对区际经济互动发展的总体影响分析。由模型 1 可以看出，物流业发展质量在 5%显著性水平上显著为正，物流业发展质量每提升 1%，区际经济互动发展水平提升 0.871%，这表明物流业发展质量能够有效促进区际经济互动发展。控制变量中，经济增长水平、固定资产投资水平、对外开放水平和市场化程度都通过了显著性检验，且系数为正，表明这些因素与区际经济互动发展水平具有显著的正向相关关系，这些因素的提升能够驱动区际经济的互动发展；技术创新能力通过了显著性水平的检验，但系数为负，或许是因为我国省域技术创新的极化效应和溢出效应不足，创新驱动水平尚未对经济联系产生明显作用有关；人口数量没有通过显著性检验，这或许与人口数量更多的是促进市场范围的扩大，而人口流动和迁移才能反映经济互动有关；财政支出水平没有通过检验，可能的原因是财政支出水平更多侧重收入分配，而不是区际联系。

二是物流业发展质量对时空压缩的影响分析。由模型 2 可以看出，物流业发展质量通过了 1%显著性水平检验，系数为 0.142，表明物流业发展质量能够促进时空压缩程度的提升。控制变量中，经济增长水平、固定资产投资水平、技术创新能力、市场化程度和财政支出水平都通过了显著性检验，且系数为正，表明这些因素与时空压缩程度具有显著正向相关关系，这些因素的提升能够促进时空压缩程度的提升；人口数量通过了 5%显著性水平的检验，但系数显著为负，表明人口数量的增加并没有带来时空压缩程度的提升，这与我国的现实情况一致，我国人口不断呈现下降趋势，但与此同时，时空压缩程度却在不断提升；对外开放程度没有通过显著性检验，这表明对外开放程度对时空压缩程度没有显著影响，或许与对外开放指标更多衡量的省域与国外经济联系、贸易的程度，而省域时空压缩程度反映的是省际之间的联系强度有关。

三是物流业发展质量对市场一体化的影响分析。由模型3可以看出，物流业发展质量通过了5%显著性水平检验，且系数显著为负，这表明物流业发展质量能够显著降低市场分割水平，能够促进市场一体化程度的提升。在控制变量中，经济增长水平、固定资产投资水平、技术创新能力、对外开放程度、市场化程度和财政支出水平的系数均显著为负值，这表明这些因素能有效降低市场分割水平，有效促进市场一体化程度的提升；人口数量系数显著为正，表明人口数量的增加并没有促进市场一体化程度的提升，这或许与人口数量没有反映人口迁移和流动有关。

四是物流业发展质量对分工合理化的影响分析。由模型4可以看出，物流业发展质量通过了1%显著性水平检验，且系数为0.134，表明物流业发展质量每提升1%，分工合理化程度提升0.134%，物流业发展质量的提升能够显著促进分工合理化。控制变量中，经济增长水平、技术创新能力、对外开放程度、市场化程度和财政支出水平的系数均显著为正，这表明这些因素能有效促进分工合理化程度的提升；固定资产投资水平和人口数量没有通过显著性检验，表明二者对分工合理化程度没有显著影响。

五是物流业发展质量、三大中介变量对区际经济互动发展的影响分析。由模型5可以看出，物流业发展质量、时空压缩程度、分工合理化程度均通过了显著性水平检验，且系数显著为正，市场一体化程度通过显著性检验且系数为负，这表明物流业发展质量、时空压缩程度、市场一体化程度、分工合理化程度能够显著促进区际经济互动发展。控制变量中，经济增长水平、固定资产投资水平、对外开放程度、市场化程度通过了显著性检验，且系数为正，表明这些因素能够显著促进区际经济互动发展；技术创新能力的系数显著为负，这表明技术创新能力对我国省域经济的互动发展没有显著正向影响，或许与我国省域创新溢出和技术溢出不足有关。

（二）稳健性检验

为了更稳健检验我国省域物流业发展质量对区际经济互动发展的影响，分别选取滞后一期物流业发展质量、滞后一期中介变量对物流业发展质量、时空压缩程度、市场一体化程度和分工合理化程度进行替代，结果如表6-3所示。

表6-3　我国30个省域层次的稳健性检验

自变量	模型6 因变量 *INT*	模型7 因变量 *MT*	模型8 因变量 *MM*	模型9 因变量 *MR*	模型10 因变量 *INT*
LQ_{t-1}	0.510**	0.061***	−0.117**	0.271***	0.395***
MT_{t-1}					0.137**
MM_{t-1}					−0.002*
MR_{t-1}					0.393***
GDP	0.042*	0.001**	−4.351***	0.0376*	0.062***
INVE	0.033*	0.037*	−2.383***	−0.004***	0.060**
POPU	−0.136	−0.003	−11.135***	−0.02***	−0.038
TECH	−0.034**	0.004*	−0.575***	0.015*	−0.041*
OPEN	0.022**	0.009**	1.579***	0.007***	0.053***
MARK	0.052**	0.003**	−2.687***	0.049**	0.041*
FINA	−0.130	0.003***	−7.45***	0.173	0.145
_ cons	−0.047	0.093	0.185	0.012	0.323***
Prob > F	0.000	0.000	0.000	0.000	0.000

由表6-3可知，模型6—模型10与模型1—模型5相比，虽然系数存在差异，但变量之间关系没有发生太大变化，因此，分析结果是稳健的。

（三）总效应的构成比例分析

$\sum a_i b_i$ 依据表6-2中的相关系数可知，物流业发展质量对区际经济互动发展的总效应 c 为0.871，直接效应 c' 为0.236，占总效应中的比重为27.1%；从间接效应或中介效应来看，间接效应（总中介效应）$c-c'$ 或为0.635，占总效应比重为72.9%，表明物流业发展质量较大比重地通过间接效应驱动区际经

济互动发展；从个别中介效应来看，时空压缩程度的中介效应 a_1b_1 为 0.091，市场一体化程度的中介效应 $|a_2b_2|$ 为 0.508，分工合理化程度的中介效应 a_3b_3 为 0.037，三个个别中介效应占总中介效应的比重分别为：14.29%、79.93%、5.78%，时空压缩程度、市场一体化程度和分工合理化程度的个别中介效应占总效应比重分别为：10.42%、58.28% 和 4.21%，按照个别中介效应占总中介效应、总效应的比重排序，三个中介效应按照从大到小可排序为：市场一体化、时空压缩、分工合理化。总效应构成比例如图 6-4 所示。

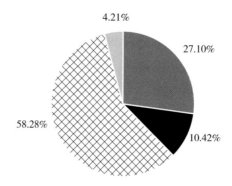

图 6-4　我国 30 个省域层次的总效应构成比例

由图 6-4 可以看出，我国省域物流业发展质量对区际经济互动发展的影响分为直接效应和间接效应（总中介效应），直接效应占比 27.1%、时空压缩中介效应占比 10.42%、市场一体化中介效应占比 58.28%、分工合理化中介效应占比 4.21%，这表明我国省域物流业发展质量对区际经济互动发展的驱动效应可分为直接效应和间接效应，但以间接效应为主，且省域物流业发展质量对区际经济互动发展的主要影响路径是市场一体化。

二、我国四大板块层次的实证结果分析

（一）总体分析

依据相关数据，采用 Stata15 软件对我国四大板块的物流业发展质量影响区际经济互动发展的总效应、间接效应（总中介效应）和直接效应进行分析，

结果如表 6-4 所示。

表 6-4 我国四大板块层次的回归结果

自变量	模型 11	模型 12	模型 13	模型 14	模型 15
	因变量 *INT*	因变量 *MT*	因变量 *MM*	因变量 *MR*	因变量 *INT*
LQ	0.869***	0.278***	−1.165**	0.092***	0.234***
MT					0.198*
MM					−0.464**
MR					0.428***
GDP	1.570*	1.182***	−1.513***	−0.001*	1.409*
INVE	2.563**	0.236***	−0.136	0.007	2.855*
POPU	−2.157	−0.175**	−0.827*	−0.006*	1.909
TECH	−0.175*	0.028	0.207**	0.012***	0.282
OPEN	0.918**	0.287***	−0.337***	0.005***	0.037
MARK	0.795**	0.394***	−0.325***	0.009***	0.164*
FINA	−0.396	0.671***	−0.987***	−0.006	1.614
_cons	−0.048	0.048	−0.146	0.064	0.027
Prob > F	0.000	0.000	0.000	0.000	0.000

由表 6-4 可以得到如下几点结论：

一是物流业发展质量对区际经济互动发展水平的总体影响分析。由模型 11 可以看出，物流业发展质量通过了 1% 显著性水平检验，系数为 0.869，表明物流业发展质量每提升 1%，区际经济互动发展水平提升 0.869%，表明四大板块的物流业发展质量能够有效促进区际经济互动发展。控制变量中，经济增长水平、固定资产投资水平、对外开放程度和市场化程度通过了显著性检验且系数为正，表明这些因素与区际经济互动发展水平具有显著正向相关关系，技术创新能力系数显著为负，表明技术创新能力对区际经济互动发展水平没有显著促进作用，这或许与技术创新溢出效应和驱动经济增长的效应不足有关。

二是物流业发展质量对时空压缩程度的影响分析。由模型 12 可以看出，物流业发展质量通过了 1% 显著性水平检验，系数为 0.278，表明物流业发展质量能够促进时空压缩程度的提升。控制变量中，经济增长水平、固定资产投资水平、对外开放程度、市场化程度和财政支出水平的系数都显著为正，表明这些因素与时空压缩程度具有显著正向相关关系，这些因素的提升能够促进时空压缩程度的提升；人口数量通过了1%显著性水平的检验，但系数显著为负，表明人口数量的增加并没有带来时空压缩程度的提升。

三是物流业发展质量对市场一体化程度的影响分析。由模型13可以看出，物流业发展质量通过了5%显著性水平检验，且系数显著为负，表明物流业发展质量能够显著降低市场分割，带动市场一体化。控制变量中，经济增长水平、人口数量、对外开放程度、市场化程度和财政支出水平通过了显著性检验，且系数为负，表明这些因素能有效促进市场一体化程度的提升；技术创新能力的系数显著为正，表明技术创新能力的提升没有促进市场一体化，这或许与技术创新的溢出效应不足有关。

四是物流业发展质量对分工合理化程度的影响分析。由模型14可以看出，物流业发展质量通过了1%显著性水平检验，且系数为0.092，表明物流业发展质量每提升1%，分工合理化程度提升0.092%，物流业发展质量的提升能够显著促进分工合理化。控制变量中，经济增长水平、技术创新能力、对外开放程度和市场化程度通过了显著性检验，且系数为正，表明这些因素能有效促进市场一体化；人口数量通过检验，但系数为负，表明人口数量的提升对区际经济互动发展没有显著促进作用；固定资产投资水平和财政支出水平没有通过显著性检验，表明二者对分工合理化的作用不显著。

五是物流业发展质量及三大中介变量对区际经济互动发展的影响分析。由模型15可以看出，物流业发展质量、时空压缩程度、分工合理化程度均通过了显著性水平的检验，且系数显著为正，市场一体化程度系数显著为负，这表明物流业发展质量、时空压缩程度、市场一体化程度、分工合理化程度能够显著促进区际经济的互动发展。控制变量中，经济增长水平、固定资产投资水平和市场化程度通过了显著性检验，且系数为正，表明这些因素能够显著促进区际经济互动发展；人口数量和技术创新水平没有通过检验，表明二者对区际经济互动发展没有显著性影响，这或许与人口数量与经济联系相关性不大，以及四大板块技术溢出效应不足有关。

（二）稳健性检验

为了更稳健检验四大板块物流业发展质量对区际经济互动发展的影响，分别选取物流业发展质量滞后一期的值、中介变量滞后一期的值对物流业发展质量和三个中介变量进行替代，结果如表6-5所示。

表6-5　我国四大板块层次的稳健性检验

自变量	模型 16	模型 17	模型 18	模型 19	模型 20
	因变量 INT	因变量 MT	因变量 MM	因变量 MR	因变量 INT
LQ_{t-1}	0.767 ***	0.238 ***	-0.687 **	0.491 ***	0.214 ***
MT_{t-1}					0.198 *
MM_{t-1}					-0.464 **
MR_{t-1}					0.381 ***
GDP	1.522 *	1.672 ***	-0.914 *	-0.002	1.409
INVE	1.410 *	0.626 ***	-0.029	0.001 *	2.855 **
POPU	-1.622 *	-0.773 **	-4.183 ***	-0.014 ***	-1.909 *
TECH	0.249	0.546	0.132 *	0.007 ***	-0.282
OPEN	-0.888 **	0.146 ***	-0.237	-0.009 **	-0.037
MARK	1.210 *	-0.077 ***	-0.467 *	0.004 ***	0.164 *
FINA	0.079	0.919 ***	-0.589 ***	0.004	1.614
_ cons	0.006	0.097	-0.757	0.097	0.027
Prob > F	0.000	0.000	0.000	0.000	0.000

由表6-5可知，模型16—模型20与模型11—模型15相比，虽然系数存在差异，但变量之间关系没有发生太大变化，因此，分析结果基本是稳健的。

（三）总效应构成比例分析

$\sum a_i b_i$ 依据表6-4中的相关系数可知，四大板块物流业发展质量对区际经济互动发展的总效应 c 为 0.869，直接效应 c' 为 0.234，占总效应中的比重为 26.93%；间接效应（总中介效应）$c - c'$ 或为 0.635，占总效应比重为

73.07%，表明物流业发展质量较大比重地通过间接效应驱动区际经济互动发展；从个别中介效应来看，时空压缩程度的中介效应 a_1b_1 为 0.055，市场一体化程度的中介效应 $|a_2b_2|$ 为 0.541，分工合理化程度的中介效应 a_3b_3 为 0.039，三个个别中介效应占总中介效应的比重分别为 8.67%、85.13%、6.20%，分别占总效应的比重为 6.33%、62.20%、4.53%，按照个别中介效应占总中介效应的比重排序，三个中介可排序为：市场一体化、时空压缩、分工合理化，这说明我国四大板块物流业发展质量通过促进市场一体化，进而促进区际经济互动发展的效应比较突出，即市场一体化是物流业影响区际经济互动发展的主要中介和路径。总效应的构成比例如图 6-5 所示。

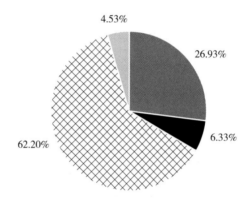

■直接效应　■时空压缩中介效应　╳市场一体化中介效应　■分工合理化中介效应

图 6-5　我国四大板块层次的总效应构成比例

由图 6-5 可以看出，我国四大板块物流业发展质量对区际经济互动发展的影响分为直接效应和间接效应（总中介效应），直接效应占比 26.93%、时空压缩中介效应占比 6.33%，市场一体化中介效应占比 62.20%，分工合理化中介效应占比 4.53%，表明四大板块物流业发展质量对区际经济互动的影响主要是间接的，且主要路径是市场一体化。

三、全国整体层次的实证结果分析

（一）总体分析

依据相关数据，采用 Stata15 软件对全国整体的物流业发展质量影响区际经济互动发展的总效应、间接效应（总中介效应）和直接效应进行分析，结果如表 6-6 所示。

表 6-6　全国整体层次的回归结果

自变量	模型 21	模型 22	模型 23	模型 24	模型 25
	因变量 INT	因变量 MT	因变量 MM	因变量 MR	因变量 INT
LQ	0.926 **	0.939 *	−0.691 *	0.660 ***	0.068 *
MT					0.115 **
MM					−0.966 *
MR					0.125 ***
GDP	0.257 *	0.027 *	−1.02 *	0.013 *	0.214 ***
INVE	0.109 *	0.037 *	0.071	−0.006 *	0.235 **
POPU	6.86	−0.009	−2.59 *	−0.066	8.73
TECH	−0.201 **	0.124 **	−0.214 *	0.017 **	−0.288 *
OPEN	0.067 **	0.063 *	−0.429 ***	0.038 *	0.113 *
MARK	0.302 **	0.153 **	−0.175 **	0.017 *	0.379 *
FINA	−0.110	0.917	−1.20 ***	−0.003	0.149
_ cons	−0.005	0.002	0.205	−0.055	0.654
Prob > F	0.000	0.000	0.000	0.000	0.000

由表 6-6 可以看出如下几点结论：

一是物流业发展质量对区际经济互动发展的总体影响分析。由模型 21 可以看出，全国整体物流业发展质量在 5% 显著性水平上显著为正，物流业发展质量每提升 1%，区际经济互动发展水平提升 0.926%，表明物流业发展质量能够有效促进区际经济互动发展。控制变量中，经济增长水平、固定资产投资水平、对外开放水平和市场化程度都通过了显著性检验，且系数为正，表明这些因素与区际经济互动发展水平具有显著正向相关关系，这些因素的提升都能够驱动区际经济互动发展；技术创新能力系数显著为负值，表明技术创新能力对全国整体的区际互动水平没有正向影响，这或许与我国技术创新的溢出效应不足有关。

二是物流业发展质量对时空压缩的影响分析。由模型 22 可以看出，物流业发展质量通过了 10% 显著性水平检验，系数为 0.939，表明四大板块物流业发展质量能够促进时空压缩程度的提升。控制变量中，经济增长水平、固定资产投资水平、技术创新能力、对外开放水平和市场化程度通过了显著性检验，且系数为正，表明这些因素与时空压缩程度具有显著正向相关关系，即这些因素的提升能够促进时空压缩程度的提升。

三是物流业发展质量对市场一体化程度的影响分析。由模型 23 可以看出，物流业发展质量通过了 10% 显著性水平检验，且系数显著为负，表明物流业发展质量能够有效地减少市场分割，促进市场化一体化程度的提升。控制变量中，经济增长水平、技术创新能力、人口数量、对外开放程度、市场化程度和财政支出水平通过了显著性检验，且系数为负，表明这些因素是市场一体化程度的重要驱动因素。

四是物流业发展质量对分工合理化的影响分析。由模型 24 可以看出，物流业发展质量通过了 1% 显著性水平检验，且系数为正，表明物流业发展质量的提升能够显著促进分工合理化。控制变量中，经济增长水平、技术创新能力、对外开放程度和市场化程度通过了显著性检验，且系数为正，表明这些因素是驱动全国整体市场一体化程度的重要因素。

五是物流业发展质量、三大中介变量对区际经济互动发展的影响分析。由模型 25 可以看出，物流业发展质量、时空压缩程度、市场一体化程度、分工合理化程度均通过了显著性水平检验，且系数显著为正，表明物流业发展质量、时空压缩程度、市场一体化程度、分工合理化程度能够显著驱动区际经济互动发展。控制变量中，经济增长水平、固定资产投资水平、对外开放程度和市场化程度通过了显著性检验，且系数为正，表明这些因素能够显著驱动区际经济互动发展；技术创新能力通过检验，但系数为负，表明技术创新能力对区际经济互动发展没有显著促进作用，这或许与全国整体创新驱动不足，技术溢出效应没有得到充分发挥有关。

（二）稳健性检验

为了更稳健检验全国整体物流业发展质量对区际经济互动发展的影响，选取滞后一期区际经济互动发展水平、滞后一期中介变量分别对区际经济互动发展水平、时空压缩程度、市场一体化程度和分工合理化程度进行替代，结果如表 6-7 所示。

表 6-7　全国整体层次的稳健性检验

自变量	模型 26	模型 27	模型 28	模型 29	模型 30
	因变量 INT	因变量 MT	因变量 MM	因变量 MR	因变量 INT
LQ_{t-1}	0.766***	0.720*	-0.253*	0.769***	0.401*
MT_{t-1}					0.111**
MM_{t-1}					-0.345*
MR_{t-1}					0.257*
GDP	0.066*	0.002*	-0.09*	0.006*	0.030***
INVE	0.055*	0.068*	-0.905	-0.124	0.039**
POPU	1.62	0.005	-0.133	-0.161	1.997*
TECH	-0.122**	0.355*	-0.145***	0.015***	0.148*
OPEN	0.217***	0.039*	-0.266***	0.165**	0.260*
MARK	0.104**	0.685**	-0.426*	0.425*	0.082**
FINA	0.006	0.091	-0.404***	-0.039	0.135
_ cons	-0.007	0.023	0.005	-0.037	-0.007**
Prob > F	0.000	0.000	0.000	0.000	0.000

由表 6-7 可知，模型 26—模型 30 与模型 21—模型 25 相比，虽然系数存在差异，但变量之间关系没有发生太大变化，因此，分析结果基本是稳健的。

（三）总效应构成比例分析

依据表 6-6 中的相关系数可知，物流业发展质量对区际经济互动发展的总效应 c 为 0.926，直接效应 c' 为 0.068，占总效应中的比重为 7.34%；间接效应用（总中介效应）$c-c'$ 为 0.858，占总效应比重为 92.66%，表明物流业发展质量较大比重地通过间接效应驱动区际经济互动发展；从个别中介效应来看，时空压缩程度的中介效应 a_1b_1 为 0.108，市场一体化程度的中介效应 $|a_2b_2|$ 为 0.668，分工合理化程度的中介效应 a_3b_3 为 0.083，三个个别中介效应占总中介效应的比重分别为 12.59%、77.80%、9.62%，按照个别中介效

占总中介效应的比重排序，三个中介可排序为市场一体化、时空压缩、分工合理化，表明物流业发展质量影响区际经济互动发展分为直接效应和间接效应，但主要是间接效应，且主要中介或路径是市场一体化。

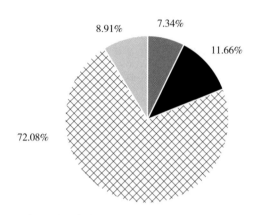

图 6-6　全国整体层次的总效应构成比例

由图 6-6 可以看出，全国整体物流业发展质量对区际经济互动发展的影响分为直接效应和间接效应（总中介效应），直接效应占比 7.34%、时空压缩中介效应占比 11.66%，市场一体化中介效应占比 72.08%，分工合理化中介效应占比 7.34%，表明全国整体物流业发展质量对区际经济互动的影响主要是间接的，且主要路径是市场一体化。

第四节　本章小结

本章采用一元并行多重中介模型对物流业发展质量对区际经济互动发展的影响进行实证验证。主要结论有：物流业发展质量能够驱动区际经济互动发展。我国 30 个省域层次、四大板块层次和全国整体层次的物流业发展质量对区际经济互动发展存在正向驱动作用，且驱动力主要来自间接驱动因素，其中，市场一体化是物流业发展质量驱动区际经济互动发展的主要中介和路径。具体来说：

就我国 30 个省域层次来说，物流业发展质量对区际经济互动发展的总效应分为直接效应和间接效应，且以间接效应为主。按照影响程度由大到小排序，物流业发展质量对区际经济互动发展的影响路径可排序为市场一体化中介效应、直接效应、时空压缩中介效应和分工合理化中介效应，即市场一体化是其主要影响路径。

就我国四大板块层次来说，物流业发展质量对区际经济互动发展总效应分为直接效应和间接效应，且间接效应高于直接效应。按照影响程度由大到小排序，物流业发展质量对区际经济互动发展的影响路径可排序为市场一体化中介效应、直接效应、时空压缩中介效应和分工合理化中介效应，即市场一体化是其主要影响路径。四大板块物流业发展质量对区际经济互动的影响主要是间接的，且主要路径是市场一体化。

就全国整体层次来说，物流业发展质量对区际经济互动发展总效应分为直接效应和间接效应，且间接效应高于直接效应。按照影响程度由大到小排序，物流业发展质量对区际经济互动发展的影响路径可排序为市场一体化中介效应、时空压缩中介效应、直接效应和分动合理化中介效应，即全国整体物流业发展质量对区际经济互动的影响主要是间接的，且主要中介和路径是市场一体化。

第七章 物流业发展质量对区域经济 充分发展影响的实证分析

依据第三章的机理分析可知，物流业发展质量能够影响区际经济互动发展、区域经济充分发展和区际经济平衡发展，且物流业发展质量影响区域经济充分发展的路径分为直接效应和间接效应，那么，物流业发展质量对区域经济充分发展的直接效应如何？间接效应如何？总效应又如何？基于第四章物流业发展质量和第五章区域经济充分发展水平的测度结果，本章采用一元并行多重中介模型分别对我国 30 个省域、四大板块和全国整体三个层次的物流业发展质量对区域经济充分发展的影响进行实证分析和检验。

第一节 计量模型构建

物流业发展质量对区域经济充分发展的总效应可分成两个方面：一是直接效应，即物流业发展质量对区域经济充分发展的直接影响；二是间接效应，即物流业发展质量通过改善供给侧、刺激需求侧对区域经济充分发展的间接影响，具体如图 7-1 所示。

依据新古典增长理论，资本、劳动和技术是最重要的供给要素，改善供给即改善资本、劳动、技术的供给；刺激需求侧即刺激消费、投资和出口这"三驾马车"，即间接效应由资本、劳动、技术、消费、投资、出口共六个中介变量构成，详细如图 7-2 所示。

由图 7-1 和图 7-2 可以看出，物流业发展质量既可以直接影响区域经济充分发展，也可以通过优化供给侧和刺激需求侧间接影响区域经济充分发展。

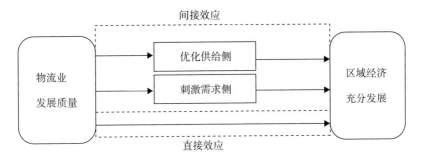

图 7-1　物流业发展质量对区域经济充分发展的影响

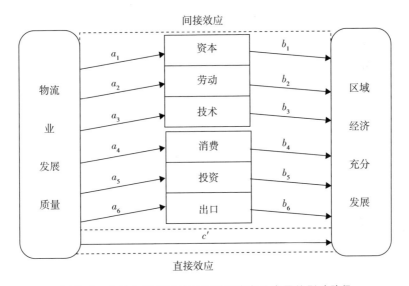

图 7-2　物流业发展质量对区域经济充分发展的影响路径

其中，供给侧要素包括资本、劳动和技术，需求侧因素包括消费、投资和出口。在图 7-2 中，c' 代表物流业发展质量对区域经济充分发展的直接效应，a_1、a_2、a_3、a_4、a_5、a_6 分别表示物流业发展质量对资本、劳动、技术、消费、投资和出口的影响程度，b_1、b_2、b_3、b_4、b_5、b_6 分别表示资本、劳动、技术、消费、投资和出口对区域经济充分发展的影响程度。

依据图 7-2，参考柳士顺和凌文辁（2009）的研究成果，本章设计回归模型如下：

模型 1：$FUL_{it} = \beta_0 + cLQ_{it} + \varphi D_{it} + \varepsilon_{it}$ 　　　　　　　　（7-1）

模型 2：$MK_{it} = \beta_1 + a_1 LQ_{it} + \varphi D_{it} + \varepsilon_{it}$ （7-2）

模型 3：$ML_{it} = \beta_2 + a_2 LQ_{it} + \varphi D_{it} + \varepsilon_{it}$ （7-3）

模型 4：$MA_{it} = \beta_3 + a_3 LQ_{it} + \varphi D_{it} + \varepsilon_{it}$ （7-4）

模型 5：$MC_{it} = \beta_4 + a_4 LQ_{it} + \varphi D_{it} + \varepsilon_{it}$ （7-5）

模型 6：$MI_{it} = \beta_5 + a_5 LQ_{it} + \varphi D_{it} + \varepsilon_{it}$ （7-6）

模型 7：$ME_{it} = \beta_6 + a_6 LQ_{it} + \varphi D_{it} + \varepsilon_{it}$ （7-7）

模型 8：$FUL_{it} = \beta_7 + c' LQ_{it} + b_1 MK_{it} + b_2 ML_{it} + b_3 MA_{it} + b_4 MC_{it} + b_5 MI_{it} + b_6 ME_{it} + \varphi D_{it} + \varepsilon_{it}$ （7-8）

模型 1—模型 8 中，FUL 代表区域经济充分发展水平，即因变量，i 代表区域（30 个省域、四大板块、全国整体），t 代表时间，LQ 代表物流业发展质量，即自变量，D 为控制变量，MK、ML 和 MA 分别表示供给侧的资本、劳动和技术这三个中介变量，MC、MI 和 ME 分别表示需求侧的消费、投资和出口这三个中介变量，ε 为随机干扰项。

模型 1 用以检验物流业发展质量对区域经济充分发展的总效应，系数 c 代表自变量 LQ 的系数，即 LQ 对 FUL 的总效应；模型 2—模型 7 用于检验中介效应，即估计系数 a_1、a_2、a_3、a_4、a_5、a_6，检验自变量物流业发展质量 LQ 对六个中介变量的影响程度；模型 8 中，c' 为直接效应，衡量着物流业发展质量对区域经济充分发展的直接影响，b_1、b_2、b_3、b_4、b_5、b_6 衡量着六个中介变量对因变量 FUL 的影响程度，即资本、劳动、技术、消费、投资和出口这六个中介变量对区域经济充分发展的影响程度，这六个中介变量的个别中介效应分别为：$a_1 \times b_1$、$a_2 \times b_2$、$a_3 \times b_3$、$a_4 \times b_4$、$a_5 \times b_5$、$a_6 \times b_6$，当乘积为负值时，中介效应为其绝对值。间接效应（总中介效应）为或 $c - c'$。个别中介效应在间接效应（总中介效应）的占比 P_i 可分别表示为

$$P_i = \frac{a_i b_i}{\sum_1^6 a_i b_i} = \frac{a_i b_i}{c - c'}$$ （7-9）

由个别中介效应在间接效应中的占比公式（7-9），可用对个别中介效应之间进行分析和比较。间接效应（总中介效应）在总效应中的占比 P_M 可用公

式计算得出：

$$P_M \frac{\sum_{i=1}^{6} a_i b_i}{c} = \frac{c - c'}{c} \tag{7-10}$$

由间接效应占比公式（7-10），可用对直接效应、间接效应、个别中介效应进行对比分析。

需要说明的是：资本、劳动、技术、消费、投资和出口是从不同方面去分析供给侧和需求侧，因此，本章认为六者之间是并行的关系，故选取中介效应模型中的一元并行多重中介模型进行实证分析，具体介绍如第六章的中介模型介绍部分。

第二节　变量选取及数据来源

一、变量选取

（一）因变量

因变量（被解释变量）是区域经济充分发展水平，用代码 *FUL* 来表示。我国 30 个省域、四大板块和全国整体数据均来源于第五章区域经济充分发展水平的测度结果。

（二）自变量

自变量（解释变量）为物流业发展质量，用代码 *LQ* 来表示，我国 30 个省域数据、四大板块和全国整体数据均来源于第四章物流业发展质量的测度结果。

（三）中介变量

选取资本、劳动、技术、消费、投资、出口六个中介变量，分别用物质资本存量、所有从业人员数量（就业人员总量）、技术市场成交额、居民消费水平、全社会固定资产投资额、境内目的地和货源地出口总额来测度。

物质资本存量的计算借鉴单豪杰（2008）的研究成果，采用永续盘存法进行估算，其公式为 $K_t = IN_t + (1 - \delta) K_{t-1}$，期初资本存量估算方法为 $K_0 =$

$IN_0/(g+\delta)$，K_t 为 t 期资本存量，IN_t 为 t 期全社会固定资产投资额，g 为研究区间（1999—2017 年）固定资产投资额的平均增长率，δ 为固定资产折旧率，本章设定为 6%，将基期设定为 1997 年。需要说明的是用物质资本存量衡量的资本属于存量的概念，而用全社会固定资产投资额测度的投资，属于流量的概念，因此，二者仍旧可作为并行关系纳入一元并行多重中介模型进行分析。

（四）控制变量

第六章在对物流业发展质量对区际经济互动发展水平影响的实证分析中，选取了经济增长水平、物质资本存量、人口数量、技术创新能力、对外开放程度、市场化程度和财政支出水平作为控制变量，为保持章节中的一致性，本章也将这些变量作为控制变量，因中介变量资本、技术、出口与控制变量物质资本存量、技术创新能力、对外开放程度有一定程度的重合，区域经济充分发展中包含着经济增长，因此，控制变量中只保留人口数量、市场化程度和财政支出水平三项。

1. 人口数量

人口理论认为，人口红利的发挥与人口数量、劳动力数量、人口抚养比等密切相关，人口数量越多，劳动力供给的基数就越大；人口数量越多，消费基数就越大；人口数量越多，越容易形成集聚效应和规模经济；不管是劳动力供给的增加、消费需求的增加、集聚效应和规模经济的形成都有利于区域经济的充分发展，因此，将人口数量作为控制变量纳入模型，并用常住人口数量予以衡量。

2. 市场化程度

西方经济理论认为，市场经济是能够实现帕累托最优状态的一种资源配置方式，市场化程度越高，经济效率越高，越能带来区域经济效益的提升，越能促进区域经济的充分发展。因此，将市场化程度作为控制变量之一，用非国有化程度予以测度。

3. 财政支出水平

财政支出可分为购买性支出和转移性支出，即政府购买和转移支付，政府作为重要的经济主体之一，其购买性支出能够直接促进经济充分发展，转移性支出通过调节分配，促进社会公平，提升低收入群体、落后区域等的消费和投资水平，有利于区域经济的充分发展，因此，将财政支出水平作为控制变量之一，用财政支出总额予以测度。

因变量、自变量、六个中介变量和三个控制变量的含义、衡量指标及代码如表7-1所示。

表 7-1　变量选取

变量名	变量含义	衡量指标	代码
因变量	区域经济充分发展	区域经济充分发展水平	*FUL*
自变量	物流业发展质量	物流业发展质量	*LQ*
中介变量	资本	物质资本存量	*MK*
	劳动	就业人员总量	*ML*
	技术	技术市场成交额	*MA*
	消费	居民消费水平	*MC*
	投资	全社会固定资产投资额	*MI*
	出口	境内目的地和货源地出口总额	*ME*
控制变量	技术创新能力	技术市场成交额	TECH
	市场化程度	非国有化率	MARK
	财政支出水平	财政支出总额	FINA

二、数据来源

区域经济充分发展水平、物流业发展质量数据来源于已有测度数据；其余变量数据来源于1999—2018年《中国统计年鉴》和我国省域统计年鉴。为消除数据间的大小不一，以及可能的共线性或异方差问题，继续沿用上一章的数据处理方法，即对所有变量数据取自然对数，并按照中介效应模型要求，对所有变量数据做去中心化处理。

第三节　实证结果分析

本章的实证思路是：从我国30个省域层次、四大板块层次和全国整体层次出发，对物流业发展质量影响区域经济充分发展的总效应、直接效应和间接效应（总中介效应）进行分析，每个层次都按照中介效应模型的实证检验顺序进行分析，即首先对物流业发展质量影响区域经济充分发展的总效应进行分析，求出 c 值；其次，对直接效应进行分析求出 c′；再次，对间接效应（总中介效应）、个别中介效应进行分析，求出 a、b 的值，并做相关检验；最后，对总效应所占比例进行分析和比较。

一、我国 30 个省域层次的实证结果分析

（一）总体分析

依据相关数据，采用 Stata15 软件对我国 30 个省域的物流业发展质量影响区域经济充分发展的总效应、总中介效应和直接效应进行分析，结果如表 7-2 中的模型 1—模型 5 和表 7-3 中的模型 6—模型 8 所示。

表 7-2　我国 30 个省域层次的回归结果（1）

自变量	模型 1	模型 2	模型 3	模型 4	模型 5
	因变量 *FUL*	因变量 *MK*	因变量 *ML*	因变量 *MA*	因变量 *MC*
LQ	0.199[*]	0.146[***]	0.270[**]	0.075	0.144[***]
MK					
ML					
MA					
MC					
MI					
ME					
POPU	0.172[*]	−0.933[***]	0.945[***]	−0.725[***]	0.831[***]
MARK	0.217[***]	0.272[***]	0.045	0.644[***]	0.141[***]
FINA	0.051	0.548[***]	−0.649[***]	−0.365[**]	0.138[**]
_ cons	−0.04	−0.054	0.150	2.055[**]	0.014[***]
Prob > F	0.000	0.000	0.000	0.000	0.000
Sobel 检验	−	−	−	$Z = 0.193 < 0.97$	−

注：Sobel 统计量在 5% 显著性水平上的临界值为 0.97。

表 7-3　我国 30 个省域层次的回归结果（2）

自变量	模型 6 因变量 *MI*	模型 7 因变量 *ME*	模型 8 因变量 *FUL*	模型 9 因变量 *FUL*	模型 10 因变量 *MK*
$LQ(LQ_{t-1})$	0.006 *	0.376 ***	0.051 **	0.104 ***	0.367 ***
MK			0.228 **		
ML			0.082 ***		
MA			0.131 **		
MC			0.565 ***		
MI			0.019 *		
ME			0.030 ***		
POPU	1.750	−0.004	0.296 **	0.096	0.003
MARK	0.169 ***	0.367 ***	0.317 ***	0.165 **	0.289 ***
FINA	0.480 ***	−0.554 ***	−0.169	−0.147 ***	0.594 ***
_ cons	−0.187	0.022	−0.269 ***	0.008	0.336
Prob > F	0.000	0.000	0.000	0.002	0.000

注：模型 6—模型 8 自变量为 *LQ*，在稳健性检验的模型 9—模型 10 中，自变量为 LQ_{t-1}。

由表 7-2 和表 7-3 可以得出如下几点结论：

一是物流业发展质量对区域经济充分发展的总体影响。由表 7-2 中模型 1 可以看出，物流业发展质量在 10% 显著性水平上显著为正，物流业发展质量每提升 1%，区域经济充分发展水平提升 0.199%，表明物流业发展质量能够有效促进区域经济充分发展。控制变量中，人口数量和市场化程度通过了显著性检验且系数为正，表明二者与区域经济充分发展具有显著正向相关关系，这些因素的提升都能够驱动区域经济充分发展；财政支出水平没有通过显著性检验，这或许与财政支出主要投向民生领域有关。

二是物流业发展质量对资本、劳动和技术这三个供给侧要素的影响。由模型 2、模型 3 可以看出，物流业发展质量均通过了 1% 显著性水平检验，且系数为正，表明物流业发展质量能够优化供给侧方面的资本投入、劳动力投入。模型 2 的控制变量中，市场化程度和财政支出水平通过检验，且系数显著为正，表明二者对资本投入具有正向影响；模型 3 的控制变量中，人口数量通过检验且系数为正，这表明其对劳动力投入具有正向影响。

由模型 4 可以看出，物流业发展质量没有通过显著性水平检验，按照中介模型检验步骤，需要对技术投入中介变量 MA 进行 Sobel 检验，计算出来的 Sobel 检验的 Z 值为 0.193，小于 5% 显著性水平上的临界值 0.97，即技术投入中介变量 MA 没有通过 Sobel 检验，技术投入的中介效应不显著。分析其原因：技术的投入要素是经费和人才，物流业发展质量对技术的经费和人才投入作用效果不明显，物流业发展质量或许对技术溢出阶段影响更大，而不是技术投入。控制变量中，市场化程度通过了显著性检验，且系数为正，表明该因素对技术投入要素有显著正向影响。

三是物流业发展质量对消费、投资和出口这三个需求侧要素的影响。由表 7-2 中的模型 5、表 7-3 中的模型 6 和模型 7 可以看出，物流业发展质量通过了显著性水平检验，且系数为正，表明物流业发展质量的提升对需求侧（消费、投资和出口）具有正向影响，即物流业发展质量的提升能够刺激需求侧，这也验证了前面的理论分析。控制变量中，市场化程度通过检验，表明其对需求侧具有显著影响。模型 5 中，人口数量和财政支出通过检验，且系数为正，表明人口数量和财政支出能够促进消费水平的提升；模型 6 中，财政支出水平通过 1% 显著性水平的检验，表明财政支出对投资具有正向影响；模型 7 中，财政支出通过检验，但系数为负，或许与财政支出主要以国内投资为主，对出口的作用不大有关。

四是物流业发展质量、六大中介变量对区域经济充分发展的影响。由表 7-3 中的模型 8 可以看出，物流业发展质量、供给侧要素（资本、劳动和技术），需求侧要素（消费、投资、出口）均通过了显著性检验，且系数显著为正，这表明物流业发展质量、供给侧要素（资本、劳动、技术）和需求侧要素（消费、投资、出口）均能够促进区域经济的充分发展。控制变量中，人口数量和市场化程度通过了显著性检验，这表明二者能够显著驱动区域经济的充分发展。

（二）稳健性检验

为了检验我国省域物流业发展质量对区域经济充分发展的影响的稳健性，

分别选取滞后一期物流业发展质量、滞后一期中介变量对物流业发展质量、供给侧要素（资本、劳动和技术）、需求侧要素（消费、投资和出口）进行替代，结果如表 7-3 的模型 9 和模型 10，以及表 7-4 中的模型 11—模型 16 所示。

表 7-4　我国 30 个省域层次的稳健性检验

自变量	模型 11 因变量 *ML*	模型 12 因变量 *MA*	模型 13 因变量 *MC*	模型 14 因变量 *MI*	模型 15 因变量 *ME*	模型 16 因变量 *FUL*
LQ_{t-1}	0.278*	0.552	0.142***	0.015*	0.438***	0.082*
MK_{t-1}						0.366***
ML_{t-1}						0.066***
MA_{t-1}						0.010*
MC_{t-1}						0.019***
MI_{t-1}						0.251***
ME_{t-1}						0.111*
POPU	3.108***	−0.959**	0.339***	−1.11***	−0.166	−0.225***
MARK	0.334*	−0.612***	0.156***	0.22***	0.292***	0.009*
FINA	−0.225	−0.003	0.134***	0.418	0.001	0.604*
_cons	0.023	2.05***	0.008	0.001	0.008	−0.120*
Prob > F	0.000	0.000	0.000	0.000	0.000	0.000

由表 7-3 中模型 9、模型 10，以及表 7-4 中的模型 11—模型 16 可知，模型 9—模型 15 显示，物流业发展质量对区域经济充分发展、资本、劳动、消费、投资和出口具有显著正向影响，但对技术影响不显著；模型 16 显示，物流业发展质量、供给侧要素（资本、劳动、技术）、需求侧因素（消费、投资、出口）对区域经济充分发展水平具有显著正向影响，这与模型 8 的分析结果具有一致性，因此，物流业发展质量对区域经济充分发展的分析结果是稳健的。

（三）总效应构成比例分析

依据表 7-2 和表 7-3 中的模型 1—模型 8 中的相关系数可知，物流业发展质量对区域经济充分发展的总效应 c 为 0.199，直接效应 c' 为 0.051，占总效应中的比重为 25.63%；从间接效应或中介效应来看，间接效应（总中介效应）$c - c'$ 为 0.148，占总效应比重为 74.37%，表明物流业发展质量较大比重地通过间接效应驱动区域经济充分发展；从个别中介效应来看，资本中介效应 $a_1 b_1$ 为 0.033，劳动中介效应 $a_2 b_2$ 为 0.022，技术中介效应不显著，即技术中介效应 $a_3 b_3$ 为 0；消费中介效应 $a_4 b_4$ 为 0.081，投资中介效应 $a_5 b_5$ 为 0.0001，出口中介效应 $a_6 b_6$ 为 0.011，按照从大到小的顺序，资本、劳动、技术、消费、投资和出口的个别中介效应占间接效应（总中介效应）的比重分别为：22.49%、14.96%、0%、54.97%、0.08%、7.5%，按照从大到小的顺序，这六大个别中介占总中介效应的比重可排序为：消费、资本、劳动、出口、投资、技术。物流业发展质量对区域经济充分发展的总效应的构成比例如图 7-3 所示。

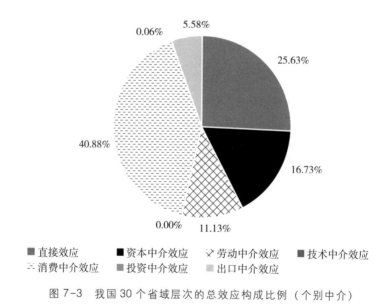

图 7-3　我国 30 个省域层次的总效应构成比例（个别中介）

由图 7-3 可知，我国省域层次的物流业发展质量对区域经济充分发展的总效应由直接效应和间接效应共同构成，直接效应占比 25.63%，间接效应占比 74.37%，即间接效应为总效应的主体部分。按照在总效应中所占比重由大到小排序，直接效应和个别中介效应可排序为：消费中介效应（40.88%）、直接效应（25.63%）、资本中介效应（16.73%）、劳动中介效应（11.13%）、出口中介效应（5.58%）、投资中介效应（0.06%）、技术中介效应（0），消费中介效应占比最高，这表明物流业发展质量驱动区域经济充分发展，是主要通过刺激消费这一路径来完成的。

供给侧中介效应为资本中介效应、劳动中介效应、技术中介效应的总和，基于这三个中介变量的数据，可以求出供给侧中介效应为 0.055；需求侧中介效应为消费中介效应、投资中介效应、出口中介效应的总和，基于这三个中介变量的数据，可以求出需求侧中介效应为 0.093。直接效应、供给侧中介效应和需求侧中介效应在总效应中所占比例如图 7-4 所示。

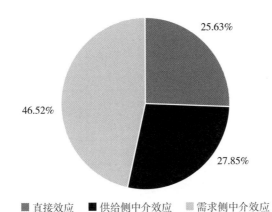

图 7-4　我国 30 个省域层次的总效应构成比例（供给侧、需求侧中介）

由图 7-4 可知，我国 30 个省域层次的物流业发展质量驱动区域经济充分发展的总效应构成比例中，占比最大的首先是需求侧中介效应（46.52%），其次是供给侧中介效应（27.85%），最后是直接效应（25.63%），这表明物流业发展质量驱动经济充分发展的主要路径是需求侧和供给侧。

二、我国四大板块层次的实证结果分析

（一）总体分析

依据相关数据，采用 Stata15 软件对我国四大板块层次的物流业发展质量影响区域经济充分发展的总效应、直接效应和间接效应（总中介效应）进行分析。结果如表 7-5 中模型 17—模型 21 和表 7-6 中的模型 22—模型 24 所示。

表 7-5　我国四大板块层次的实证结果（1）

自变量	模型 17 因变量 *FUL*	模型 18 因变量 *MK*	模型 19 因变量 *ML*	模型 20 因变量 *MA*	模型 21 因变量 *MC*
LQ	0.823 *	0.321 ***	0.384 **	0.079 *	0.427 *
MK					
ML					
MA					
MC					
MI					
ME					
POPU	0.174 *	0.401 ***	0.514 **	−0.152	0.117 ***
MARK	0.843 *	0.754 ***	0.157 *	0.371 ***	0.330 ***
FINA	−0.144	0.757 ***	0.579 *	−0.264	−0.095
_ cons	0.073	0.016	−0.140	0.340	−0.040 ***
Prob > F	0.000	0.000	0.000	0.000	0.000

表 7-6　我国四大板块层次的实证结果（2）

自变量	模型 22 因变量 *MI*	模型 23 因变量 *ME*	模型 24 因变量 *FUL*	模型 25 因变量 *FUL*	模型 26 因变量 *MK*
LQ(*LQ*$_{t-1}$)	0.297 **	0.071 ***	0.439 **	0.912 ***	0.016 ***
MK			0.361 *		
ML			0.017		
MA			0.034 ***		
MC			0.410 **		
MI			0.132 **		
ME			0.629 ***		
POPU	0.167 **	−0.384 ***	0.419 *	0.501 ***	0.345 ***
MARK	0.452 ***	0.641 **	0.957 ***	0.013 ***	0.642 *

自变量	模型 22	模型 23	模型 24	模型 25	模型 26
	因变量 *MI*	因变量 *ME*	因变量 *FUL*	因变量 *FUL*	因变量 *MK*
FINA	0.757 ***	−0.312	0.587	0.278 *	0.196 **
_ cons	−0.016	0.015	−0.082	−0.004	0.160 *
Prob > F	0.000	0.000	0.000	0.000	0.000

注：模型 22—模型 24 自变量为 *LQ*，在稳健性检验的模型 25—模型 26 中，自变量为 LQ_{t-1}。

表 7-5 中的模型 17—模型 21 和表 7-6 中的模型 22—模型 24 分别显示出物流业发展质量对区域经济充分发展的总影响、物流业发展质量对六大中介变量的影响，以及物流业发展质量和六大中介变量对区域经济充分发展的影响。具体来说：

一是物流业发展质量对区域经济充分发展的总体影响。由模型 17 可以看出，四大板块物流业发展质量在 10% 显著性水平上显著为正，表明四大板块物流业发展质量能够有效促进区域经济充分发展。控制变量中，人口数量和市场化程度通过了显著性检验，且系数为正，表明二者与区域经济充分发展具有显著正向相关关系，这些因素的提升都能够驱动区域经济充分发展；财政支出水平没有通过显著性检验，这或许与财政支出主要投向民生领域有关。

二是物流业发展质量对资本、劳动和技术这三个供给侧要素的影响。由模型 18、模型 19 和模型 20 可以看出，物流业发展质量均通过了显著性水平检验，且系数为正，表明物流业发展质量能够优化供给侧方面的资本供给、劳动供给和技术供给。控制变量中，市场化程度通过检验且系数显著为正，表明四大板块市场化程度与供给侧优化水平显著正相关。模型 18 的控制变量中，人口数量和财政支出水平通过检验，且系数显著为正，表明二者对优化资本供给具有正向影响；模型 19 的控制变量中，人口数量和财政支出水平通过检验，且系数为正，表明二者对优化劳动供给具有显著正向影响；模型 20 的控制变量中，人口数量和财政支出水平没有通过显著性检验，或许与人口质量或人力资本存量是技术供给的重要因素，财政支出水平主要用于维护社会公平，而不是促进社会效率的技术进步有关。

三是物流业发展质量对消费、投资和出口这三个需求侧要素的影响。由模型 21、模型 22 和模型 23 可以看出，物流业发展质量通过了显著性水平检验，且系数为正，表明物流业发展质量的提升对需求侧（消费、投资和出口）具有正向影响，即物流业发展质量的提升能够刺激需求侧。控制变量中，市场化程度均通过检验且系数为正，表明市场化程度对需求侧具有显著影响。模型 21 中，人口数量通过 1% 显著性水平的检验，且系数为正，表明人口数量的增长能够促进消费水平的提升；模型 22 中，人口数量和财政支出水平通过了显著性水平的检验，且系数为正，表明二者与投资具有显著正向相关关系；模型 23 中，人口数量通过了显著性检验，但系数为负，表明人口数量与出口为显著负相关关系，或许与人口基数大，需求未饱和时，区域产值更多的用于满足区域内部市场，而不是对外出口有关。

四是物流业发展质量、六大中介变量对区域经济充分发展的影响。由模型 24 可以看出，物流业发展质量、供给侧要素（资本、劳动和技术），需求侧要素（消费、投资、出口）均通过了显著性检验，且系数显著为正，表明物流业发展质量、供给侧要素（资本、劳动、技术）和需求侧要素（消费、投资、出口）均能够促进区域经济的充分发展。控制变量中，人口数量和市场化程度通过了显著性检验，表明二者能够显著驱动区域经济的充分发展。

（二）稳健性检验

为了检验四大板块层次的物流业发展质量对区域经济充分发展影响的稳健性，分别选取滞后一期物流业发展质量、滞后一期中介变量（滞后一期的资本、劳动、技术、消费、投资和出口）对物流业发展质量、供给侧要素（资本、劳动和技术）、需求侧要素（消费、投资和出口）进行替代，结果如表 7-6 中的模型 25 和模型 26，以及表 7-7 中的模型 27—模型 32 所示。

表 7-7　我国四大板块层次的稳健性检验

自变量	模型 27 因变量 ML	模型 28 因变量 MA	模型 29 因变量 MC	模型 30 因变量 MI	模型 31 因变量 ME	模型 32 因变量 FUL
LQ_{t-1}	0.384 **	0.076 *	0.028 **	0.203 **	0.807 ***	0.439 **
MK_{t-1}						0.112 **
ML_{t-1}						0.038 *
MA_{t-1}						0.167 *
MC_{t-1}						0.293 ***
MI_{t-1}						0.402 *
ME_{t-1}						0.431 ***
POPU	0.514 **	−0.815	0.434 ***	−1.716 ***	−0.339 ***	0.204 *
MARK	0.157 **	0.924 **	0.333 ***	0.360 ***	0.603 *	0.173 **
FINA	0.579 *	−0.012 ***	0.182 ***	−0.096	−0.140 **	−0.928
_ cons	−0.044	0.016	−0.049	0.015	0.027 ***	−0.024
Prob > F	0.000	0.000	0.000	0.000	0.000	0.000

由表 7-6 中模型 25、模型 26，以及表 7-7 中模型 27—模型 32 可知，模型 25—模型 31 显示，物流业发展质量对区域经济充分发展、资本、劳动、技术、消费、投资和出口具有显著正向影响；模型 32 显示，物流业发展质量、供给侧要素（资本、劳动、技术）、需求侧因素（消费、投资、出口）对区域经济充分发展水平具有显著正向影响，这些分析结果与模型 17—模型 24 的分析结果具有一致性，因此，物流业发展质量对区域经济充分发展的分析结果可以判断是稳健的。

（三）总效应构成比例分析

依据模型 17—模型 24 中的相关系数可知，四大板块层次的物流业发展质量对区域经济充分发展的总效应 c 为 0.823，直接效应 c' 为 0.439；间接效应（总中介效应）$c - c'$ 为 0.384，直接效应大于间接效应，表明四大板块的物流业发展质量较大比重地通过直接效应驱动区域经济充分发展；从个别中介效应来看，资本中介效应 $a_1 b_1$ 为 0.116，劳动中介效应 $a_2 b_2$ 为 0.007，技术中介效应 $a_3 b_3$ 为 0.003；消费中介效应 $a_4 b_4$ 为 0.175，投资中介效应 $a_5 b_5$ 为 0.039，出口中介效应

$a_6 b_6$ 为 0.045，按照从大到小的顺序，资本、劳动、技术、消费、投资和出口的个别中介效应占间接效应（总中介效应）的比重分别为 30.18%、1.7%、0.7%、45.59%、10.21% 和 11.62%，按照从大到小的顺序，这六大个别中介占总中介效应的比重可排序为消费、资本、出口、投资、劳动、技术。四大板块物流业发展质量对区域经济充分发展的总效应的构成比例如图 7-5 所示。

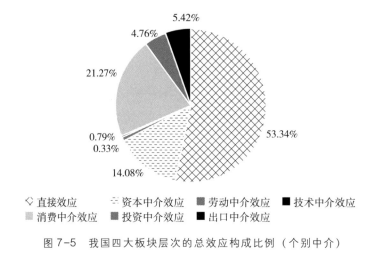

图 7-5　我国四大板块层次的总效应构成比例（个别中介）

由图 7-5 可知，我国四大板块物流业发展质量对区域经济充分发展的总效应由直接效应和间接效应构成，直接效应占总效应的比重为 53.34%，间接效应所占比重为 46.66%，直接效应略高于间接效应。按照在总效应中所占比重由大到小排序，直接效应和个别中介效应可排序为直接效应（53.34%）、消费中介效应（21.27%）、资本中介效应（14.08%）、出口中介效应（5.42%）、投资中介效应（4.76%）、劳动中介效应（0.79%）、技术中介效应（0.33%），直接效应占比最高，表明四大板块物流业发展质量主要通过直接影响，驱动区域经济充分发展。

四大板块层次的供给侧中介效应为资本中介效应、劳动中介效应、技术中介效应的总和，基于这三个个别中介变量的数据，可以求出供给侧中介效应为 0.125；四大板块需求侧中介效应为消费中介效应、投资中介效应、出口中介效应的总和，基于这三个中介变量的数据，可以求出需求侧中介效应为

0.259；直接效应、供给侧中介效应和需求侧中介效应在总效应中所占比例如图 7-6 所示。

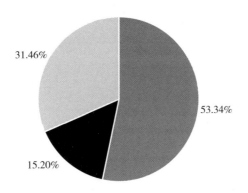

图 7-6　我国四大板块总效应构成比例（供给侧、需求侧中介）

由图 7-6 可知，物流业发展质量驱动区域经济充分发展的总效应构成比例中，占比最大的是直接效应（53.34%），需求侧中介效应（31.46%）次之，最后是供给侧中介效应（15.20%），表明物流业发展质量驱动经济充分发展首要通过直接影响，其次的路径是需求侧，最后是供给侧。

三、全国整体层次的实证结果分析

（一）总体分析

依据相关数据，采用 Stata15 软件对全国整体层次的物流业发展质量影响区域经济充分发展的总效应、间接效应（总中介效应）和直接效应进行分析。结果如表 7-8 中的模型 33—模型 37，以及表 7-9 中的模型 38—模型 40 所示。

表 7-8　全国整体层次的实证结果（1）

自变量	模型 33	模型 34	模型 35	模型 36	模型 37
	因变量 *FUL*	因变量 *MK*	因变量 *ML*	因变量 *MA*	因变量 *MC*
LQ	0.649 ***	0.169 ***	0.072 **	0.154 ***	0.225 ***
MK					

| 自变量 | 模型 33 | 模型 34 | 模型 35 | 模型 36 | 模型 37 |
	因变量 *FUL*	因变量 *MK*	因变量 *ML*	因变量 *MA*	因变量 *MC*
ML					
MA					
MC					
MI					
ME					
POPU	0.809*	0.221	0.716***	0.580***	0.140***
MARK	0.222**	0.170**	0.125***	-0.029***	0.269**
FINA	-0.045	0.987***	-0.890***	-0.400	0.280*
_ cons	0.006	-0.005	0.028	-0.072*	-0.034
Prob > F	0.000	0.000	0.000	0.000	0.000

表7-9　全国整体层次的实证结果（2）

| 自变量 | 模型 38 | 模型 39 | 模型 40 | 模型 41 | 模型 42 |
	因变量 *MI*	因变量 *ME*	因变量 *FUL*	因变量 *FUL*	因变量 *MK*
$LQ(LQ_{t-1})$	0.175***	0.384***	0.328**	0.266***	0.395***
MK			0.481**		0.137**
ML			0.012*		0.002
MA			0.163**		0.392***
MC			0.425***		0.062***
MI			0.235**		0.060**
ME			0.201*		-0.038
POPU	-0.040	-0.985	0.716***	0.621***	0.053***
MARK	0.098**	0.094**	0.437***	-0.104***	0.041*
FINA	-0.189	-0.223***	-0.769***	0.006	0.145
_ cons	0.069	0.073	0.097	-0.007	0.323***
Prob > F	0.000	0.000	0.000	0.000	0.000

注：模型33-40自变量为LQ，在稳健性检验的模型41—42中，自变量为LQ_{t-1}。

表 7-8 中的模型 33—模型 37，以及表 7-9 中的模型 38—模型 40 分别反映了物流业发展质量对区域经济充分发展的总影响、物流业发展质量对六大中介的影响，以及物流业发展质量和六大中介对区域经济充分发展的影响，具体来说：

一是物流业发展质量对区域经济充分发展的总影响。由模型 33 可以看出，全国整体的物流业发展质量通过了 1% 显著性水平的检验，且系数为正，表明全国整体物流业发展质量对区域经济充分发展具有正向促进作用。控制变量中，人口数量和市场化程度通过了显著性检验，且系数为正，表明二者与区域经济充分发展具有显著正向相关关系；财政支出水平不显著，这或许与财政支出更注重公平，对注重效率的经济充分发展的促进作用不足有关。

二是物流业发展质量对资本、劳动和技术这三个供给侧要素的影响。由模型 34、模型 35 和模型 36 可以看出，全国整体的物流业发展质量均通过了显著性水平检验，且系数为正，表明物流业发展质量能够优化供给侧方面的资本供给、劳动供给和技术供给。在模型 34 的控制变量中，市场化程度和财政支出水平系数显著为正，表明二者对优化资本供给具有正向促进作用；模型 35 的控制变量中，人口数量和市场化程度系数显著为正，表明二者能够对劳动力供给的优化起到促进作用；在模型 36 的控制变量中，人口数量通过显著性检验且显著为正，表明人口数量能够优化技术供给，市场化程度不显著，或许与市场化对技术的极化和溢出效应不足有关。

三是物流业发展质量对消费、投资和出口这三个需求侧要素的影响。由模型 37、模型 38 和模型 39 可以看出，物流业发展质量通过了显著性水平检验，且系数为正，表明物流业发展质量的提升对需求侧（消费、投资和出口）具有正向驱动效应，即物流业发展质量的提升能够刺激需求侧。模型 37 的控制变量中，人口数量、市场化程度和财政支出水平均通过检验，且系数为正，表明这些因素对需求侧具有显著正向影响；模型 38 的控制变量中，市场化程度通过检验且系数为正，表明其对需求侧具有显著正向影响；模型 39 中，市场化程度通过检验且系数显著为正，财政支出水平通过检验，但系数显著为负，表明财政支出水平与出口显著负相关，这或许与财政支出的投资领域和范围有关。

四是物流业发展质量、六大中介变量对区域经济充分发展的影响。由模型40可知，全国整体的物流业发展质量、供给侧要素（资本、劳动和技术），需求侧要素（消费、投资、出口）均通过了显著性检验，且系数显著为正，表明全国整体的物流业发展质量、供给侧要素（资本、劳动、技术）和需求侧要素（消费、投资、出口）均能够促进区域经济的充分发展。控制变量中，人口数量和市场化程度通过了显著性检验，表明二者能够显著驱动区域经济的充分发展。

（二）稳健性检验

分别选取滞后一期物流业发展质量、滞后一期中介变量（滞后一期的资本、劳动、技术、消费、投资和出口）对物流业发展质量、供给侧要素（资本、劳动和技术）、需求侧要素（消费、投资和出口）进行替代，对模型进行稳健性检验，结果如表7-9中的模型41和模型42，以及表7-10中的模型43—模型48所示。

表7-10 全国整体层次的稳健性检验

自变量	模型43 因变量 ML	模型44 因变量 MA	模型45 因变量 MC	模型46 因变量 MI	模型47 因变量 ME	模型48 因变量 FUL
LQ_{t-1}	0.266**	0.008*	0.325*	0.301*	0.702**	0.299***
MK_{t-1}						0.192**
ML_{t-1}						0.008*
MA_{t-1}						0.012*
MC_{t-1}						0.653***
MI_{t-1}						0.207***
ME_{t-1}						0.501**
POPU	0.082**	-0.425*	0.278**	-0.555***	0.083***	0.804*
MARK	0.078*	0.571**	0.399**	0.709*	0.471*	0.345**
FINA	0.511*	-0.019***	0.397	-0.007*	-0.233	-0.525

自变量	模型 43	模型 44	模型 45	模型 46	模型 47	模型 48
	因变量 *ML*	因变量 *MA*	因变量 *MC*	因变量 *MI*	因变量 *ME*	因变量 *FUL*
_ cons	−0.006*	−0.014	−0.081	0.023	0.073	0.007*
Prob > F	0.000	0.000	0.001	0.000	0.000	0.000

由表 7-9 中模型 41、模型 42，以及表 7-10 中模型 43—模型 48 可知，模型 41—模型 47 显示，全国整体的物流业发展质量对区域经济充分发展、资本、劳动、技术、消费、投资和出口具有显著正向影响；模型 48 显示，物流业发展质量、供给侧要素（资本、劳动、技术）、需求侧因素（消费、投资、出口）对区域经济充分发展水平具有显著正向影响，这与模型 33—模型 40 的分析结果基本一致，因此，全国整体的物流业发展质量对区域经济充分发展的分析结果是稳健的。

（三）总效应构成比例分析

依据模型 33—模型 40 中的相关系数可知，全国整体物流业发展质量对区域经济充分发展的总效应 c 为 0.694，直接效应 c' 为 0.328，占总效应中的比重为 50.54%；间接效应（总中介效应）$c - c'$ 为 0.321，占总效应比重为 49.46%，表明全国整体物流业发展质量对区域经济充分发展的影响中，直接效应和间接效应都发挥作用，但直接效应略高于间接效应；从全国整体物流业发展质量对区域经济充分发展的个别中介效应来看，资本中介效应 $a_1 b_1$ 为 0.081，劳动中介效应 $a_2 b_2$ 为 0.001，技术中介效应 $a_3 b_3$ 为 0.025；消费中介效应 $a_4 b_4$ 为 0.096，投资中介效应 $a_5 b_5$ 为 0.041，出口中介效应 $a_6 b_6$ 为 0.077，按照从大到小的顺序，资本、劳动、技术、消费、投资和出口的个别中介效应占间接效应（总中介效应）的比重分别为 25.32%、0.27%、7.82%、29.79%、12.81% 和 23.99%，按照从大到小的顺序，这六大个别中介占总中介效应的比重可排序为：消费、资本、出口、投资、技术、劳动。将全国整体的物流业发展质量对区域经济充分发展的总效应的构成比例反映在图形上，如图 7-7 所示。

由图 7-7 可以看出，全国整体的物流业发展质量对区域经济充分发展的

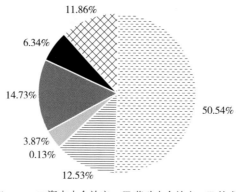

11.86%

6.34%

14.73%

3.87%

0.13%

12.53%

50.54%

⋰直接效应　　≡资本中介效应　■劳动中介效应　▨技术中介效应
■消费中介效应　■投资中介效应　◇出口中介效应

图 7-7　全国整体层次的总效应构成比例（个别中介）

总效应由直接效应和间接效应构成，直接效应占比 50.54%，间接效应占比 49.46%，直接效应略高于间接效应。按照在总效应中所占比重由大到小排序，直接效应和个别中介效应可排序为直接效应（50.54%）、消费中介效应（14.73%）、资本中介效应（12.53%）、出口中介效应（11.86%）、投资中介效应（6.34%）、技术中介效应（3.87%）、劳动中介效应（0.13%），直接效应占比最高，表明全国整体的物流业发展质量主要通过直接影响，驱动区域经济充分发展。

基于全国整体的资本中介效应、劳动中介效应、技术中介效应的数据，可加总计算出全国整体的供给侧中介效应为 0.107；基于全国整体的消费中介效应、投资中介效应、出口中介效应的数据，可加总计算出全国整体的需求侧中介效应为 0.214。直接效应、供给侧中介效应和需求侧中介效应在总效应中所占比例如图 7-8 所示。

由图 7-8 可知，全国整体的物流业发展质量驱动区域经济充分发展的总效应构成比例中，占比最大的是直接效应（50.54%），需求侧中介效应（32.93%）次之，最后是供给侧中介效应（16.53%），这表明物流业发展质量驱动区域经济充分发展首要通过直接影响，其次的路径是需求侧，最后才是供给侧，这或许与我国供给侧对经济充分发展的驱动性不足有关。

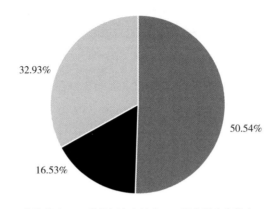

图 7-8　全国整体层次的总效应构成比例（供给侧、需求侧中介）

第四节　本章小结

本章采用一元并行多重中介模型对物流业发展质量影响区域经济充分发展的总效应进行了实证分析，主要结论是：物流业发展质量对区域经济充分发展具有显著驱动作用。具体来说：

就我国 30 个省域层次来说，物流业发展质量对区域经济充分发展的总效应，分为直接效应和间接效应，且以间接效应为主。物流业发展质量对区域经济充分发展的主要作用路径为需求侧中介效应，其次是供给侧中介效应，最后是直接效应。进一步细化分析发现，按照在总效应中所占比重由大到小排序，直接效应和个别中介效应可排序为消费中介效应（40.88%）、直接效应（25.63%）、资本中介效应（16.73%）、劳动中介效应（11.13%）、出口中介效应（5.58%）、投资中介效应（0.06%）、技术中介效应（0%）。可见，消费中介效应占比最高，这表明物流业发展质量对区域经济充分发展的驱动，主要是通过刺激消费的路径来完成的。

就我国四大板块层次来说，物流业发展质量对区域经济充分发展的总效应，由直接效应和间接效应构成，且直接效应大于间接效应。物流业发展质量驱动区域经济充分发展首要通过直接影响，其次的路径是需求侧，最后是供给侧。进一步细化分析发现，按照在总效应中所占比重由大到小排序，直接效应和个别中介效应可排序为直接效应（53.34%）、消费中介效应（21.27%）、资本中介效应（14.08%）、出口中介效应（5.42%）、投资中介效应（4.76%）、劳动中介效应（0.79%）、技术中介效应（0.33%）。可见，直接效应占比最高，即四大板块物流业发展质量对区域经济充分发展的驱动，主要是通过直接影响完成的。

就全国整体层次来说，物流业发展质量对区域经济充分发展的影响首先通过直接影响，然后是需求侧，最后是供给侧。细化分析发现，按照在总效应中所占比重由大到小排序，直接效应和个别中介效应可排序为直接效应（50.54%）、消费中介效应（14.73%）、资本中介效应（12.53%）、出口中介效应（11.86%）、投资中介效应（6.34%）、技术中介效应（3.87%）、劳动中介效应（0.13%）。可见，直接效应占比最高，这表明全国整体的物流业发展质量对区域经济充分发展的驱动，主要是通过直接影响完成的。

第八章　物流业发展质量对区际经济
平衡发展影响的实证分析

第六章和第七章对物流业发展质量影响区际经济互动发展、区域经济充分发展的情况进行了实证分析和检验。本章依据这两章的分析模式，对物流业发展质量影响区际经济平衡发展进行实证分析和检验。依据第三章物流业发展质量影响区际经济平衡发展的机理，物流业发展质量对区际经济平衡发展的影响可以分成直接影响和间接影响两个方面，也就是直接效应和间接效应，那么，物流业发展质量对区际经济平衡发展的直接效应如何？间接效应如何？总效应又如何？本章采用一元链式多重中介模型对我国 30 个省域、四大板块和全国整体三个层次的物流业发展质量对区际经济平衡发展的影响进行实证分析和检验。

第一节　计量模型构建

就物流业发展质量对区际经济平衡发展的影响有两方面：一方面，物流业发展质量可以直接对区际经济平衡发展产生影响；另一方面，物流业发展质量的提升可以通过促进收入均等化、消费平等化和基础设施均等化间接促进区际经济平衡发展，鉴于收入对消费的决定性作用，收入均等化又会促进消费的平等化，进而促进区际经济的平衡发展，如图 8-1 所示。

由图 8-1 可知，物流业发展质量既可以直接影响区际经济平衡发展，也可以通过收入均等化、消费平等化和基础设施均等化三个中介，间接影响区际经济平衡发展。直接效应用 c' 表示，a_1、a_2、a_3 分别代表物流业发展质量对收

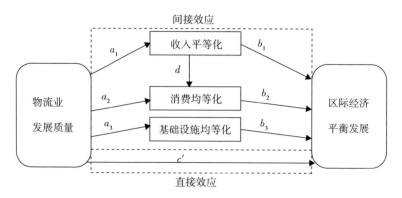

图 8-1　物流业发展质量对区际经济平衡发展的影响

入均等化、消费平等化和基础设施均等化三个中介的影响程度，b_1、b_2、b_3 分别代表三个中介对区际经济平衡发展的影响程度，d 表示收入平等化对消费均等化的影响程度。

依据机理分析及图 8-1，参考柳士顺和凌文辁（2009）的研究成果，本章设计回归模型如下：

模型 1：$BAL_{it} = \beta_0 + cLQ_{it} + \varphi D_{it} + \varepsilon_{it}$　　　　　　　　　　　　（8-1）

模型 2：$MIE_{it} = \beta_1 + a_1 LQ_{it} + \varphi D_{it} + \varepsilon_{it}$　　　　　　　　　　　（8-2）

模型 3：$MCE_{it} = \beta_2 + a_2 LQ_{it} + dMIE_{it} + \varphi D_{it} + \varepsilon_{it}$　　　　　（8-3）

模型 4：$MII_{it} = \beta_3 + a_3 LQ_{it} + \varphi D_{it} + \varepsilon_{it}$　　　　　　　　　　　（8-4）

模型 5：$BAL_{it} = \beta_4 + c'LQ_{it} + b_1 MIE_{it} + b_2 MCE_{it} + b_3 MII_{it} + \varphi D_{it} + \varepsilon_{it}$

（8-5）

其中，BAL 代表区际经济平衡发展水平，即因变量，i 代表区域（我国 30 个省域、四大板块、全国整体），t 代表时间，LQ 代表物流业发展质量，即自变量，D 为控制变量，MIE、MCE 和 MII 分别代表收入均等化、消费平等化和基础设施均等化程度三个中介变量，ε 为随机干扰项。

模型 1 用以检验物流业发展质量对区际经济平衡发展的总效应，系数 c 代表自变量 LQ 的系数，即物流业发展质量对区际经济平衡发展的总体影响程度；模型 2、模型 3 和模型 4 用以检验中介效应，即对系数 a_1、a_2、a_3、d 进行估计，检验自变量 LQ 对中介变量的影响程度；在模型 5 中，LQ 的系数 c' 为直接效应，衡量着物流业发展质量对区际经济平衡发展的直接影响的程度，b_1、b_2、b_3 衡量着 *MIE*、*MCE* 和 *MII* 这三个中介变量对区际经济平衡发展的影响程度。当系数为负值时，其绝对值表示相应的影响程度。

需要说明的是，依据凯恩斯消费理论，收入与消费的关系是：收入决定消费，随着收入的增加，消费也会增加，但消费增加不及收入增加的多。因此，收入均等化会对消费平等化造成影响，模型 3 中，系数 d 反映了收入均等化对消费平等化的影响程度。

就个别中介效应来说，收入均等化 *MIE* 的中介效应为 $a_1 \times b_1$，消费平等化 MCE 的中介效应为 $(a_2 \times b_2 + a_1 \times d \times b_2)$，基础设施均等化的中介效应为 $a_3 \times b_3$，物流业发展质量对区际经济平衡发展的间接效应（总中介效应）为 $(a_1 b_1 + a_2 b_2 + a_1 b_2 d + a_3 b_3)$ 或 $c - c'$。个别中介效应在间接效应（总中介效应）中所占比重 P_i 可分别表示为

$$P_{MIE} = \frac{a_1 b_1}{a_1 b_1 + a_2 b_2 + a_1 b_2 d + a_3 b_3} = \frac{a_1 b_1}{c - c'} \tag{8-6}$$

$$P_{MCE} = \frac{a_2 b_2 + a_1 b_2 d}{a_1 b_1 + a_2 b_2 + a_1 b_2 d + a_3 b_3} = \frac{a_2 b_2 + a_1 b_2 d}{c - c'} \tag{8-7}$$

$$P_{MII} = \frac{a_3 b_3}{a_1 b_1 + a_2 b_2 + a_1 b_2 d + a_3 b_3} = \frac{a_3 b_3}{c - c'} \tag{8-8}$$

个别中介效应在总效应中所占比重，可用个别中介效应与总效应 c 之比得到，此处不再列出。间接效应（总中介效应）在总效应中的占比 P_M 可用公式计算得出：

$$P_M = \frac{a_1 b_1 + a_2 b_2 + a_1 b_2 d + a_3 b_3}{c} \tag{8-9}$$

利用个别中介效应占间接效应的比重公式，即公式（8-6）、公式（8-7）和公式（8-8）可对间接效应的构成比例进行分析，由间接效应占比公式（8-9）可对直接效应和间接效应的对比情况进行分析，可以对直接效应和所有个别中介效应占总效应的比例构成进行计算，进而对总效应、中介路径进行系统分析和评价。

尼霍夫（Niehoff，2005）认为一元并行多重中介模型指的是由一个自变量

和一个因变量，但有多个中介变量同时在自变量和因变量之间起中介作用的模型；链式多重中介模型指的是中介变量间出现顺序特征，或因果特征，形成中介链的模型。将既有一元并行多重中介效应，又有链式多重中介效应的模型叫作一元链式多重中介模型，这类模型里既有并行中介，也有链条式中介，属于复合型的中介模型类型，本章选取中介效应模型中的链式多重中介模型对物流业发展质量对区际经济平衡发展的影响进行实证分析和检验。

第二节　变量选取及数据来源

一、变量选取

（一）因变量

因变量（被解释变量）是区际经济平衡发展水平，我国 30 个省域、四大板块和全国整体的区际经济平衡发展水平用代码 *BAL* 来表示，数据来源于第五章区际经济平衡发展水平的测度数据。

（二）自变量

自变量（解释变量）为物流业发展质量，用代码 *LQ* 来表示，我国 30 个省域、四大板块和全国整体的数据均来源于第四章物流业发展质量的测度数据。

（三）中介变量

选取收入均等化、消费平等化和基础设施均等化作为中介变量，分别采用库兹涅茨比率、极差法、熵值法对收入均等化、消费平等化和基础设施均等化程度进行测度。

1. 收入均等化的测度

库兹涅茨比率是库兹涅茨在研究经济增长水平与收入分配关系时提出的测度收入分配差距的一种方法，借鉴赵丹和王涛（2016）的研究成果，采用库兹涅茨比率对收入均等化进行测度，其公式为

$$R = \sum_{i=1}^{n} |y_i - p_i| \qquad\qquad (8-10)$$

其中，R 为库兹涅茨比率，y_i 为 i 区域的收入比重，p_i 为 i 区域的人口比重，库兹涅茨比率 R 越大，表示收入差距越大，反之，收入差距越小。

1998—2017 年，省域所辖市、区、盟、自治州人均可支配收入数据的缺失严重，因此，借鉴吴殿廷等（2003）采用人均 GDP 对区域差异的研究成果，采用人均 GDP 比重进行替代，人口比重采用常住人口比重。测度思路为：首先，采用省域所辖市、区、盟、自治州的数据可得到省域的库兹涅茨比率；其次，采用四大板块所辖省域的人均 GDP 比重和人口比重计算得到四大板块的库兹涅茨比率；最后，采用四大板块人均 GDP 比重和人口比重计算得到全国整体的库兹涅茨比率（亦可采用我国 30 个省域数据计算，二者测度结果相同）。

2. 消费平等化的测度

鉴于省域所辖行政区居民消费水平数据的缺乏，无法采用基尼系数、泰尔指数等相对差异的核算方法，借鉴史修松（2013）的研究成果，采用极差法对消费平等化程度进行测度，其公式为

$$MCE = |Con_i - \overline{Con}| \qquad\qquad (8-11)$$

其中，MCE 代表消费平等化程度，Con 代表区域消费水平，$\overline{Con}$ 代表全国 30 个省域均值，i 代表区域，由极差公式可知，极差衡量的是区域消费水平与全国平均水平的差异程度。对消费平等化的测度思路为：首先，采用消费极差法计算出 30 个省域的消费平等化程度；其次，采用四大板块所辖省域的消费平等化程度，加权平均后得到四大板块的值，采用各省份的地区生产总值占全国 GDP 的比重作为权重；最后，将 30 个省域的消费平等化程度用加权平均法计算全国整体的消费平等化程度，权重依旧选择各省份地区生产总值占全国 GDP 的比重。

3. 基础设施均等化的测度

基础设施主要包括交通、邮电、供水供电、环境卫生等，借鉴李艳（2017）、胡税根和叶安丽（2011）的研究成果，从公共交通、邮电通信、水

电供应和环境卫生四个方面构建基础设施均等化评价指标体系,对基础设施均等化的综合水平进行测度,如表8-1所示。

表8-1 基础设施均等化评价指标体系

一级指标	二级指标
公共交通	人均道路面积(平方米)
	每万人拥有的公共交通车辆(辆)
邮电通信	人均邮电业务总量(元)
	互联网普及率(%)
水电供应	城市用水普及率(%)
	人均电力消费(万千瓦时)
环境卫生	人均公园绿地面积(平方米)
	城市污水处理率(%)

基于表8-1的基础设施均等化评价指标体系,首先,采用熵值法对我国30个省域的基础设施均等化的综合水平进行测度;其次,基于省域数据,采用加权平均法求出四大板块的基础设施综合水平,权重为省域地区生产总值占全国GDP的比重;最后,基于省域数据,采用加权平均法计算出全国整体的基础设施均等化的综合水平,权重为省域地区生产总值占全国GDP的比重。

(四)控制变量

第六章在对物流业发展质量对区际经济互动发展水平影响的实证分析中,选取了经济增长水平、固定资产投资水平、人口数量、技术创新能力、对外开放程度、市场化程度和财政支出水平作为控制变量,为保持章节中的一致性,本章也将这些变量作为控制变量。

1. 经济增长水平

经济增长水平对区际经济平衡发展具有重要影响,一方面,经济增长水平越高的国家和地区,越有能力对区域差异进行调节;另一方面,经济增长水平越高的国家和地区,越有经济实力对落后区域进行"人、财、物"的倾斜和转移支付，同时，先发区域越能够对后发区域产生溢出效应，比如技术溢出、人才溢出和知识溢出等。

2. 固定资产投资水平

依据宏观经济理论，投资是拉动经济增长的"三驾马车"之一，落后区域的固定资产投资水平越高，越能够促进其经济增长，进而缩小区域差异，促进区际经济的平衡发展；固定资产投资水平越高，基础设施越完善，越能促进区域之间交流互动，进而促进区际经济的平衡发展。

3. 人口数量

人口数量对区际经济平衡发展的影响表现在两个方面：一方面，人口数量越多，越容易形成集聚，造成极化效应，扩大区域差异，进而造成区际经济发展的不平衡；人口数量越多，人口基数越大，产业更倾向于劳动密集型，或许会造成产业间的区际差异，造成区际经济的不平衡；国民收入一定的情况下，人口基数越大，消费越多，积累越少，造成技术、教育等的投入不足及低水平的贫困等，造成区际发展动力的差异，因此，人口数量对区际经济平衡发展可能有负向影响。另一方面，人口数量越多，人口流动和迁移的基数越大，进而造成区际经济的平衡发展。因此，人口数量对区际经济平衡发展具有双向影响。

4. 技术创新能力

技术创新能力可能对区际经济平衡发展产生双向影响，一方面，技术创新能力能够产生乘数效应和极化效应，造成先发区域与后发区域区际经济差异的扩大；另一方面，技术创新能力通过扩散效应、学习和模仿效应，使后发区域能够较快赶上先发区域，进而形成区际经济的平衡发展。

5. 对外开放程度

对外开放程度的提升有利于要素的集中和资源的优化配置，扩大市场范围，促进区际之间的互联互通，进而促进区际经济的平衡发展；与此同时，对外开放程度越高的区域，对外经济联系越强，通常发展也越快，这又可能造成区域差距的扩大。

6. 市场化程度

西方经济理论认为，市场经济是能够实现帕累托最优状态的一种资源配置方式，市场化程度越高的区域，越能带来区域经济效益的提升，进而造成区域差距的扩大，造成区际经济发展的不平衡；与此同时，市场化程度越高，区域间的学习效应及溢出效应越强，或会造成区际经济的平衡发展。

7. 财政支出水平

财政支出通常分为购买性支出和转移性支出，转移性支出主要用以调节收入分配，提升公共服务水平，促进社会公平，增强落后区域的收入水平及发展能力，有利于对区域差距进行调节，促进区际经济的平衡发展。

涉及的因变量、自变量、三个中介变量和七个控制变量的含义、衡量指标，及代码如表8-2所示。

表8-2 变量选取

变量名	变量含义	衡量指标	代码
因变量	区际经济平衡发展	区际经济平衡发展水平	BAL
自变量	物流业发展质量	物流业发展质量	LQ
中介变量	收入均等化	收入库兹涅茨比率	MIE
	消费平等化	消费极差值	MCE
	基础设施均等化	基础设施均等化综合水平	MII
控制变量	经济增长水平	GDP	GDP
	固定资产投资额	全社会固定资产投资额	INVE
	人口数量	常住人口数量	POPU
	技术创新能力	技术市场成交额	TECH
	对外开放程度	进出口总额	OPEN
	市场化程度	非国有化率	MARK
	财政支出水平	财政支出总额	FINA

二、数据来源

区际经济平衡发展水平数据来源于第五章区际经济平衡发展水平的测度结果；物流业发展质量数据来源于第四章物流业发展质量的测度结果；其余变量

数据来源于 1999—2018 年《中国统计年鉴》和我国省域统计年鉴。为消除数据间的大小不一及可能的共线性或异方差问题，继续沿用上一章的数据处理方法，即对所有变量数据取自然对数，并按照中介效应模型要求，对所有变量数据进行去中心化处理。

第三节 实证结果分析

本部分的实证思路是：从我国 30 个省域、四大板块和全国整体三个层次出发，对物流业发展质量影响区际经济平衡发展的总效应、间接效应（总中介效应）和直接效应进行分析，每个层次都按照中介效应模型的实证检验顺序进行分析，即首先对物流业发展质量影响区域经济平衡发展的总效应进行分析，求出 c 值；其次，对个别中介效应进行分析，检验间接效应（总中介效应）是否显著；最后，对总效应的构成比例进行分析和评价。

一、我国 30 个省域层次的实证结果分析

（一）总体分析

采用 Stata15 软件对我国 30 个省域的物流业发展质量影响区际经济平衡发展的总效应、间接效应（总中介效应）和直接效应进行分析。回归结果如表 8-3 所示。

表 8-3　我国 30 个省域层次的回归结果

自变量	模型 1	模型 2	模型 3	模型 4	模型 5
	因变量 *BAL*	因变量 *MIE*	因变量 *MCE*	因变量 *MII*	因变量 *BAL*
LQ	0.753***	0.198***	0.505*	-0.267***	0.268***
MIE			0.113**		0.664*
MCE					0.437*
MII					0.461**
GDP	0.046*	0.016***	0.283***	0.252*	0.004*

续表

自变量	模型 1	模型 2	模型 3	模型 4	模型 5
	因变量 *BAL*	因变量 *MIE*	因变量 *MCE*	因变量 *MII*	因变量 *BAL*
INVE	-0.082^{**}	0.996^{***}	-0.012	-0.030	-0.064^{*}
POPU	0.003	0.092^{***}	-0.449^{***}	0.164^{***}	-0.148
TECH	0.040^{*}	-0.307^{***}	0.008	0.013	0.042^{*}
OPEN	0.084^{*}	-0.214^{**}	0.016	0.104^{**}	0.059^{*}
MARK	-0.155^{***}	-0.185	0.016	0.073	-0.121^{***}
FINA	0.075^{**}	0.022^{*}	0.166^{***}	0.085^{*}	0.014^{***}
_ cons	-0.084^{***}	0.268^{***}	-0.016	-0.018	-0.087
Prob> F	0.000	0.000	0.000	0.000	0.000

由表 8-3 可知，模型 1—模型 5 反映了物流业发展质量对区际经济平衡发展的总影响、物流业发展质量对三大中介变量的影响、物流业发展质量和三大中介变量对区际经济平衡发展的影响。具体来说：

一是物流业发展质量对区际经济平衡发展的总影响。由模型 1 可以看出，物流业发展质量在 1%显著性水平上显著为正，表明物流业发展质量能够有效促进区际经济平衡发展。控制变量中，经济增长水平、技术创新能力、对外开放水平和财政支出水平都通过了显著性检验，且系数为正，表明这些因素与区际经济平衡发展水平具有显著正向相关关系，这些因素的提升都能够驱动区际经济平衡发展；固定资产投资水平和市场化程度通过检验，但系数为负，这表明固定资产投资水平和市场化程度的提升并未带来区际经济的平衡发展，或许与落后区域投资不足、市场化程度不足及二者对经济效率的作用超过公平有关；人口数量没有通过显著性检验，这表明研究时段内，人口数量对区际经济平衡发展没有显著影响。

二是物流业发展质量对收入均等化的影响。由模型 2 可以看出，物流业发展质量通过了 1%显著性水平检验，系数为 0.198，表明物流业发展质量能够促进收入均等化程度。控制变量中，经济增长水平、固定资产投资水平、人口数量和财政支出水平都通过了显著性检验，且系数为正，这表明这些因素与收入均等化具有显著正向相关关系，这些因素的提升能够促进收入均等化；技术创新能力和对外开放程度通过了显著性检验，但系数为负，表明技术创新能力和对外开放程度与收入均等化呈现显著负相关，或许与技术创新能力和对外开放程度促进效率的作用高于促进公平有关。

三是物流业发展质量对消费平等化的影响。由模型3可以看出，物流业发展质量通过了10%显著性水平检验，且系数显著为正，这表明物流业发展质量能够有效促进消费平等化程度的提升。收入均等化程度通过了5%显著性水平检验，表明收入均等化程度能够显著促进消费平等化程度的提升，模型3中，收入均等化对消费平等化确实存在链式促进。控制变量中，经济增长水平和财政支出水平通过了显著性检验，且系数为正，表明这些因素能有效促进消费平等化程度的提升；人口数量系数显著为负，表明人口数量的增加并没有促进消费平等化程度的提升。

四是物流业发展质量对基础设施均等化的影响。由模型4可以看出，物流业发展质量通过了1%显著性水平检验，但系数为负，表明物流业发展质量的提升并没有显著促进基础设施均等化水平的提升，而是促进了基础设施区域差距的拉大。控制变量中，经济增长水平、人口数量、对外开放程度和财政支出水平通过了显著性检验，且系数为正，表明这些因素能有效促进基础设施均等化水平的提升。

五是物流业发展质量、三大中介变量对区际经济平衡发展的影响。由模型5可以看出，物流业发展质量、收入均等化、消费平等化、基础设施均等化均通过了显著性水平检验，且系数显著为正，这表明物流业发展质量、收入均等化、消费平等化、基础设施均等化能够显著促进区际经济平衡发展。控制变量中，经济增长水平、技术创新能力、对外开放程度和财政支出水平通过了显著性检验，且系数为正，表明三者能够显著促进区际经济平衡发展；固定资产投资水平、市场化水平通过了显著性检验，但系数为负，或许与这些因素能够驱动区域发展效率，而非区际公平有关，人口数量没有通过显著性检验，表明人口数量对区际经济平衡发展没有显著影响。

（二）稳健性检验

为保证分析的稳健性，采用滞后一期的物流业发展质量、滞后一期的收入平等化程度、滞后一期的消费平等化程度、滞后一期的基础设施均等化水平对自变量和中介变量进行替代，结果如表8-4所示。

表8-4　我国30个省域层次的稳健性检验

自变量	模型 6	模型 7	模型 8	模型 9	模型 10
	因变量 BAL	因变量 MIE	因变量 MCE	因变量 MII	因变量 BAL
LQ	0.545***	0.246*	0.469***	−0.305***	0.174***
MIE_{t-1}			0.219***		0.506*
MCE_{t-1}					0.432**
MII_{t-1}					0.068**
GDP	0.079***	0.097**	0.405***	0.038**	0.076*
INVE	−0.007**	0.574***	−0.030**	−0.103**	−0.068*
POPU	−0.010	0.519***	−0.401***	0.265***	−0.148
TECH	0.039*	−0.050	0.003***	−0.028	0.040*
OPEN	0.061**	0.137	0.089***	0.044	0.045*
MARK	−0.120*	−0.193	0.017	−0.002	−0.109***
FINA	0.036**	−0.174*	−0.275***	0.172***	0.007*
_ cons	−0.081*	0.104	−0.062	0.057	−0.072
Prob> F	0.000	0.000	0.000	0.000	0.000

由表8-4可知，模型6—模型10与模型1—模型5相比，某些变量系数存在大小或正负差异，但核心变量之间太大变化，因此，可以认为分析结果是稳健的。

（三）总效应构成比例分析

依据表8-3中的相关系数可知，物流业发展质量对区际经济平衡发展的总效应 c 为0.753，直接效应 c' 为0.268，占总效应比重为35.59%；从间接效应或中介效应来看，因 a_3 为负值，需要加绝对值进行分析。间接效应（总中介效应）（$a_1b_1 + a_2b_2 + a_1b_2d + |a_3b_3|$）或 $c - c'$ 为0.485，占总效应比重为

64.41%，间接效应占比大于直接效应，这表明物流业发展质量对区际经济平衡发展的促进作用分为直接效应和间接效应两种，且主要通过间接效应。从个别中介效应来看，收入均等化的中介效应 $a_1 b_1$ 为 0.131，消费平等化的中介效应 $(a_2 \times b_2 + a_1 \times d \times b_2)$ 为 0.230，基础设施均等化的中介效应 $|a_3 b_3|$ 为 0.123，三个个别中介效应占总中介效应的比重分别为 27.11%、47.52%、25.37%，按照个别中介效应占总中介效应的比重排序，三个中介效应按照从大到小可排序为消费平等化、收入均等化、基础设施均等化。

基于表 8-3 的相关数据，物流业发展质量对区际经济平衡发展的总效应的构成比例如图 8-2 所示。

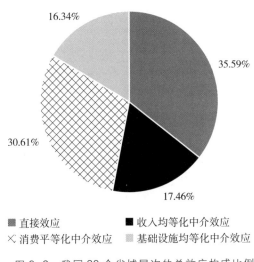

图 8-2　我国 30 个省域层次的总效应构成比例

由图 8-2 可以看出，我国省域物流业发展质量对区际经济平衡发展的影响分为直接效应和间接效应（总中介效应），直接效应占比 35.59%，收入均等化中介效应占总效应比重为 17.46%、消费平等化中介效应占比 30.61%、基础设施均等化中介效应占比 17.46%，表明我国省域物流业发展质量对区际经济平衡发展的驱动效应可分为直接效应和间接效应，但以间接效应为主，在间接效应中，省域物流业发展质量对区际经济平衡发展的主要影响路径是消费平等化。

二、我国四大板块层次的实证结果分析

（一）总体分析

依据 1998—2017 年的相关数据，采用 Stata15 软件对我国四大板块的物流业发展质量影响区际经济平衡发展的总效应、间接效应（总中介效应）和直接效应进行分析。结果如表 8-5 所示。

表 8-5　我国四大板块层次的回归结果

自变量	模型 11 因变量 BAL	模型 12 因变量 MIE	模型 13 因变量 MCE	模型 14 因变量 MII	模型 15 因变量 BAL
LQ	0.492*	0.227***	0.255***	−0.110***	0.130***
MIE			0.046*		0.283**
MCE					0.977**
MII					0.339**
GDP	0.058***	0.350***	0.051*	0.262*	0.145*
INVE	0.812***	0.252	0.097***	0.185*	0.589**
POPU	−0.406	0.092	−0.255***	0.197**	0.248
TECH	0.320*	−0.103***	−0.059**	0.012***	0.156*
OPEN	0.851***	−0.148**	−0.269***	0.029**	0.033**
MARK	−0.155***	−0.258**	−0.096**	0.066*	−0.166*
FINA	0.610***	0.323***	0.013**	0.396***	0.335**
_cons	−0.081***	0.091	−0.002	−0.065	−0.083
Prob> F	0.000	0.000	0.000	0.000	0.000

由表 8-5 可知，模型 11—模型 15 反映了四大板块层次的物流业发展质量对区际经济平衡发展的总影响、物流业发展质量对三大中介变量的影响、物流业发展质量和三大中介变量对区际经济平衡发展的影响。具体来说：

一是物流业发展质量对区际经济平衡发展的总影响。由模型 11 可以看出，物流业发展质量通过了 10% 显著性水平检验，且系数为正，这表明四大板块的物流业发展质量能够有效促进板块的区际经济平衡发展。控制变量中，经济

增长水平、固定资产投资水平、技术创新能力、对外开放程度和财政支出水平通过了显著性检验，且系数为正，表明这些因素与区际经济平衡发展具有显著正向相关关系，市场化程度通过显著性检验，但系数为负，表明市场化程度与区际经济平衡发展具有显著负向相关关系，这或许是因为其对区域发展效率的促进作用远高于对区际公平的促进作用，即对区域经济充分发展的驱动作用高于区际经济平衡发展有关。

二是物流业发展质量对收入均等化的影响。由模型 12 可以看出，物流业发展质量通过了 1% 显著性水平检验，系数显著为正，表明物流业发展质量能够促进收入均等化程度的提升。控制变量中，经济增长水平和财政支出水平都通过了显著性检验，且系数为正，表明二者与收入均等化程度具有显著正向相关关系；技术创新能力、对外开放程度和市场化程度通过了显著性检验，但系数为负，表明三者对收入均等化有显著负相关。

三是物流业发展质量对消费平等化的影响。由模型 13 可以看出，物流业发展质量通过了 1% 显著性水平检验，且系数显著为正，表明物流业发展质量能够有效促进消费平等化水平的提升；收入均等化通过了显著性检验，且显著为正，表明收入均等化与消费平等化具有正向相关关系；控制变量中，经济增长水平、固定资产投资水平和财政支出水平通过了显著性检验，且系数为正，表明这些因素能有效促进消费平等化程度的提升；人口数量、技术创新能力、对外开放程度和市场化程度通过了检验，但系数为负，表明三者对消费平等化有显著负相关。

四是物流业发展质量对基础设施均等化的影响。由模型 14 可以看出，物流业发展质量通过了 1% 显著性水平检验，但系数为负，表明物流业发展质量的提升没有促进基础设施均等化水平的提升，物流业高质量发展扩大了区际基础设施的区域差距，这或许与大城市、发达区域物流业发展效率更高有关。模型中所有控制变量通过了显著性检验，且系数均为正，表明这些因素能够驱动基础设施均等化水平的提升。

五是物流业发展质量、三大中介变量对区际经济平衡发展的影响。由模型 15 可知，物流业发展质量、收入均等化、消费平等化、基础设施均等化均通过了显著性水平检验，且系数显著为正，表明物流业发展质量、收入均等化、消费平等化、基础设施均等化程度能够显著促进区际经济平衡发展。控制变量中，经济增长水平、固定资产投资水平、技术创新能力、对外开放程度和财政支出水平通过了显著性检验，且系数为正，表明这些因素能够显著促进区际经济平衡发展；市场化程度通过了检验，但系数为负，表明其对区际经济平衡发展没有显著性促进作用。

（二）稳健性检验

为了检验四大板块物流业发展质量对区际经济平衡发展的影响的稳健性，分别选取物流业发展质量滞后一期的值、中介变量滞后一期的值对物流业发展质量和三个中介变量进行替代，结果如表8-6所示。

表8-6　我国四大板块层次的稳健性检验

自变量	模型 16 因变量 BAL	模型 17 因变量 MIE	模型 18 因变量 MCE	模型 19 因变量 MII	模型 20 因变量 BAL
LQ	0.298 ***	0.173 *	0.052 *	−0.099 *	0.724 ***
MIE_{t-1}			0.039 *		0.192 *
MCE_{t-1}					0.657 *
MII_{t-1}					0.583 ***
GDP	0.045 ***	0.478	0.054	0.480 *	0.029 *
INVE	0.562 **	−0.084	0.119 *	−0.312 *	0.593 *
POPU	−0.601 ***	0.342 ***	−0.919 **	0.185 *	−0.493 *
TECH	0.219 **	−0.070	0.014	−0.004	0.269 ***
OPEN	0.726 ***	−0.028	0.208 ***	−0.261 **	0.561 ***
MARK	−0.939 ***	0.001	−0.252	0.449 **	−0.837 ***
FINA	0.915 ***	0.955 *	−0.112 ***	−0.043	0.614 *
_ cons	0.072	0.068	0.002	0.091	0.072
Prob> F	0.000	0.000	0.000	0.000	0.000

由表8-6可知，模型16—模型20与模型11—模型15相比，虽然系数存在差异，但核心变量和中介变量间关系没有发生根本性变化，因此，分析结果

基本是稳健的。

(三) 总效应构成比例分析

依据表 8-5 中的相关系数可知，我国四大板块物流业发展质量对区际经济平衡发展的总效应 c 为 0.492，直接效应 c' 为 0.13，占总效应比重为 26.42%；从间接效应或中介效应来看，间接效应（总中介效应）($a_1b_1 + a_2b_2 + a_1b_2d + |a_3b_3|$) 或 $c - c'$ 为 0.362，占总效应比重为 73.58%，间接效应占比大于直接效应，表明物流业发展质量对区际经济平衡发展的促进作用分为直接效应和间接效应两种，且主要通过间接效应。从个别中介效应来看，收入均等化的中介效应 a_1b_1 为 0.064，消费平等化的中介效应 ($a_2 \times b_2 + a_1 \times d \times b_2$) 为 0.259，基础设施均等化的中介效应 $|a_3b_3|$ 为 0.038，三个个别中介效应占总中介效应的比重分别为 17.75%、71.64%、10.61%，按照个别中介效应占总中介效应的比重排序，三个中介效应按照从大到小可排序为消费平等化、收入均等化、基础设施均等化，其中，基础设施均等化起到的是负向的中介效应。说明我国四大板块物流业发展质量通过促进消费平等化，进而促进区际经济平衡发展的效应比较突出。

基于表 8-5 中相关数据，物流业发展质量对区际经济平衡发展的总效应的构成比例如图 8-3 所示。

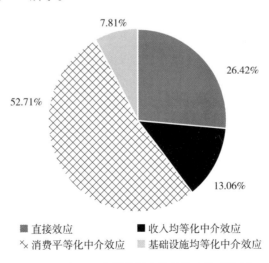

图 8-3　我国四大板块层次的总效应构成比例

由图 8-3 可以看出，我国四大板块物流业发展质量对区际经济平衡发展的影响分为直接效应和间接效应（总中介效应），直接效应占比 26.42%、收入均等化中介效应占比 13.06%，消费平等化中介效应占比 52.71%，基础设施均等化中介效应占比 7.81%，表明四大板块物流业发展质量对区际经济平衡发展的影响主要是间接的，且主要路径是消费均等化。

三、全国整体层次的实证结果分析

（一）总体分析

基于 1998—2017 年全国整体层次的相关数据，采用 Stata15 软件对全国整体的物流业发展质量影响区际经济平衡发展的总效应、间接效应（总中介效应）和直接效应进行分析，结果如表 8-7 所示。

表 8-7　全国整体层次的回归结果

自变量	模型 21 因变量 BAL	模型 22 因变量 MIE	模型 23 因变量 MCE	模型 24 因变量 MII	模型 25 因变量 BAL
LQ	0.622*	0.158*	0.379*	0.804*	0.187*
MIE			0.178*		0.715*
MCE					0.671**
MII					0.061**
GDP	0.079**	0.350	0.162*	0.116*	0.069**
INVE	−0.302*	0.024***	0.181***	−0.679*	0.261**
POPU	−0.029	0.182*	−0.117	0.119	0.154
TECH	0.302*	−0.071**	0.009	0.220***	0.112*
OPEN	0.172*	−0.029**	0.038*	0.442**	0.337**
MARK	−0.118**	0.221*	0.029	0.856**	−0.048*
FINA	0.572***	0.025*	−0.077**	0.056*	0.202***
_ cons	−0.068	0.001	−0.005	−0.085	−0.064
Prob> F	0.000	0.000	0.001	0.003	0.000

由表 8-7 可知，模型 21—模型 25 反映了全国整体层次的物流业发展质量

对区际经济平衡发展的总影响、物流业发展质量对三大中介变量的影响、物流业发展质量和三大中介变量对区际经济平衡发展的影响。具体来说：

一是物流业发展质量对区际经济平衡发展的总影响。由模型 21 可知，全国整体物流业发展质量在 10% 显著性水平上显著为正，表明物流业发展质量能够有效促进区际经济平衡发展。控制变量中，经济增长水平、技术创新能力、对外开放程度和财政支出水平都通过了显著性检验，且系数为正，表明这些因素与区际经济平衡发展水平具有显著正向相关关系，这些因素的提升都能够驱动区际经济平衡发展；固定资产投资水平和市场化程度通过了显著性检验，但系数为负，表明这些因素与区际经济平衡发展显著负相关，这或许与这些因素更多有利于效率有关。

二是物流业发展质量对收入均等化的影响。由模型 22 可以看出，物流业发展质量通过了 10% 显著性水平检验，系数为正，这表明全国整体的物流业发展质量能够促进收入均等化程度的提升；控制变量中，固定资产投资水平、人口数量、市场化程度和财政支出水平通过了显著性检验，且系数为正，表明这些因素与收入平等化具有显著正向相关关系；技术创新能力和对外开放程度通过了检验，但系数为负，表明二者与收入均等化程度为显著负相关关系。

三是物流业发展质量对消费平等化的影响。由模型 23 可以看出，物流业发展质量通过了 10% 显著性水平检验，且系数显著为正，表明物流业发展质量能够有效促进消费均等化程度的提升；收入均等化系数显著为正，表明收入均等化与消费均等化确实存在链式中介关系；控制变量中，经济增长水平、固定资产投资水平、技术创新能力和对外开放程度的系数显著为正，表明这些因素是消费均等化程度的重要驱动因素。

四是物流业发展质量对基础设施均等化的影响。由模型 24 可以看出，物流业发展质量通过了 10% 显著性水平检验，且系数为正，表明物流业发展质量的提升能够显著促进基础设施均等化。控制变量中，经济增长水平、人口数量、技术创新能力、对外开放程度、市场化程度和财政支出水平通过了显著性检验，且系数为正，表明这些因素是驱动全国整体基础设施均等化程度的重要因素。

五是物流业发展质量、三大中介变量对区际经济平衡发展的影响。由模型
25可以看出，在全国整体层面上，物流业发展质量、收入均等化、消费均等
化、基础设施均等化程度均通过了显著性水平检验，且系数显著为正，表明物
流业发展质量、收入均等化、消费均等化、基础设施均等化程度能够显著驱动区
际经济平衡发展。控制变量中，经济增长水平、固定资产投资水平、技术创新能
力、对外开放程度、财政支出水平系数显著为正，表明这些因素能够显著驱动区
际经济平衡发展；市场化水平通过了检验，但系数为负，表明其对区际经济平衡
发展没有显著促进作用，这或许与全国整体的市场化更注重经济效率有关。

（二）稳健性检验

为了检验全国整体物流业发展质量对区际经济平衡发展的影响的稳健性，
选取滞后一期物流业发展质量、滞后一期中介变量分别对物流业发展质量和三
个中介变量进行替代，结果如表8-8所示。

表8-8　全国整体层次的稳健性检验

自变量	模型26 因变量 BAL	模型27 因变量 MIE	模型28 因变量 MCE	模型29 因变量 MII	模型30 因变量 BAL
LQ_{t-1}	0.679*	0.053**	0.142**	0.332*	0.193*
MIE_{t-1}			0.009*		0.533**
MCE_{t-1}					0.008**
MII_{t-1}					0.052**
GDP	0.004**	−0.002*	0.363	0.140***	0.246*
INVE	−0.145*	0.321***	0.103***	−0.546*	0.690*
POPU	0.134	0.556*	−0.679	0.124*	−0.882
TECH	0.670***	−0.140	0.061	0.519**	0.430*
OPEN	0.092*	−0.312**	−0.061*	0.312*	0.283**
MARK	−0.101*	0.366**	0.044	0.415***	−0.014*
FINA	0.345**	0.061*	−0.312**	0.101*	0.178***
_cons	−0.031	0.025	−0.007	−0.085	0.007
Prob> F	0.009	0.000	0.001	0.000	0.000

由表8-8可知，模型26—模型30与模型21—模型25相比，核心变量、中介变量的结果基本一致。

（三）总效应构成比例分析

依据表8-7中的相关系数可知，物流业发展质量对区际经济平衡发展的总效应 c 为0.622，直接效应 c' 为0.187，占总效应中的比重为30.06%；从间接效应或中介效应来看，间接效应（总中介效应）$c - c'$ 或（$a_1 b_1 + a_2 b_2 + a_1 b_2 d + a_3 b_3$）为0.435，占总效应比重为69.94%，间接效应占比大于直接效应，表明全国整体物流业发展质量对区际经济平衡发展的促进作用分为直接效应和间接效应两种，但主要通过间接效应。从个别中介效应来看，收入均等化的中介效应 $a_1 b_1$ 为0.113，消费平等化的中介效应（$a_2 \times b_2 + a_1 \times d \times b_2$）为0.273，基础设施均等化的中介效应 $a_3 b_3$ 为0.049，三个个别中介效应占总中介效应的比重分别为25.97%、62.80%、11.23%，按照个别中介效应占总中介效应的比重排序，三个中介效应按照从大到小可排序为消费平等化、收入均等化、基础设施均等化，说明全国整体层次的物流业发展质量主要通过促进消费平等化，进而促进区际经济的平衡发展的，即消费平等化是其主要中介和途径。全国整体层次的总效应构成比例如图8-4所示。

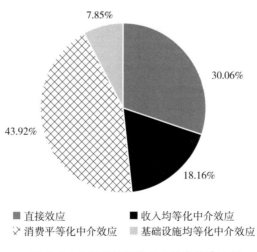

图8-4　全国整体层次的总效应构成比例

由图 8-4 可以看出，全国整体层次的物流业发展质量对区际经济平衡发展的影响分为直接效应和间接效应（总中介效应），直接效应占比 30.06%，收入均等化中介效应占比 18.16%，消费平等化中介效应占比 43.92%，基础设施均等化中介效应占比 7.85%，表明全国整体物流业发展质量对区际经济平衡发展的影响主要是间接的，且主要路径是消费平等化。

第四节　本章小结

本章采用一元链式多重中介模型对物流业发展质量影响区际经济平衡发展水平的效应进行实证分析，主要结论有：物流业发展质量能够显著驱动区际经济平衡发展。我国三大层次的物流业发展质量对区际经济平衡发展存在驱动效应，且驱动力主要来自间接驱动因素。收入均等化对消费平等化存在链式促进效应。具体而言：

就我国 30 个省域层次来说，物流业发展质量主要通过间接效应影响区际经济平衡发展。直接效应占总效应比重为 35.59%，间接效应占比 64.41%，进一步将直接效应与个别中介效应对比发现，首先是直接效应在总效应中占比最大，其次是消费平等化效应，最后是收入均等化效应，收入均等化对消费平等化存在链式促进效应。值得注意的是，物流业发展质量对基础基础设施均等化产生了消极影响，物流业发展质量的提升扩大了基础设施的区域差距。

就四大板块层次来说，物流业发展质量对区际经济平衡发展存在直接和间接的双重驱动效应，且以间接效应为主。物流业发展质量对区际经济平衡发展影响的主要路径首先是消费均等化，其次是直接路径，再次是收入均等化，最后是基础设施均等化，且收入均等化对消费平等化存在链式促进效应。

就全国整体层次来说，物流业发展质量对区际经济平衡发展存在直接和间接的双重驱动效应，且间接效应高于直接效应。物流业发展质量对区际经济平衡发展的影响路径首先是消费平等化，其次是直接路径，再次是收入均等化，最后是基础设施均等化。

第九章 物流业发展质量对区域经济
协调发展影响的实证分析

本书第三章从理论上研究了物流业发展质量对区际经济互动发展、区域经济充分发展和区际经济平衡发展的影响。那么，物流业发展质量对区域经济协调发展的总体效应如何？是否存在动态效应和长期效应？如果存在，动态效应如何？长期效应又如何？本章将对这些问题进行解答，即对我国物流业发展质量对区域经济协调发展的静态效应、动态效应和长期效应进行实证分析和检验。

第一节 计量模型构建

一、静态效应模型

Tobit 模型经济学家托宾（Tobin）在 1958 年提出的极大似然法（ML）的截取回归模型，用于因变量是受限变量的回归。鉴于区域经济协调发展度是 ［0，1］ 的截断数据，用 OLS 会导致伪回归问题，故选取 Tobit 模型对物流业发展质量对区域经济协调发展的影响进行实证分析，将物流业发展质量作为核心解释变量，将区域经济协调发展水平作为被解释变量，借鉴宫大鹏等（2015）的观点，建立 Tobit 回归模型如下：

$$C_{it} = \beta_0 + \beta_1 LQ_{it} + \varphi D_{it} + \varepsilon_{it} \tag{9-1}$$

其中，C 代表区域经济协调发展度，i 代表区域，t 代表时间，LQ 代表物流业发展质量，β_0、β_1、φ 为待估参数，D 代表控制变量，与第六章至第八章保持一致，选取经济增长水平、固定资产投资水平、人口数量、技术创新能力、对外开放程度、市场化程度和财政支出水平作为控制变量，分别用 GDP、全社会固定资产投资额、常住人口数量、技术市场成交额、进出口总额、非国有化率、财政支出总额来衡量，ε 为随机误差项。

二、动态效应模型

"路径依赖"效应的存在，会使当前区域经济协调发展水平受到前期经济协调发展水平的影响，为探究这种动态变化，在自变量中增加因变量滞后项纳入模型，借鉴姚先国和张海峰（2008）的研究成果，构建一阶滞后的动态面板回归模型如下：

$$C_{it} = \beta_0 + \rho C_{i,\,t-1} + \beta_1 LQ_{it} + \varphi D_{it} + \varepsilon_{it} \qquad\qquad (9-2)$$

其中，C 代表区域经济协调发展水平，i 代表区域，t 代表时间，LQ 代表物流业发展质量，D 代表控制变量，β_0、ρ、β_1、φ 为系数，ε 为随机误差项。

将因变量的滞后项加入模型后，计量估计中自变量的内生性问题增加、自变量与随机误差项的相关程度增加，因此，传统的 OLS 回归和固定效应模型回归都无法提供动态面板数据模型的有效估计量。动态面板数据广义矩估计法（General Method of Moment，GMM）可以有效地解决 OLS 和固定效应估计参数的有偏性和非一致性问题，也能有效解决内生性问题，是研究动态面板数据的较好选择。

阿雷利亚诺和邦德（Arellano，Bond，1991）最早提出差分广义矩估计（DIF-GMM）模型，将一阶差分滞后项作为工具变量进行估计，为解决差分 GMM 估计中存在的弱工具变量的问题，阿雷利亚诺和博韦尔（Arellano，Bover，1995）、布伦德尔和邦德（Blundell，Bond，2000）又提出了基于动态面板数据的系统 GMM（SYM-GMM）估计模型。系统 GMM 能够克服差分 GMM 的弱工具变量的局限，而且能够很好地解决内生性问题，且具有较好的稳健性，因此，本章选择系统 GMM 模型对动态面板数据进行分析。

第二节　变量选取及数据来源

一、变量选取

（一）因变量

因变量（被解释变量）是区域经济协调发展水平，用区域经济协调发展度予以量化，实证模型中用代码 C 来表示，我国 30 个省域的数据、四大板块数据、全国整体的数据均来源于第五章区域经济协调发展水平的测度值。

（二）自变量

自变量（解释变量）为物流业发展质量，在实证分析中用代码 LQ 来表示，我国 30 个省域数据、四大板块数据、全国整体数据均来源于第四章物流业发展质量的测度值。

（三）控制变量

与第六章至第八章保持一致，本章也选取经济增长水平、固定资产投资水平、人口数量、技术创新能力、对外开放程度、市场化程度和财政支出水平作为控制变量，这些控制变量对区域经济协调发展的影响机理如下。

1. 经济增长水平

由第六章至第八章对控制变量的说明可知，经济增长水平能够对区际经济互动发展、区域经济充分发展和区际经济平衡发展产生重要影响，第六章至第八章的实证结果也验证了这一点，因为区域经济协调发展由区际经济互动发展、区域经济充分发展和区际经济平衡发展三个维度构成，因此，经济增长水平能够从这三个维度对区域经济协调发展产生影响。一般地，经济增长水平越高，越能为区域经济的协调发展奠定雄厚经济基础，为互动发展提供物质支撑，为充分发展提供投资支撑，为平衡发展提供调控支撑。

2. 固定资产投资水平

由第六章至第八章对控制变量固定资产投资水平的说明及实证分析结果可知，固定资产投资水平有利于区际经济的互动发展和区域经济的充分发展，可以为区际经济的互动发展提供物质基础，促进区域经济充分发展的资本驱动，但实证结果显示，固定资产投资水平对区际经济的平衡发展存在着负向影响，这或许与固定资产投资水平集中于发达区域有关，因此，综合来说，固定资产投资水平或会对区域经济协调发展产生促进作用，本章将其作为控制变量之一予以验证。

3. 人口数量

人口数量或对区域经济协调发展有多重影响，一方面，人口数量对区域经济的充分发展产生显著驱动作用；另一方面，人口数量又是人口流动和劳动力供给的基础，也影响着生产、消费、市场范围、对外贸易等。因此，将选择人口数量作为控制变量之一。

4. 技术创新能力

技术创新能力对区域经济充分发展和区际经济平衡发展具有显著驱动作用，技术创新能力的提升能够促进经济增长，进而促进区域经济协调发展。因此，选择技术创新能力作为影响区域经济协调发展的因素之一。

5. 对外开放程度

由第六章至第八章的理论及实证分析可知，对外开放程度对区域经济协调发展的三个维度都存在显著正向影响，即对外开放程度的提升能够促进区际经济的互动发展、区域经济的充分发展和区际经济的平衡发展。因此，对外开放程度对区域经济协调发展也会产生重要影响。

6. 市场化程度

市场化程度的提升能够促进区际经济互动发展，能够促进区域经济的充分发展，市场化程度越高的经济体通常经济效率也越高。因此，市场化程度对区域经济协调发展具有不可忽视的影响。

7. 财政支出水平

财政支出水平能够显著促进区际经济平衡发展，财政支出水平的提升能够有效促进社会公平，促进落后区域的充分发展；通过调节收入分配，提升低收入群体的收入水平和消费水平，进而促进区域经济的协调发展。

本章涉及的因变量、自变量和控制变量的含义、衡量指标及代码如表 9-1 所示。

表 9-1　变量选取

变量名	变量含义	衡量指标	代码
因变量	区域经济协调发展	协调发展度	C
自变量	物流业发展质量	物流业发展质量	LQ
控制变量	经济增长水平	GDP	GDP
	固定资产投资额	全社会固定资产投资额	INVE
	人口数量	常住人口数量	POPU
	技术创新能力	技术市场成交额	TECH
	对外开放程度	进出口总额	OPEN
	市场化程度	非国有化率	MARK
	财政支出水平	财政支出总额	FINA

二、数据来源

区域经济协调发展水平的数据来源于第五章的测度值；物流业发展质量数据来源于第四章的测度值；其余变量数据来源于 1999—2018 年《中国统计年鉴》和我国省域统计年鉴。为消除数据间的大小不一及可能的共线性或异方差问题，对所有控制变量数据取自然对数处理。

第三节　实证结果分析

一、静态效应分析

（一）我国 30 个省域层次的静态效应分析

基于我国 30 个省域 1998—2017 年相关数据，采用面板 Tobit 模型，运用 Stata15 软件对物流业发展质量对区域经济协调发展的影响进行实证分析，采用面板固定效应和面板随机效应模型进行稳健性检验，具体结果如表 9-2 所示。

表 9-2 我国 30 个省域层次的实证结果

自变量	模型 1	模型 2	模型 3
	Tobit	FE	RE
LQ	0.171***	0.156***	0.136**
GDP	0.027*	0.024*	0.030***
INVE	0.064*	0.057*	0.063*
POPU	0.042	0.150	0.041
TECH	0.001*	0.005*	0.002*
OPEN	0.022*	0.025*	0.022*
MARK	0.124***	0.130***	0.123
FINA	0.063***	0.051***	0.064***
_ cons	−0.376	−0.485	0.398*
Prob> F	0.000	0.001	0.001

注：FE 代表固定效应模型，RE 代表随机效应模型，下同。

由表 9-2 可知，由模型 1 可以看出，物流业发展质量在 1% 显著性水平上显著为正，且系数为 0.171，表明物流业发展质量每提升 1%，区域经济协调发展水平提升 0.171%，即物流业发展质量的提升能够有效促进区域经济的协调发展。控制变量中，经济增长水平、固定资产投资水平、技术创新能力、对外开放水平、市场化程度和财政支出水平都通过了显著性检验，且系数为正，这表明这些因素与区域经济协调发展水平具有显著正向相关关系，这些因素的提升都能够驱动区域经济协调发展；人口数量没有通过显著性检验，表明在研究时段内，人口数量对区域经济协调发展没有显著影响，这或许是由人口数量对区际经济互动发展、区际经济平衡发展不显著导致的。

由模型 2 和模型 3 可以看出，面板固定效应和随机效应模型的回归结果均与 Tobit 模型的回归结果基本保持一致，但 Tobit 模型的估计结果优于固定效应和随机效应，因此，可以认为模型 1 的结果具有稳健性。

（二）我国四大板块层次的静态效应分析

基于我国四大板块 1998—2017 年相关数据，采用面板 Tobit 模型，运用

Stata15 软件对物流业发展质量对区域经济协调发展的影响进行实证分析，采用面板固定效应和面板随机效应进行稳健性检验，结果如表 9-3 所示。

表 9-3　我国四大板块层次的实证结果

自变量	模型 4	模型 5	模型 6
	Tobit	FE	RE
LQ	0.286 **	0.253 **	0.286 **
GDP	0.419 ***	0.473 *	0.419 ***
INVE	0.077 *	0.037 **	0.008 **
POPU	−0.040	0.735	0.041
TECH	0.039 *	0.052 *	0.039 **
OPEN	0.093 **	0.004 **	0.093 **
MARK	0.110 *	0.204 **	0.120 **
FINA	0.191 ***	0.224 ***	0.191 ***
_ cons	0.624	0.612	−0.624
Prob> F	0.000	0.000	0.000

由表 9-3 可知，由模型 4 可以看出，物流业发展质量在 1% 显著性水平下显著为正，表明物流业发展质量的提升能够有效促进区域经济的协调发展。控制变量中，经济增长水平、固定资产投资水平、技术创新能力、对外开放水平、市场化程度和财政支出水平都通过了显著性检验，且系数为正，表明这些因素与区域经济协调发展水平具有显著正向相关关系，这些因素的提升都能够驱动区域经济协调发展；人口数量没有通过显著性检验，表明在研究时段内，人口数量对区域经济协调发展没有显著影响。

由模型 5 和模型 6 可以看出，面板固定效应和随机效应模型的回归结果均与 Tobit 模型的回归结果基本一致，说明回归结果是稳健的。

（三）全国整体层次的静态效应分析

基于全国整体 1998—2017 年相关数据，采用时间序列 Tobit 模型，运用 Stata15 软件对物流业发展质量对区域经济协调发展的影响进行实证分析。采用滞后一阶物流业发展质量对物流业发展质量进行替代，对时间序列 Tobit 模型回归结果进行稳健性检验，回归结果如表 9-4 所示。

表 9-4　全国整体层次的实证结果

	模型 7	模型 8
	Tobit$_1$	Tobit$_2$
$LQ(LQ_{t-1})$	0.314*	0.872***
GDP	0.227***	0.559*
INVE	0.218**	0.072**
POPU	-0.254	0.712
TECH	0.306**	0.248***
OPEN	0.219**	0.043**
MARK	0.608***	0.389*
FINA	0.204***	0.099***
_ cons	0.302	0.864**
Prob> F	0.000	0.000

由表 9-4 可知，由模型 7 可以看出，物流业发展质量在 10% 显著性水平上显著，系数为 0.314，表明物流业发展质量每提升 1%，区域经济协调发展水平增加了 0.314%，即物流业的高质量发展能够有效促进区域经济协调发展。控制变量中，经济增长水平、固定资产投资水平、技术创新能力、对外开放水平、市场化程度和财政支出水平都通过了显著性检验，且系数为正，这表明这些因素与区域经济的协调发展水平具有显著正向相关关系，这些因素的提升都能够有效驱动区域经济的协调发展；人口数量没有通过显著性检验，这表明研究时段内，人口数量对区域经济协调发展没有显著影响，这或许与人口数量对区际经济互动发展和区际经济平衡发展的促进作用不显著有关。

模型 8 以区域经济协调发展水平为因变量，以物流业发展质量的一阶滞后项为核心自变量，运用时间序列 Tobit 模型进行分析，回归结果显示，物流业发展质量的一阶滞后项对区域经济协调发展具有显著正向影响，这表明物流业发展质量对区域经济协调发展存在一定的时滞效应，该估计结果也表明全国整体层次的物流业发展质量对区域经济协调发展的影响具有稳健性。

二、动态效应分析

（一）我国 30 个省域层次的动态效应分析

基于我国 30 个省域的 1998—2017 年的数据，采用动态面板数据的系统 GMM 模型，运用 Stata15 软件对物流业发展质量对区域经济协调发展的影响进行实证分析，采用差分 GMM 模型回归结果进行稳健性检验，具体回归结果如表 9-5 所示。

表 9-5 我国 30 个省域层次 GMM 模型的回归结果

自变量	模型 9	模型 10
	系统 GMM	差分 GMM
L. C	0.491^{***}	0.410^{***}
LQ	0.128^{***}	0.99^{***}
GDP	0.176^{***}	0.153^{**}
INVE	0.011^{**}	0.005^{**}
POPU	0.069	0.065
TECH	0.007^{*}	0.010^{*}
OPEN	0.053^{**}	0.033^{**}
MARK	0.014^{***}	0.005^{***}
FINA	0.073^{**}	0.062^{**}
_ cons	0.145^{***}	0.216^{*}
AR（1）	0.000	0.000
AR（2）	0.000	0.000
Sargan	41.402 （$P = 0.504$）	41.101 （$P = 0.125$）

注：L. C 为 C 的一阶滞后项，下同。

由表 9-5 可知，系统 GMM 的 Sargan 检验结果表明，选取滞后一期区域经济协调发展水平作为工具变量是有效的，系统 GMM 估计结果显示，我国省域区域经济协调发展水平的滞后一阶项通过了1%显著性水平的检验，且系数为0.491，表明区域经济协调发展水平与前期区域经济协调水平呈现正向相关关系，区域经济协调发展水平存在明显的路径依赖效应和动态效应；物流业发展质量通过了显著性检验，表明物流业的高质量发展对区域经济协调发展水平的提升具有显著驱动作用；控制变量中，经济增长水平、固定资产投资水平、技术创新能力、对外开放程度、市场化程度和财政支出水平通过了显著性检验，且系数为正，表明这些因素能够促进区域经济协调发展。

差分 GMM 模型基本验证了系统 GMM 的估计结果，并且通过了 Sargan 检验，但差分 GMM 的回归效果明显弱于系统 GMM 模型，因此，选取系统 GMM 是优于差分 GMM 的选择。

（二）我国四大板块层次的动态效应分析

基于四大板块 1998—2017 年的面板数据，采用基于动态面板数据的系统 GMM 模型，运用 Stata15 软件对我国四大板块物流业发展质量对区域经济协调发展的影响进行实证分析，并采用差分 GMM 模型进行稳健性检验，结果如表9-6 所示。

表 9-6　我国四大板块层次 GMM 模型的回归结果

自变量	模型 11	模型 12
	系统 GMM	差分 GMM
L. C	0.502 ***	0.403 ***
LQ	0.315 ***	0.297 ***
GDP	0.078 ***	0.014 **
INVE	0.066 *	0.055 *
POPU	0.065	0.069
TECH	0.072 **	0.070 *
OPEN	0.073 **	0.072 **
MARK	0.075 ***	0.045 ***
FINA	0.089 **	0.020 **

续表

自变量	模型 11	模型 12
	系统 GMM	差分 GMM
_ cons	0.152***	0.142*
AR（1）	0.000	0.000
AR（2）	0.000	0.000
Sargan	34.451 （P = 0.718）	31.253 （P = 0.524）

由表 9-6 可知，系统 GMM 的 Sargan 检验结果显示，工具变量选择滞后一期的区域经济协调发展水平是有效的，系统 GMM 模型的估计结果显示，我国四大板块层次的区域经济协调发展水平的滞后一阶项通过了 1%显著性水平的检验，且系数为 0.502，表明区域经济协调发展水平与前期区域经济协调水平呈现正向相关关系，四大板块的区域经济协调发展水平存在明显的路径依赖效应和动态效应；物流业发展质量通过了显著性检验，表明四大板块物流业的高质量发展对区域经济协调发展水平的提升具有显著驱动作用；在控制变量中，经济增长水平、固定资产投资水平、技术创新能力、对外开放程度、市场化程度和财政支出水平通过了显著性检验，且系数为正，这表明这些因素能够显著地促进区域经济的协调发展。

四大板块的差分 GMM 模型基本验证了系统 GMM 的估计结果，滞后一期值通过了 Sargan 检验，但差分 GMM 的回归效果明显弱于系统 GMM 模型，因此，选取系统 GMM 是优于差分 GMM 的选择。

（三）全国整体层次的动态效应分析

基于全国整体 1998—2017 年相关数据，增加滞后一阶的区域经济协调发展水平作为一个解释变量纳入时间序列 Tobit 回归模型，运用 Stata15 软件对物流业发展质量对区域经济协调发展的影响进行实证分析；将物流业发展质量的滞后一阶项纳入时间序列 Tobit 模型，以检验物流业发展质量对区域经济协调发展水平的影响是否具有时滞性，回归结果如表 9-7 所示。

表 9-7　全国整体层次的回归结果

自变量	模型 13	模型 14
	Tobit	Tobit
L. C	0.016 **	0.011 ***
$LQ(LQ_{t-1})$	0.326 **	0.213 ***
GDP	0.228 ***	0.123 **
INVE	0.226 *	0.205 *
POPU	0.248	0.165
TECH	0.307 *	0.112 *
OPEN	0.213 **	0.417 **
MARK	0.604 ***	0.105 ***
FINA	0.205 **	0.142 **
_ cons	0.295	0.507 *

模型 13 在表 9-7 中模型 7 的基础上，新增了区域经济协调发展的一阶滞后项作为解释变量，模型回归结果显示，区域经济协调发展的一阶滞后项通过了显著性检验，且系数为正，表明我国区域经济协调发展存在路径依赖效应；物流业发展质量的系数显著为正，表明物流业发展质量能够有效促进区域经济协调发展；控制变量中，经济增长水平、固定资产投资水平、技术创新能力、对外开放程度、市场化程度和财政支出水平通过了显著性检验，且系数为正，表明这些因素能够促进区域经济协调发展。

模型 14 以区域经济协调发展水平为因变量，以物流业发展质量的一阶滞后项为自变量，采用时间序列 Tobit 模型进行分析，分析结果显示，物流业发展质量的一阶滞后项通过了显著性水平的检验，且系数为正，表明物流业发展质量对区域经济协调发展的影响具有一定的滞后效应。

三、长期效应分析

$\beta_L = \dfrac{\beta_1}{1-\rho}$ 面板 Tobit 模型回归结果、动态面板的系统 GMM 结果、时间序

列 Tobit 模型回归结果仅反映了物流业发展质量对区域经济协调发展的短期影响，为了进一步深入分析和验证物流业发展质量对区域经济协调发展的长期影响，本书借鉴孙浦阳等（2013）对长期影响的相关研究成果，因物流业发展质量的滞后项没有放入系统 GMM 模型，依据毕玉江（2016）的做法，将其设定为 0，基于一阶滞后的动态面板模型设定物流业发展质量对区域经济协调发展的长期影响公式，将该公式设定为

$$\beta_L = \frac{\beta_1}{1-\rho} \tag{9-3}$$

其中，β_L 为物流业发展质量对区域经济协调发展的长期影响系数，其余字母含义与一阶滞后的动态面板模型公式（9-2）中系数含义相同。

$\varphi_L = \dfrac{\varphi}{1-\rho}$ 基于一阶滞后的动态面板模型，将控制变量对区域经济协调发展的长期影响的公式设定为

$$\varphi_L = \frac{\varphi}{1-\rho} \tag{9-4}$$

其中，φ_L 为各控制变量对区域经济协调发展的长期影响系数，其余字母含义与一阶滞后的动态面板模型公式（9-2）中系数含义相同。

　　基于模型 9 中省域动态面板 GMM 的回归系数，采用长期影响公式，即公式（9-3）和公式（9-4），对我国 30 个省域的物流业发展质量和控制变量对区域经济协调发展的长期影响进行分析，基于模型 11 中四大板块的动态面板 GMM 的回归系数，采用长期影响公式（9-3）和公式（9-4），对四大板块的物流业发展质量、控制变量对区域经济协调发展的长期影响进行分析，具体结果如表 9-8 所示。

表 9-8　各因素对区域经济协调发展的长期影响

变量	我国 30 个省域		我国四大板块	
	长期影响系数	P 值	长期影响系数	P 值
LQ	0.251***	0.001	0.633***	0.003
GDP	0.346***	0.000	0.157***	0.001

变量	我国30个省域		我国四大板块	
	长期影响系数	P 值	长期影响系数	P 值
INVE	0.022 **	0.003	0.133 *	0.09
POPU	0.136	0.115	0.131	0.124
TECH	0.014 *	0.09	0.145 **	0.004
OPEN	0.104 **	0.002	0.147 *	0.07
MARK	0.028 ***	0.000	0.151 ***	0.000
FINA	0.143 **	0.003	0.179 **	0.003

注：长期影响系数显著性检验由 Stata 软件的 testnl 命令计算得到。

需要说明的是：因长期效应只能借助动态面板 GMM 模型进行分析，因此，无法对全国整体的长期效应进行具体分析。依据表9-8，以下将对我国30个省域层次和四大板块层次的长期效应进行分析。

（一）我国30个省域层次的长期效应分析结果

由表9-8可以看出，我国30个省域层次的长期效应分析的结果可以归纳为以下两点。

1. 物流业发展质量对区域经济协调发展存在长期驱动效应

我国省域物流业发展质量对区域经济协调发展的长期影响显著为正，且长期影响系数为0.251，表明长期内，物流业发展质量每提升1个百分点，区域经济协调发展水平提升0.251个百分点，即物流业的高质量发展能够长期驱动区域经济协调发展水平的提升。

2. 部分控制变量对区域经济协调发展存在长期驱动效应

控制变量中的经济增长水平、固定资产投资水平、技术创新能力、对外开放程度、市场化程度和财政支出水平对区域经济协调发展水平具有长期驱动效应。在长期内，经济增长水平系数为0.346，表明经济增长水平每提升1个百分点，区域经济协调发展水平提升0.346个百分点；固定资产投资水平系数为0.022，表明固定资产投资水平对区域经济协调发展水平的驱动作用具有长期性；人口数量没有通过显著性检验，人口数量对区域经济协调发展没有显著的

长期影响；我国省域的技术创新能力通过了显著性检验，且长期影响系数为
0.014，表明我国 30 个省域层次的技术创新能力每提升 1 个百分点，区域经济
协调发展水平提升 0.014 个百分点；对外开放程度长期影响系数为 0.104，表
明对外开放程度每提升 1 个百分点，区域经济协调发展水平提升 0.104 个百分
点；市场化程度通过了 1% 显著性水平的检验，且长期影响系数为 0.028，表
明市场化程度每提升 1 个百分点，区域经济协调发展水平提升 0.028 个百分
点；财政支出水平通过了 5% 显著性水平检验，且长期影响系数为 0.143，表
明在长期内，财政支出水平每提升 1 个百分点，区域经济协调发展水平提升
0.143 个百分点。

（二）我国四大板块层次的长期效应分析结果

由表 9-8 可以看出，我国四大板块层次的长期效应分析的结果可以归纳
为以下两点。

1. 物流业发展质量对区域经济协调发展存在长期驱动效应

四大板块层次的物流业发展质量对区域经济协调发展的长期影响显著为
正，且长期影响系数为 0.633，表明物流业发展质量每提升 1 个百分点，区域
经济协调发展水平提升 0.633 个百分点，即物流业的高质量发展对区域经济协
调发展的驱动作用具有长期性。

2. 部分控制变量对区域经济协调发展存在长期驱动效应

就控制变量来说，四大板块层次的经济增长水平、固定资产投资水平、技
术创新能力、对外开放程度、市场化程度和财政支出水平对区域经济协调发展
水平具有长期驱动效应。经济增长水平的长期影响系数为 0.157，表明经济增
长水平每提升 1 个百分点，区域经济协调发展水平提升 0.157 个百分点；固定
资产投资水平系数为 0.133，表明固定资产投资在长期内能够影响区域经济协
调发展水平；人口数量不显著，表明人口数量对区域经济协调发展没有长期影
响；技术创新能力通过了显著性检验，且长期影响系数为 0.145，这表明四大
板块层次的技术创新能力每提升 1 个百分点，区域经济协调发展水平提升
0.145 个百分点；对外开放程度的长期影响系数为 0.147，这表明对外开放程
度每提升 1 个百分点，区域经济协调发展水平提升 0.147 个百分点；市场化程

度通过了 1% 显著性水平的检验，且长期影响系数为 0.151，这表明市场化程度每提升 1 个百分点，区域经济协调发展水平提升 0.151 个百分点；财政支出水平通过了 5% 显著性水平检验，且长期影响系数为 0.179，表明财政支出水平每提升 1 个百分点，区域经济协调发展水平提升 0.179 个百分点。

第四节　本章小结

本章首先采用 Tobit 模型对物流业发展质量影响区域经济协调发展的静态效应进行分析；其次，采用系统 GMM 模型、滞后期 Tobit 模型对物流业发展质量影响区域经济协调发展的动态效应进行分析；最后，采用长期影响系数公式对物流业发展质量影响区域经济协调发展的长期效应进行分析。结果显示：

（1）物流业发展质量对区域经济协调发展的影响存在静态效应。从静态效应来看，面板和时间序列的 Tobit 模型回归结果显示：我国 30 个省域、四大板块和全国整体三个层次的物流业发展质量能够有效驱动区域经济的协调发展。

（2）物流业发展质量对区域经济协调发展的影响存在动态效应。从动态效应来看，从动态面板的系统 GMM 模型回归结果来看，我国 30 个省域和四大板块的区域经济协调发展水平存在明显的路径依赖效应和动态效应，物流业发展质量对区域经济协调发展存在显著的动态效应。从全国整体层次的动态回归结果来看，区域经济协调发展存在显著的路径依赖效应和时滞效应。

（3）物流业发展质量对区域经济协调发展的影响存在长期效应。从长期效应来看，就 30 个省域层次来说，其物流业发展质量对区域经济协调发展存在长期效应，且长期影响系数为 0.251；就四大板块层次来说，其物流业发展质量对区域经济协调发展的影响具有长期效应，且长期影响系数为 0.633。

（4）其他因素对区域经济协调具有显著影响。从控制变量来看，我国 30 个省域层次、四大板块层次的经济增长水平、固定资产投资水平、技术创新能力、对外开放程度、市场化程度和财政支出水平对区域经济协调发展存在静态效应、动态效应和长期效应，全国整体层次的存在静态效应和动态效应。

第十章　结论及政策建议

本章首先对前面章节的理论分析和实证分析结论进行归纳总结；其次，依据总体分析结论，有针对性地提出促进物流业高质量发展，以驱动区域经济协调发展的政策建议；最后，指出本书研究中的不足之处及进一步的研究展望。

第一节　结　论

本书基于新时代我国区域发展不平衡以及促进区域经济协调发展具有迫切性的现实背景，以马克思主义物流业发展理论和区域经济协调发展理论，以及西方物流业发展相关理论和区域经济协调发展理论为依据，在综合运用现代经济学的相关理论，总结和借鉴以往学者的研究成果的基础上，对物流业发展质量影响区域经济协调发展的机理进行分析，然后，利用我国 1998—2017 年的面板数据，运用熵值法、SBM 模型、Super-SBM 模型、空间莫兰指数模型、收敛性模型、偏离度模型、协调发展度模型、一元并行多重中介模型、链式复合中介效应模型、Tobit 模型、系统 GMM 模型等，对物流业发展质量影响区域经济协调发展作用路径及程度进行实证分析和检验。得到的主要结论如下。

一、物流业发展质量和区域经济协调发展水平的研究结论

（一）物流业发展质量的研究结论

物流业发展质量可以分成物流业发展效率、发展结构和发展环境"三元"进行评价。第一，物流业发展效率评价。我国 30 个省域层次的物流业发展效率偏低且存在区域异质性；四大板块层次的呈波浪式演进，且存在趋同性，按

照从大到小的顺序，可排序为东部、东北、中部及西部地区；全国整体层次的呈波浪形和 V 形演进特征。第二，物流业发展结构评价。我国 30 个省域层次的物流业发展结构红利尚未得到有效发挥；四大板块层次的物流业发展结构大致呈 M 形演进，且存在明显的阶段性和趋同性特征；全国整体层次的呈 M 形演进，且存在阶段性特征。第三，物流业发展环境评价。我国 30 个省域层次的物流业发展环境不足，且存在区域异质性；四大板块层次呈不断递增和区域趋同趋势；全国整体层次的物流业发展环境递增态势明显。第四，物流业发展质量评价。我国 30 个省域、四大板块和全国整体三个层次的物流业发展质量不高，但存在不断递增趋势。四大板块层次的物流业发展质量存在 σ 收敛，全国整体层次存在 σ 发散。

（二）区域经济协调发展的研究结论

区域经济协调发展可以分成区际经济互动发展、区域经济充分发展、区际经济平衡发展三个维度进行评价。

第一，区际经济互动发展评价。我国三大层次的区际经济互动发展水平不高，且存在区域异质性。我国 30 个省域层次呈倒 U 形演进，且存在区域异质性；四大板块层次的区际经济互动发展水平偏低且存在差异，东、中部地区分别呈倒 U 形和波浪形演进，西部和东北地区无明显趋势且属于四大板块中的"洼地"；全国整体层次呈 M 形演进，且存在阶段性 σ 收敛特征。

第二，区域经济充分发展评价。我国三大层次的区域经济发展不充分。我国 30 个省域层次呈渐进式增长态势；四大板块层次呈波浪式演进，层次性和阶段性特征明显，东部地区明显高于其他区域；全国整体层次存在较强的稳定性。

第三，区际经济平衡发展评价。三大层次区际经济发展不平衡。我国 30 个省域层次呈近似 U 形演进，验证了威廉姆森的倒 U 形理论；四大板块层次的区际经济平衡发展呈分层和趋同特征，中部和东北地区为第一层次，东部和西部地区为第二层次，层次内部出现趋同，按照从高到低的顺序，可将四大板块排序为：东北地区、中部地区、东部地区和西部地区；全国整体层次呈"下降—上升—下降"的演进特征，不平衡程度有增加趋势。

第四,区域经济协调发展评价。三大层次的区域经济发展不协调。我国
30个省域层次呈V形演进趋势;四大板块层次呈波浪形演进,且存在区域异
质性,将均值按照从大到小排序,中部地区最高,东部和西部地区次之,东北
地区最低;全国整体层次属于初级协调等级,且呈V形演进态势。

二、物流业发展质量影响区域经济协调发展的研究结论

(一) 物流业发展质量影响区际经济互动发展的结论

我国30个省域、四大板块和全国整体三个层次的物流业发展质量对区际
经济互动发展存在正向驱动效应,且驱动力主要来自间接驱动因素,其中,市
场一体化是物流业发展质量驱动区际经济互动发展的主要中介和路径。

具体来说,第一,就我国30个省域层次来说,物流业发展质量对区际经
济互动发展的直接效应占比27.1%,时空压缩中介效应占比10.42%,市场一
体化中介效应占比58.28%,分工合理化中介效应占比4.21%,可见,市场一
体化是其主要影响路径。第二,就四大板块层次来说,直接效应占比26.93%,
时空压缩中介效应占比6.33%,市场一体化中介效应占比62.20%,分工合理
化中介效应占比4.53%,即四大板块物流业发展质量对区际经济互动发展的影
响主要是间接的,且主要路径是市场一体化。第三,就全国整体层次来说,直
接效应占比7.34%,时空压缩中介效应占比11.66%,市场一体化中介效应占
比72.08%,分工合理化中介效应占比7.34%,表明全国整体的物流业发展质
量对区际经济互动发展的影响主要是间接的,且主要路径是市场一体化。

(二) 物流业发展质量影响区域经济充分发展的结论

我国30个省域、四大板块和全国整体三个层次的物流业发展质量对区域
经济充分发展由直接效应和间接效应双重驱动。

具体来说,第一,就我国30个省域层次来说,物流业发展质量对区域经
济充分发展的总效应中,直接效应占比25.63%,需求侧中介效应占比
46.52%,供给侧中介效应占比27.85%,即物流业发展质量驱动经济充分发展
的主要路径首先是需求侧,其次是供给侧;第二,就我国四大板块层次来说,
直接效应占比53.34%,需求侧中介效应占比31.46%,供给侧中介效应占比

15.20%，即物流业发展质量驱动经济充分发展首先是通过直接效应，其次的路径是需求侧，最后是供给侧；第三，就全国整体层次来说，总效应中占比最大的是直接效应（50.54%），需求侧中介效应（32.93%）次之，最后是供给侧中介效应（16.53%），即物流业发展质量驱动区域经济充分发展主要靠直接效应，供给侧中介的驱动效应不足。

（三）物流业发展质量影响区际经济平衡发展的结论

我国 30 个省域、四大板块和全国整体三个层次的物流业发展质量对区际经济平衡发展的总效应由直接效应和间接效应构成，且以间接效应为主。

具体来说，第一，就我国 30 个省域层次来说，在总效应构成比例中，直接效应占比 35.59%，间接效应占比 64.41%。收入均等化中介效应占总效应比重为 17.46%，消费平等化中介效应占总效应比重为 30.61%，基础设施均等化中介效应占总效应比重为 17.46%，可见，直接效应和消费平等化中介效应是其主要路径。第二，就四大板块层次来说，总效应构成比例中，直接效应占比 26.42%，收入均等化中介效应占比 13.06%，消费平等化中介效应占比 52.71%，基础设施均等化中介效应占比 7.81%，即四大板块物流业发展质量对区际经济平衡发展的影响主要是间接的，且主要路径是消费均等化。第三，就全国整体层次来说，总效应构成比例中，直接效应占比 30.06%，收入均等化中介效应占比 18.16%，消费平等化中介效应占比 43.92%，基础设施均等化中介效应占比 7.85%，即全国整体层次的物流业发展质量对区际经济平衡发展的影响主要是间接的，且主要路径是消费平等化。

（四）物流业发展质量对区域经济协调发展的积极影响结论

第一，从静态效应来看，我国 30 个省域、四大板块和全国整体三个层次的物流业发展质量对区域经济协调发展具有显著正向影响；第二，从动态效应来看，我国 30 个省域、四大板块和全国整体三个层次的物流业发展质量对区域经济协调发展的影响是一个动态过程，且存在显著的路径依赖效应和时滞效应；第三，从长期效应来看，我国 30 个省域层次和四大板块层次的物流业发展质量对区域经济协调发展的正向影响是一个长期过程，长期影响系数分别为 0.251 和 0.633；第四，就控制变量来说，我国 30 个省域、四大板块和全国整体三个层次的经济增长水平、固定资产投资水平、技术创新能力、对外开放程度、市场化程度和财政支出水平对区域经济协调发展存在动态效应和长期效应。

（五）物流业发展质量对区域经济协调发展的消极影响结论

第一，我国 30 个省域层次不存在技术中介效应。在第三章的机理分析中，对物流业发展质量影响技术创新能力，进而促进区域经济充分发展的机理进行了理论分析，但在第七章的实证分析中发现，我国 30 个省域层次的物流业发展质量的提升对技术创新能力提升的影响不显著，即物流业发展质量对区域经济充分发展的影响中，技术的中介效应为零，但四大板块层次和全国整体层次的物流业发展质量对技术创新能力具有显著促进作用，这或许与省域物流业市场范围相对较小，技术创新的极化效应和溢出效应没有得到充分发挥有关。

第二，我国 30 个省域层次和四大板块层次的物流业发展质量扩大了区际基础设施差距。在第三章的机理分析中，对物流业发展质量影响区际基础设施均等化的机理进行了理论分析，但在第八章的实证检验中发现，我国 30 个省域层次和四大板块层次的物流业发展质量对区际基础设施区域差异的扩大作用显著，或许与我国省域、四大板块中发达区域的物流业发展效率和发展规模普遍高于不发达区域有关。

第二节　政策建议

针对以上研究结论，运用经济学相关理论，本书提出以下促进物流业高质量发展以促进区域经济协调发展的政策建议。

一、促进物流业高质量发展以驱动区际经济互动发展

（一）促进物流业高质量发展，直接驱动区际经济互动发展

1. 促进物流业的区域联动，驱动区际经济互动发展

发展城市群物流、乡村物流、经济区和经济带物流、通道物流、国际物流，提升物流业在城市群、乡村、经济区、经济通道、经济带和国际区域的区

域联动发展水平；发展特大城市、大城市、中小城市、县域、乡镇和乡村物流，提升物流业在各个层级区域之间的区域联动水平；促进 30 省域内部市、区、盟和自治州、各个省域、四大板块等不同层次物流业的高质量联动，发展区域"大物流"。

2. 大力发展生产和生活领域物流，驱动区际经济互动发展

带动生产领域的机器设备、工具、原料、燃料、半成品、余料、废弃物的运输等的统一管理和衔接，促进多个生产地、中转地、消费地等关联互动，提升供应链管理水平，驱动区际经济互动发展；大力发展生活领域物流如冷链物流、农产品物流、电子商务物流等，突破地域分割，促进生产地和消费地的经济联系，驱动区际经济互动发展。

（二）促进物流业高质量发展，间接驱动区际经济互动发展

第一，促进物流业高质量发展，带动时空压缩，进而驱动区际经济互动发展。一是扩大物流空间。加强区际物流基础设施的标准化、专业化、网络化、智能化建设，为时空压缩提供基础设施保障，促进区际物流基础设施的高效衔接、信息对接和快速运转，促进省内区域与区域之间、省与省之间、板块与板块之间基础设施的互联互通、共建共享，提升我国省域内、省域之间、四大板块之间、全国整体的交通可达性，提升物流基础设施网络的覆盖率。二是缩短物流时间。改良交通工具，大力发展高速铁路、高速公路、高速干道；加强交通工具时间衔接和管理，提升其运转效率；采用新技术改良交通工具，增加运输速度、准点率和安全性，促进时空压缩程度的提升，进而促进区际经济互动发展。

第二，促进物流业高质量发展，带动市场一体化，进而驱动区际经济互动发展。市场一体化是物流业发展质量驱动区际经济互动发展的主要中介和路径，因此，促进物流业高质量发展，进而驱动市场一体化，是驱动区际经济互动发展的关键举措。一是发挥物流网络对区际贸易、要素流动的促进作用，形成"大市场"，进而驱动区际经济互动发展。构建国家级、板块级、省级、市县级、乡村级物流层次网络，提升网点覆盖率，尤其要加强国际网点和农村网点建设，提升商品和服务的可达性，提升要素流动范围；加强物流基础设施网

络、信息网络、城乡网络、城市内部网络、乡村内部网络层次建设，发展普惠物流，提升物流业的通达性和辐射力，为要素流动和区际贸易提供保障。二是发挥物流基础设施高效运转对区际贸易、要素流动的促进作用，促进商品和要素区际"大市场"的形成，进而驱动区际经济的互动发展。促进公路、铁路、航道、航空、管道、货运枢纽、物流枢纽、物流园区、集散中心、分拨中心、仓储中心、配送中心、信息服务中心和终端网点的标准化和专业化建设，实现物流基础设施和装备的快速、高效、一体化对接，提升物流业配置效率和运行效率，促进产品的保值增值，为区际贸易节约时间成本、节约运转成本和损耗成本，促进区际要素的快速和高效流动。

第三，促进物流业高质量发展，带动分工合理化，进而驱动区际经济互动发展。一是发挥物流产业优化升级对分工合理化的促进作用，进而驱动区际经济互动发展。促进交通运输业、仓储业、装卸搬运业、包装业、流通加工业、配送业和信息服务业等物流子产业结构的合理化和高级化；促进交通运输、仓储、装卸搬运、包装、流通加工、配送和信息服务七大功能有效衔接和流程一体化。二是促进物流业的产业联动对分工合理化的带动作用，进而驱动区际经济互动发展。实施供应链管理，实现物流业与制造业高效对接；建设现代化农产品物流和乡村物流体系，实现物流业与农业联动发展；完善电子商务平台建设，实现物流业与电子商务的良性协调，物流业与其他产业的联动发展，带动产业分工的深化、合理化，进而驱动区际经济互动发展。

二、促进物流业高质量发展以驱动区域经济充分发展

（一）促进物流业高质量发展，直接驱动区域经济充分发展

第一，提升物流业专业化水平，以驱动区域经济充分发展。促进物流基础设施建设、物流人才培养、物流技术开发和应用、物流服务等的专业化，提升物流业专业化供给的能力，降低物流成本，节约物流费用，促进物流业增值和物流业发展效率的提升，进而促进物流业对经济增长、经济效益的贡献率。

第二，优化物流业发展结构，以驱动区域经济充分发展。促进物流业发展的合理化和高级化，促进交通运输业、仓储业、装卸搬运业、包装业、流通加

工业、配送和信息服务业等产业的合理配置、统一调配和协作发展，提升这些子产业的技术应用水平，促进物流业产业结构的优化升级，通过产业关联效应，驱动关联产业的优化升级，促进国民经济产业结构的优化，驱动区域经济充分发展。

第三，促进物流业智能化发展，驱动区域经济充分发展。促进物流业的创新驱动、信息驱动和数字驱动，促进物流业发展的智能化，促进区域经济的技术创新和应用水平的提升，驱动区域经济充分发展。促进物流业技术研发和应用。如促进物流业自动化技术、人工智能技术、物联网技术、移动互联网、地理信息系统、北斗定位系统、无线射频识别技术等的研发和应用；抓住信息革命和科技革命机遇期，促进技术在物流领域的溢出和应用，促进"互联网+"物流发展，建立专业化的物流业技术研发中心和信息中心；增强物流业核心技术的自主创新，引进、消化和吸收国外先进物流技术，进而驱动区域经济充分发展。

（二）促进物流业高质量发展，间接驱动区域经济充分发展

第一，促进物流业高质量发展，改善供给侧，进而驱动区域经济充分发展。结论表明供给侧中介效应是间接效应中的短板，因此，需要提升物流业高质量发展对改善供给侧的作用，以达到区域经济充分发展的目标。一是优化物流业对工业布局的作用，促进资本流动，驱动区域经济充分发展。促进公路、铁路、航空、管道、航道、交通枢纽、铁路枢纽、港口、码头、中转站等物流节点和物流线路的基础设施和设备的一体化对接，促进枢纽物流、通道物流的发展，构建城市大物流中心，带动工业吸引力，促进资本流动，进而驱动区域经济充分发展。二是提升物流业及关联产业的劳动力投入，驱动区域经济充分发展。发挥物流业及其关联产业对劳动力的吸纳作用，积极发展劳动密集型物流业，促进就业，驱动区域经济的充分发展。三是降低物流成本，促进物流信息化，驱动区域经济充分发展。树立集约化和现代化的发展理念，推进物流基础设施和装备的现代化，提升物流业资源的利用效率；加强物流业的一体化建设，促进物流业环节和流程的高效对接，减少物流成本和时间成本；让企业有更多的资金和时间投入创新中去，驱动区域经济充分发展。

第二，促进物流业高质量发展，刺激需求侧，进而驱动区域经济充分发展。一是促进物流业高质量发展，刺激消费，进而驱动区域经济充分发展。构建多层次物流网络，物流网点覆盖率，提升物流业服务消费的能力；满足消费者精细化、定制化、个性化、多样化的物流需求，优化顾客物流体验，提升物流服务的精准定位、精细分类和精细服务，将顾客满意度纳入物流人员和物流公司的考核范围，提升物流服务效率。二是促进物流业高质量发展，促进投资，进而驱动区域经济充分发展。增加物流基础设施投资，促进公路、铁路、航道、航空、管道、货运枢纽、物流枢纽、物流园区、集散中心、分拨中心、仓储中心、配送中心、信息服务中心和终端网点建设水平；促进无线射频识别、智能标签、可视化及跟踪追溯系统、全球定位系统、地理信息系统等设施的投资和应用。三是促进物流业高质量发展，促进出口，进而驱动区域经济充分发展。深化国际合作，促进物流业发展的全球化，促进出口。参与世界分工，促进物流业"走出去"；以"一带一路"建设为契机，推动我国物流业的全球化和国际化，占领产业链的中高端，构建全球供应链服务体系；打造国际物流运输和配送网络、国际仓储和装卸网络、国际物流通道和国际贸易网络等，打造全球物流和供应链体系，培养跨国型物流企业。

三、促进物流业高质量发展以驱动区际经济平衡发展

（一）促进物流业高质量发展，直接驱动区际经济平衡发展

第一，提升落后区域物流网点覆盖率，驱动区际经济平衡发展。加强落后区域如西部地区、乡村区域的物流层次网络建设，将物流网络节点覆盖到每一个落后区域。第二，加强落后区域物流信息化建设，驱动区际经济平衡发展。物流信息化程度的提升，可以加强落后区域与外界联系，物联网和电子商务物流的发展可以让落后区域突破地域限制，驱动区际经济平衡发展。第三，物流基础设施建设范围的扩大，能够驱动区际经济平衡发展，"要想富，先修路"说明了交通基础设施对区际经济平衡发展的促进作用，因此，加强落后区域物流基础设施建设，能够直接驱动区际经济平衡发展。

（二）促进物流业高质量发展，间接驱动区际经济平衡发展

第一，发挥物流业就业效应，促进收入均等化，驱动区际经济平衡发展。大力发展西部地区物流、乡村物流、农产品物流和电子商务物流，完善发达区域与落后区域之间多式联运系统、线上线下平台、网络零售信息系统、电子商务系统的对接，提升落后区域物流业及其关联产业的就业水平，促进收入均等化，进而驱动区际经济平衡发展。第二，发挥物流业就业效应，促进消费平等化，驱动区际经济平衡发展。提升落后区域物流网络、物流基础设施的辐射范围，提升落后区域的就业和消费能力；消除区际之间物流市场分割，促进落后区域与发达区域消费互补；促进物流发展的信息化，带动消费的"示范效应"的发挥，促进消费平等化，进而驱动区际经济平衡发展。第三，促进物流设施和设备的共建共享，促进基础设施均等化，进而驱动区际经济平衡发展。促进区际间铁路网、高速公路网、水运网、管道运输网、航空网、通信网、物联网、互联网等基础设施的共建共享，有利于促进基础设施的均等化、共享化，促进基础设施均等化，进而驱动区际经济平衡发展。增加落后区域的基础设施建设投资，促进区域物流基础设施均等化，进而驱动区际经济的平衡发展。

四、促进物流业高质量发展以驱动区域经济协调发展

基于本书结论及物流业发展质量驱动区际经济互动发展、区域经济充分发展和区际经济平衡发展三个维度的直接效应和间接效应的相关对策，本书认为，应大力促进物流业的高质量发展，提升其驱动区域经济协调发展总效应。具体来说，我国30个省域、四大板块和全国整体三个层次均需要做到物流业发展的"八化"，以促进区域经济的协调发展，即促进物流业发展的标准化、专业化和绿色化，以提升物流业发展效率；促进物流业发展的产业化和网络化，以优化物流业发展结构；促进物流业发展的集约化、全球化和智能化，以改善物流业发展环境。

（一）促进物流业发展的标准化

增加物流业资本投入和交通基础设施投入，促进物流基础设施和装备的标准化，带动区际物流基础设施的共建共享；促进公路、铁路、航道、航空、管

道、货运枢纽、物流枢纽、物流园区、集散中心、分拨中心、仓储中心、配送中心、信息服务中心和终端网点的标准化建设，实现物流基础设施和装备的快速、高效、一体化对接，提升物流业配置效率和运行效率；完善物流数据的采集、流通、使用和监管标准，健全物流统计标准，提升物流业大数据为数字经济服务的能力；完善多式联运系统、线上线下平台、网络零售信息系统、电子商务系统的有效对接和标准化建设，提升物流业发展效率。

（二）促进物流业发展的专业化

提升物流业发展的专业化水平，促进物流要素，如物流人才、物流基础设施建设、物流技术研发、物流制度、物流管理和服务等的专业化，提升物流业专业化供给的能力，降低物流成本，节约物流费用，提升物流业发展效率。第一，带动物流业人才培养的专业化和多元化，采用学历教育、职业教育、远程网络教育、社会培训、继续教育、联合培养等多种模式培养物流专业化人才，尤其是管理类人才和技术操作应用类人才；促进人才的联合培养、人才交流；促进校企合作，产学研结合，进行针对性教学，提升物流业人员的专业化素养。第二，促进物流基础设施专业化。完善公路、铁路、航空、管道、航道的节点和线路基础设施的专业化建设和使用，提升仓储中心、信息中心、流通加工、装卸和配送设备的专业化建设和使用。第三，促进物流技术的专业化开发和引用。加强物流业投入，促进新技术的研发和产权保护；积极采用无线射频识别、智能标签、可视化及跟踪追溯系统，实现物流业与大数据、云计算、互联网、物联网融合。第四，促进物流服务的专业化。满足消费者精细化、定制化、个性化的物流需求，促进物流服务的精准化，比如精细分类、精准定位、精细服务，提升顾客的物流体验，并将顾客满意度纳入物流人员和物流公司的考核范围，提升服务效率。

（三）促进物流业发展的绿色化

以生态文明、环境友好、节能减排、安全第一等原则为指导，促进物流业发展的绿色化，强化物流业的节能减排约束，将非期望产出降到最低。第一，优先采用绿色运输方式。如采用节能低碳、低油耗、新能源的运输工具，提升货运的满载率，促进物流业的多式联运。第二，推广绿色仓储。推广节能仓储，积极采用仓储新技术，将货物仓储坏损率降到最低。第三，鼓励使用绿色包装。鼓励使用可回收、可循环、可分解、可再生的包装，鼓励包装的重复利用和集中处理，降低资源消耗和环境污染。第四，加大废弃物物流和回收物流的投资力度。建立和完善专业的废弃物处理物流系统，尽量促进资源的循环利用，促进废弃物无害化和专业化的集中处理。第五，促进物流安全体系建设和可持续建设。将物流环节的事故率、物品损耗率、物品变质率降到最低，降低浪费、消耗和污染，促进物流业的可持续发展。

（四）促进物流业发展的产业化

第一，促进物流产业优化升级。促进交通运输业、仓储业、装卸搬运业、包装业、流通加工业、配送业和信息服务业等物流子产业结构的合理化和高级化；促进交通运输、仓储、装卸搬运、包装、流通加工、配送和信息服务七大功能有效衔接和流程一体化。第二，促进物流业的区域联动。发展城市群物流、乡村物流、经济区和经济带物流、通道物流、国际物流，驱动物流市场一体化；发展特大城市、大城市、中小城市、县域、乡镇和乡村物流市场一体化。第三，促进物流业的产业联动。实施供应链管理，实现物流业与制造业高效对接；建设现代化农产品物流和乡村物流体系，实现物流业与农业联动发展；完善电子商务平台建设，实现物流业与电子商务的良性协调。

（五）促进物流业发展的网络化

构建多层次物流网络，物流网点覆盖率，促进物流业发展的网络化。构建国家级、板块级、省级、市县级、乡村级物流层次网络，提升网点覆盖率，尤其要加强国际网点和农村网点建设；加强物流基础设施网络、信息网络、城乡网络、城市内部网络、乡村内部网络层次建设，发展普惠物流，提升物流业的通达性和辐射力；带动不同层级之间物流的高效衔接、高效运转。

（六）促进物流业发展的集约化

大力发展经济、优化制度供给，为物流业发展奠定良好经济基础和制度环境，促进物流业发展的集约化。第一，树立集约化和现代化的发展理念，推进物流基础设施和装备的现代化，提升物流业资源的利用效率；第二，加强物流业的一体化建设，促进物流业环节和流程的高效对接，减少物流成本和时间成本；第三，提升物流技术、物流管理、物流制度的驱动效应，促进物流业的集约化发展。

（七）促进物流业发展的全球化

深化国际合作，促进物流业发展的全球化。第一，将"有形的手"和"无形的手"结合起来，发挥物流市场在物流资源配置中的决定性作用，扩大市场范围，参与世界分工，促进物流业"走出去"；第二，以"一带一路"建设为契机，推动我国物流业的全球化和国际化，占领全球产业链的中高端，构建全球供应链服务体系，真正实现"全球运、全球递"；第三，打造国际物流运输和配送网络、国际仓储和装卸网络、国际贸易网络，建设国际物流通道，打造全球物流和供应链体系，培养跨国型物流企业。

（八）促进物流业发展的智能化

促进物流业的创新驱动、信息驱动和数字驱动，促进物流业发展的智能化。第一，促进物流业技术研发和应用。如促进物流业自动化技术、人工智能技术、物联网技术、移动互联网、地理信息系统、北斗定位系统、无线射频识别技术等的研发和应用；第二，抓住信息革命和科技革命机遇期，促进技术在物流领域的溢出和应用，促进"互联网+"物流发展，建立专业化的物流业技术研发中心和信息中心；第三，增强物流业核心技术的自主创新，引进、消化和吸收国外先进物流技术。

五、发挥其他因素对区域经济协调发展的促进作用

除物流业发展质量以外的其他因素如经济增长水平、固定资产投资水平、人口数量、技术创新能力、对外开放程度、市场化程度、财政支出水平也对经济协调发展的三个维度区际经济互动发展、区域经济充分发展或区际经济平衡发展起着重要作用。因此，在促进物流业高质量发展，提升区域经济协调发展水平的同时，也应促进经济增长，提升固定资产投资水平，促进人口增长，促进技术创新驱动，扩大对外开放，消除市场分割，提升落后区域的财政支出水平，以促进区域经济协调发展。

（一）提升经济增长水平

提升经济增长水平，促进经济增长的质量变革、效率变革和动力变革，提升技术创新、人力资本、结构优化对经济增长的促进作用，积极发挥制度红利、结构红利。一方面，为区域经济协调发展提供雄厚的经济基础，为区际经济互动发展消除障碍，为区际经济平衡发展提供资金支持；另一方面，为物流业的发展提供良好的经济发展环境和保障，为物流业的高质量发展提供技术、人员和资金的投入奠定经济基础，促进物流业高质量发展，带动区域经济协调发展。

（二）提升固定资产投资水平

提升固定资产投资水平，提升物流基础设施建设水平，提升物流设施的联动水平，为物流业时空压缩效应的发挥提供物质载体，进而促进区际经济互动发展；提升路网的通达水平，为落后区域的经济发展提供基础条件，带动落后区域的充分发展和区际之间的平衡发展。

（三）提高人口数量和人力资本质量

提升人口数量，优化人口结构，提升人力资本投资水平，为物流业的发展提供高质量的人才，进而促进区域经济协调发展。适应老龄化的到来，为老龄人口参与物流服务提供机制支持，优化人口流动和迁移机制，提高人力资本质量，为区际经济互动发展提供良好条件。

（四）促进技术创新和应用

促进区域经济的技术驱动和创新驱动，以促进经济发展效率变革和质量变革，促进区域经济的充分发展。促进技术应用和转化水平，大力发展物流信息技术，促进物流业的高质量发展，带动区域经济的协调发展。

（五）促进对外开放

积极利用"一带一路"建设的发展契机，扩大我国的对外开放水平，积极利用两个市场、两种资源。扩大产品和服务的市场范围，发展全球产业链，促进开放中的合作共赢。

（六）提高市场化程度

提高市场化程度，发挥市场在资源配置中的决定性作用，提升经济效率。

促进资本、劳动等生产要素在区域间的自由流动，促进产品和服务的自由贸易水平，消除地域分割，共建全国大市场。

（七）提升财政对欠发达区域的支持水平

发挥政府在区域经济协调中的调控作用，积极利用财政政策调节区域经济，提高财政支出对欠发达区域的基础设施的支持力度，以促进区际经济的互动发展；为欠发达区域的自我发展和提升提供支持，促进这些区域经济的充分发展；提升欠发达区域的人均收入水平，促进区际经济的平衡发展。

第三节 不足之处及展望

一、本书研究的不足之处

（一）理论研究方面的不足

物流业发展质量和区域经济协调发展的内涵较为宽泛，目前学术界尚无准确的统一的界定和评判标准，受本人知识认知及学术水平的限制，对物流业发展质量和区域经济协调发展的理解或许尚有不全面之处。这需要在以后的研究中，加强学习、思考、调查和钻研，拓宽视野，提升学术能力。

（二）实证研究方面的不足

受限于数据特征和数据的可获得性，本书放弃了很多优良指标和更广泛的研究范围，比如，没有对农村物流发展、城乡经济互动发展、乡村经济的充分发展和城乡经济的平衡发展做出分析，这是作者在以后研究中需要关注和进一步深化研究的部分。

二、进一步研究展望

受多种因素的限制，本书尚存在有待于进一步研究和探讨的问题，今后将进一步在以下方面进行扩展研究：

（1）研究对象的扩展。本书对我国 30 个省域、四大板块和全国整体三个层次的物流业发展质量进行了分析，但乡村物流问题、城乡物流联动问题、农产品物流问题、生鲜物流和冷链物流问题、南北物流联动问题、物流通道问题、绿色物流问题、智慧物流问题、电子商务物流问题、数字物流问题、企业的物流成本问题等都值得做进一步深入研究。

（2）研究区域的扩展。本书从我国 30 个省域层次、四大板块层次、全国整体层次这三个层次进行研究，但若能突破数据等的限制条件，我国的城乡二元结构问题、南北差距问题、东北地区的充分发展问题都值得进一步深化研究。

（3）研究范围的扩展。本书物流业发展质量对区际经济互动发展、区域经济充分发展和区际经济平衡发展进行了研究，但区际如何互动发展？某欠发达区域如何实现充分发展？区际如何实现平衡发展？还需要进一步深入研究。

参考文献

中文文献

［德］阿尔弗雷德·韦伯：《工业区位论》，李刚剑译，商务印书馆 1997 年版。

［德］冯·杜能：《孤立国同农业和国民经济的关系》，吴衡康译，商务印书馆 1986 年版。

［德］克里斯泰勒：《德国南部中心地原理》，王兴中译，商务印书馆 2016 年版。

［美］大卫·哈维：《后现代的状况：对文化变迁之缘起的探究》，阎嘉译，商务印书馆 2003 年版。

［美］讷克斯：《不发达国家的资本形成问题》，谨斋译，商务印书馆 1966 年版。

［英］亚当·斯密：《国富论》，谢宗林、李华夏译，中央编译出版社 2013 年版。

《邓小平文选》（第 2 卷），人民出版社 1993 年版。

《邓小平文选》（第 3 卷），人民出版社 1993 年版。

《江泽民论中国特色社会主义》（专题摘编），中央文献出版社 2002 年版。

《马克思恩格斯全集》（第 12 卷），人民出版社 1972 年版。

《马克思恩格斯全集》（第 24 卷），人民出版社 2006 年版。

《马克思恩格斯文集》（第 1 卷），人民出版社 2009 年版。

《马克思恩格斯文集》（第 2 卷），人民出版社 2009 年版。

《马克思恩格斯文集》（第 3 卷），人民出版社 2009 年版。

《马克思恩格斯选集》（第 1 卷），人民出版社 1972 年版。

《马克思恩格斯选集》（第 3 卷），人民出版社 1995 年版。

《毛泽东选集》（第 1 卷），人民出版社 1991 年版。

《毛泽东选集》（第 3 卷），人民出版社 1991 年版。

《全面建设小康社会 开创有中国特色社会主义事业新局面》，人民出版社 2002 年版。

《十六大以来重要文献选编》（中），中央文献出版社 2006 年版。

《习近平谈治国理政》（第 2 卷），外文出版社 2017 年版。

《资本论》(第1卷),人民出版社2004年版。

《资本论》(第2卷),人民出版社2004年版。

安虎森、李锦:《适度的"政策梯度"是实现区域协调发展的战略选项——基于新经济地理学循环累积因果聚集机制的探讨》,《学术月刊》2010年第1期。

毕玉江:《服务贸易进出口影响因素研究——基于多国数据的动态面板实证分析》,《国际经贸探索》2016年第2期。

卞元超等:《高铁开通、要素流动与区域经济差距》,《财贸经济》2018年第6期。

曾坤生:《论区域经济动态协调发展》,《中国软科学》2000年第4期。

曾倩琳、孙秋碧:《我国物流业与信息业耦合关联的时空分异分析——基于我国内地31个省(市)、自治区的面板数据》,《亚太经济》2015年第3期。

曾先峰、李国平:《我国各地区的农业生产率与收敛:1980—2005》,《数量经济技术经济研究》2008年第5期。

曾珍香、顾培亮:《可持续发展的系统分析与评价》,科学出版社2000年版。

钞小静、薛志欣:《新时代中国经济高质量发展的理论逻辑与实践机制》,《西北大学学报(哲学社会科学版)》2018年第6期。

陈栋生:《论构建协调发展的区域经济新格局》,《当代财经》2008年第3期。

陈强等:《城市发展质量及其测评:以发展观为主导的演进历程》,《经济社会体制比较》2014年第3期。

陈诗一、陈登科:《雾霾污染、政府治理与经济高质量发展》,《经济研究》2018年第2期。

陈文锋、刘薇:《区域战略性新兴产业发展质量评价指标体系的构建》,《统计与决策》2016年第2期。

陈向东、王磊:《基于专利指标的中国区域创新的俱乐部收敛特征研究》,《中国软科学》2007年第10期。

陈晓暾、熊娟:《"一带一路"倡议背景下我国智慧物流发展路径研究》,《价格月刊》2017年第11期。

陈秀山、刘红:《区域协调发展要健全区域互动机制》,《党政干部学刊》2006年第1期。

陈秀山、张可云:《区域经济理论》,商务印书馆2003年版。

程永伟:《我国制造业与物流业联动发展的测度及影响研究——基于供需依赖性视角》,《中国经济问题》2013年第1期。

戴小红:《保税物流区域对载体城市经济空间结构的影响研究——以宁波为例》,

《国际经贸探索》2016 年第 5 期。

单豪杰：《中国资本存量 K 的再估算：1952—2006 年》，《数量经济技术经济研究》2008 年第 10 期。

狄乾斌、马洁：《渤海海峡跨海通道建设对城市经济联系的影响分析》，《海洋开发与管理》2018 年第 3 期。

樊敏：《中国八大经济区域物流产业运作效率分析——基于三阶段 DEA 模型》，《现代管理科学》2010 年第 2 期。

范恒山等：《中国区域协调发展研究》，商务印书馆 2012 年版。

范建平等：《考虑非期望产出的改进 EBM-DEA 三阶段模型——基于中国省际物流业效率的实证分析》，《中国管理科学》2017 年第 8 期。

范月娇、陆爽：《物流通道的形成对沿线区域空间经济联系范围的影响——以中国沿海和长江物流通道为例》，《物流技术》2019 年第 5 期。

范月娇：《物流通道的区域经济聚散机制及其集聚效应检验——基于中国 11 条物流通道的实证》，《中国软科学》2018 年第 2 期。

方创琳、王德利：《中国城市化发展质量的综合测度与提升路径》，《地理研究》2011 年第 11 期。

傅允生：《产业转移、劳动力回流与区域经济协调发展》，《学术月刊》2013 年第 3 期。

干春晖等：《中国产业结构变迁对经济增长和波动的影响》，《经济研究》2011 年第 5 期。

高波、朱英群：《区域系统协调发展评价体系建立与分析》，《商场现代化》2006 年第 24 期。

葛宝琴：《城市化、集聚增长与中国区域经济协调发展》，博士学位论文，浙江大学，2010 年。

宫大鹏等：《基于超效率 SBM 的中国省际工业化石能源效率评价及影响因素分析》，《环境科学学报》2015 年第 2 期。

龚勤林、陈说：《马克思主义视阈下的区域协调发展及对我国的启示》，《马克思主义研究》2012 年第 8 期。

苟兴朝、杨继瑞：《从"区域均衡"到"区域协同"：马克思主义区域经济发展思想的传承与创新》，《西昌学院学报（社会科学版）》2018 年第 3 期。

郭春丽等：《正确认识和有效推动高质量发展》，《宏观经济管理》2018 年第 4 期。

郭晗、任保平：《结构变动、要素产出弹性与中国潜在经济增长率》，《数量经济技术经济研究》2014 年第 12 期。

郭晗：《结构转换提升我国潜在经济增长率的理论逻辑与实现路径》，《经济学家》2019 年第 6 期。

何波：《绿色物流网络系统建模与效率边界分析》，《中国管理科学》2012 年第 3 期。

何黎明：《推进物流业高质量发展面临的若干问题》，《中国流通经济》2018 年第 10 期。

何小洲等：《物流产业对区域经济结构的影响效应分析——以重庆市物流产业发展为例》，《科技管理研究》2007 年第 6 期。

贺正楚等：《中国制造业发展质量与国际竞争力的互动路径》，《当代财经》2018 年第 11 期。

胡税根、叶安丽：《浙江省公共基础设施均等化的实证研究》，《中共浙江省委党校学报》2011 年第 4 期。

戢晓峰等：《连片特困地区物流业发展的减贫效应测度》，《干旱区地理》2019 年第 3 期。

江世银：《论我国区域经济发展宏观调控的组织体系》，《天府新论》2003 年第 5 期。

姜长云：《服务业高质量发展的内涵界定与推进策略》，《改革》2019 年第 6 期。

解思明：《区际协调机制的构建及政策思路》，《广西民族学院学报（哲学社会科学版）》2005 年第 2 期。

金碚：《关于"高质量发展"的经济学研究》，《中国工业经济》2018 年第 4 期。

来有为、陈红娜：《以扩大开放提高我国服务业发展质量和国际竞争力》，《管理世界》2017 年第 5 期。

李爱彬、赵翩翩：《徐州物流业与经济增长关系的实证研究》，《工业技术经济》2011 年第 9 期。

李红昌等：《高速铁路对沿线城市可达性影响的实证分析》，《长安大学学报（社会科学版）》2017 年第 3 期。

李金叶、许朝凯：《中亚国家经济发展质量评价体系研究》，《上海经济研究》2017 年第 6 期。

李娟、王琴梅：《基于效率视角的河南省物流业发展质量研究》，《管理学刊》2019 年第 2 期。

李娟、王琴梅：《中国四大板块物流业发展质量测度及平衡性研究——基于物流业效率视角》，《统计与信息论坛》2019 年第 7 期。

李磊、张贵祥：《京津冀城市群内城市发展质量》，《经济地理》2015 年第 5 期。

李瑞记：《中共三代领导核心的区域经济发展思想》，《河北理工学院学报（社会科学版）》2002 年第 4 期。

李雪松、孙博文：《密度、距离、分割与区域市场一体化——来自长江经济带的实证》，《宏观经济研究》2015 年第 6 期。

李艳：《安徽省城市公共基础设施均等化问题研究》，博士学位论文，安徽大学，2017 年。

李豫新、王振宇：《"丝绸之路经济带"背景下经济发展质量影响因素分析》，《统计与决策》2017 年第 21 期。

梁振民等：《东北地区城市化发展质量的综合测度与层级特征研究》，《地理科学》2013 年第 8 期。

廖直东等：《高质量发展的创新驱动路径——基于工业创新产出变化及其驱动效应的 LMDI 分解》，《产经评论》2019 年第 3 期。

刘秉镰、余泳泽：《我国物流业地区间效率差异及其影响因素实证研究——基于数据包络分析模型及托宾模型的分析》，《中国流通经济》2010 年第 9 期。

刘承良等：《1989——2010 年武汉城市圈县域通达性的空间演化及对称性》，《人文地理》2014 年第 3 期。

刘力：《产业转移与产业升级的区域联动机制研究——兼论广东区域经济协调发展模式》，《国际经贸探索》2009 年第 12 期。

刘生龙、胡鞍钢：《交通基础设施与中国区域经济一体化》，《经济研究》2011 年第 3 期。

刘世锦：《推动经济发展质量变革、效率变革、动力变革》，《中国发展观察》2017 年第 21 期。

刘思明等：《知识产权保护与中国工业创新能力——来自省级大中型工业企业面板数据的实证研究》，《数量经济技术经济研究》2015 年第 3 期。

刘文革等：《制度变迁的度量与中国经济增长——基于中国 1952—2006 年数据的实证分析》，《经济学家》2008 年第 6 期。

刘奕、夏杰长：《推动中国服务业高质量发展：主要任务与政策建议》，《国际贸易》2018 年第 8 期。

刘育红、王曦：《"新丝绸之路"经济带交通基础设施与区域经济一体化——基于引力模型的实证研究》，《西安交通大学学报（社会科学版）》2014 年第 2 期。

刘志彪：《理解高质量发展：基本特征、支撑要素与当前重点问题》，《学术月刊》2018 年第 7 期。

柳士顺、凌文轮：《多重中介模型及其应用》，《心理科学》2009 年第 2 期。

龙江：《物流与促进联系》，《国际商务研究》2002 年第 4 期。

陆铭、陈钊：《分割市场的经济增长——为什么经济开放可能加剧地方保护?》，《经济研究》2009 年第 3 期。

陆铭、向宽虎：《破解效率与平衡的冲突——论中国的区域发展战略》，《经济社会体制比较》2014 年第 4 期。

罗良文、赵凡：《工业布局优化与长江经济带高质量发展：基于区域间产业转移视角》，《改革》2019 年第 2 期。

马静等：《长江中游城市群城市发展质量系统协调性研究》，《经济地理》2016 年第 7 期。

马倩：《现代物流产业与区域经济竞争力提升的关系研究》，《物流技术》2013 年第 5 期。

马孝先：《区域经济协调发展内生驱动因素与多重耦合机制分析》，《宏观经济研究》2017 年第 5 期。

倪鹏飞、肖宇：《服务业融合与高质量发展：表现形式、国际比较及政策建议》，《学习与探索》2019 年第 6 期。

聂凤英、熊雪：《"涉农电商"减贫机制分析》，《南京农业大学学报（社会科学版）》2018 年第 4 期。

欧向军等：《江苏省城市化质量的区域差异时空分析》，《人文地理》2012 年第 5 期。

彭荣胜：《区域协调发展的内涵、机制与评价研究》，博士学位论文，河南大学，2007 年。

齐晓娟、童玉芬：《中国西北地区人口、经济与资源环境协调状况评价》，《中国人口·资源与环境》2008 年第 2 期。

秦璐、高歌：《中国物流运营网络中的城市节点层级分析》，《经济地理》2017 年第 5 期。

任保平、何苗：《十九大以来关于我国经济高质量发展若干研究观点的述评》，《渭南师范学院学报》2019 年第 9 期。

任保平：《创新中国特色社会主义发展经济学 阐释新时代中国高质量的发展》，《天津社会科学》2018 年第 2 期。

任保平：《我国高质量发展的目标要求和重点》，《红旗文稿》2018 年第 24 期。

任保平：《新时代高质量发展的政治经济学理论逻辑及其现实性》，《人文杂志》2018 年第 2 期。

茹少峰等：《以效率变革为核心的我国经济高质量发展的实现路径》，《陕西师范大学学报（哲学社会科学版）》2018 年第 3 期。

沈剑飞：《流通活动、市场分割与国内价值链分工深度》，《财贸经济》2018 年第 9 期。

沈丽珍等：《基于快递物流测度的区域流动空间特征——以江苏省为例》，《人文地理》2018 年第 1 期。

生延超、周玉姣：《适宜性人力资本与区域经济协调发展》，《地理研究》2018 年第 4 期。

师博：《论现代化经济体系的构建对我国经济高质量发展的助推作用》，《陕西师范大学学报（哲学社会科学版）》2018 年第 3 期。

史修松：《中国区域经济差异与协调发展研究》，经济科学出版社 2013 年版。

宋耀辉：《陕西省经济发展质量评价》，《资源开发与市场》2017 年第 4 期。

苏娜：《高技术产业与区域经济协调发展研究》，博士学位论文，天津大学，2010 年。

孙浦阳等：《产业集聚对劳动生产率的动态影响》，《世界经济》2013 年第 3 期。

覃成林、崔聪慧：《粤港澳大湾区协调发展水平评估及其提升策略》，《改革》2019 年第 2 期。

覃成林、黄小雅：《高速铁路与沿线城市经济联系变化》，《经济经纬》2014 年第 4 期。

覃成林、姜文仙：《区域协调发展：内涵、动因与机制体系》，《开发研究》2011 年第 1 期。

覃成林等：《中国铁路交通发展对沿线城市经济增长趋同的影响》，《技术经济》2015 年第 3 期。

覃成林等：《区域经济协调发展：概念辨析、判断标准与评价方法》，《经济体制改革》2011 年第 4 期。

覃成林等：《我国区域经济协调发展的趋势及特征分析》，《经济地理》2013 年第 1 期。

唐红祥等：《中国制造业发展质量与国际竞争力提升研究》，《中国软科学》2019 年第 2 期。

唐建荣等：《物流业发展的区位差异、驱动因素及时空异质性研究——基于 GTWR 模型的分析》，《财贸研究》2019 年第 1 期。

田海燕、李秀敏：《财政科教支出、技术进步与区域经济协调发展——基于引致技术进步动态多区域 CGE 模型》，《财经研究》2018 年第 12 期。

铁瑛等：《人口结构转型、人口红利演进与出口增长——来自中国城市层面的经验证据》，《经济研究》2019 年第 5 期。

汪旭晖、文静怡：《我国农产品物流效率及其区域差异——基于省际面板数据的 SFA 分析》，《当代经济管理》2015 年第 1 期。

王德利：《中国城市群城镇化发展质量的综合测度与演变规律》，《中国人口科学》2018 年第 1 期。

王国平：《产业升级中的区域协调发展》，《上海行政学院学报》2016 年第 1 期。

王海涛、薛波：《如何把握区域协调发展的科学内涵》，《光明日报》2010 年 12 月 23 日。

王姣娥等：《高速铁路对中国城市空间相互作用强度的影响》，《地理学报》2014 年第 12 期。

王克强、万宁娜：《长三角地区城市城际联系度测度——基于物流数据视角的分析》，《城市问题》2017 年第 10 期。

王蕾等：《基于 DEA 分析法的新疆北疆现代物流效率分析》，《资源科学》2014 年第 7 期。

王林梅、邓玲：《我国产业结构优化升级的实证研究——以长江经济带为例》，《经济问题》2015 年第 5 期。

王琴梅、谭翠娥：《对西安市物流效率及其影响因素的实证研究——基于 DEA 模型和 Tobit 回归模型的分析》，《软科学》2013 年第 5 期。

王琴梅、张玉：《丝绸之路经济带"核心区"物流业效率整体评价及分省区、分国别比较》，《陕西师范大学学报（哲学社会科学版）》2017 年第 5 期。

王琴梅：《分享改进论：转型期区域非均衡协调发展机制研究》，人民出版社 2007 年版。

王琴梅：《区域协调发展的实现机制——制度创新视角的分析》，《思想战线》2008 年第 2 期。

王琴梅：《区域协调发展内涵新解》，《甘肃社会科学》2007 年第 6 期。

王小鲁、樊纲：《中国地区差距的变动趋势和影响因素》，《经济研究》2004 年第 1 期。

王晓东、张昊：《中国国内市场分割的非政府因素探析——流通的渠道、组织与统一市场构建》，《财贸经济》2012 年第 11 期。

王欣亮：《比较优势、产业转移与区域经济协调发展研究》，博士学位论文，西北大学，2015 年。

王业强等：《科技创新驱动区域协调发展：理论基础与中国实践》，《中国软科学》2017 年第 11 期。

王育红、刘琪：《基于 Super-SBM 模型的长江经济带物流效率测度研究》，《华东经济管理》2017 年第 5 期。

王泽东等：《渤海海峡跨海通道建设对环渤海地区经济重心的影响——基于物流 GDP 增加值测算》，《地理研究》2017 年第 8 期。

卫宇杰等：《基于组合赋权法的中国物流业质量发展指数研究》，《工业工程与管理》2019 年第 2 期。

温忠麟等：《从效应量应有的性质看中介效应量的合理性》，《心理学报》2016 年第 4 期。

温忠麟、叶宝娟：《中介效应分析：方法和模型发展》，《心理科学进展》2014 年第 5 期。

吴殿廷等：《库兹涅茨比率的分解及其在我国地区差异分析中的应用》，《地理科学》2003 年第 4 期。

吴旭晓：《经济大省物流业效率动态演化及其影响因素》，《中国流通经济》2015 年第 3 期。

谢德保：《论政府在区域经济协调发展中的作用》，《北方经贸》2005 年第 5 期。

熊浩、鄢慧丽：《基于投入产出模型的物流业就业效应测度研究》，《华中师范大学学报（自然科学版）》2014 年第 5 期。

徐光瑞：《中国工业发展质量的现状与对策》，《经济纵横》2014 年第 11 期。

徐良培、李淑华：《农产品物流效率及其影响因素研究——基于中国 2000—2011 年省际面板数据的实证分析》，《华中农业大学学报（社会科学版）》2013 年第 6 期。

杨俊生：《产业转移、能力结构与东西部区域经济协调发展》，《经济问题探索》2010 年第 5 期。

杨守德：《技术创新驱动中国物流业跨越式高质量发展研究》，《中国流通经济》2019 年第 3 期。

杨水根、王露：《流通产业发展的减贫效应研究——基于中国 2000—2015 年省级面板数据的经验证据》，《财经理论与实践》2018 年第 2 期。

姚娟、庄玉良：《所有权结构、物流环境及我国物流业效率》，《财经问题研究》2013 年第 3 期。

姚升保：《湖北省经济发展质量的测度与分析》，《统计与决策》2015 年第 21 期。

姚先国、张海峰：《教育、人力资本与地区经济差异》，《经济研究》2008 年第 5 期。

于丽静、陈忠全：《低碳视角下中国区域物流效率研究——基于 SFA 与 PP 的实证分析》，《生态经济》2017 年第 4 期。

余泳泽、武鹏：《我国物流业效率及其影响因素的实证研究——基于中国省际数据的随机前沿生产函数分析》，《产业经济研究》2010 年第 1 期。

郁玉兵等：《城市物流质量评价与空间结构优化——以浙江省为例》，《经济问题探索》2013 年第 3 期。

袁丹、雷宏振：《丝绸之路经济带物流业效率及其影响因素》，《中国流通经济》2015 年第 2 期。

苑雅文、罗永泰：《基于需求整合与开发的生产性服务业发展研究》，《财经问题研究》2010 年第 6 期。

张爱平等：《中国省际旅游发展质量特征及空间差异》，《地理科学》2015 年第 3 期。

张诚等：《低碳环境下中国物流业效率评价研究》，《铁道运输与经济》2015 年第 1 期。

张方、陈凯：《运输成本、规模效应与区域经济差距——以辽宁省为例》，《东北大学学报（自然科学版）》2018 年第 2 期。

张建军、赵启兰：《现代供应链体系视域下的我国经济高质量发展机理研究》，《当代经济管理》2019 年第 8 期。

张竟成、张竟轶：《基于 VAR 模型的物流产业与区域经济长期关系研究》，《管理世界》2017 年第 8 期。

张可云：《区域经济政策——理论基础开发区：欧盟国家的实践》，中国轻工业出版社 2001 年版。

张立国等：《中国物流业全要素能源效率动态变动及区域差异分析》，《资源科学》2015 年第 4 期。

张欣炜、林娟：《中国技术市场发展的空间格局及影响因素分析》，《科学学研究》2015 年第 10 期。

张璇等：《新丝绸之路经济带物流效率评价——基于三阶段 DEA 实证分析》，《学习与实践》2016 年第 5 期。

张引等：《重庆市新型城镇化发展质量评价与比较分析》，《经济地理》2015 年第 7 期。

赵丹、王涛：《基于分解的库兹涅兹指数的中国地区间行业收入差距问题研究》，《统计与决策》2016 年第 3 期。

赵晓敏、佟洁：《区域制造业与物流业的协调度——以上海市为例》，《系统工程》2018 年第 5 期。

赵勇、白永秀：《中国城市群功能分工测度与分析》，《中国工业经济》2012 年第 11 期。

郑世林等：《中国经济增长源泉再估计：1953—2013》，《人文杂志》2015 年第 11 期。

周倩等：《长江经济带能源生态足迹空间效应分析——基于区域分工视角》，《资源开发与市场》2018 年第 12 期。

周文、李思思：《高质量发展的政治经济学阐释》，《政治经济学评论》2019 年第 4 期。

朱恒鹏：《地区间竞争、财政自给率和公有制企业民营化》，《经济研究》2004 年第 10 期。

朱慧等：《制造业与物流业的空间共同集聚研究——以中部六省为例》，《经济地理》2015 年第 11 期。

朱瑞雪：《"丝绸之路经济带"背景下中国与中亚国家区域经贸合作研究》，博士学位论文，东北财经大学，2015 年。

英文文献

Blundell, R.& Bond, S., "GMM Estimation with Persistent Panel Data: An Application to Production Functions", *Econometric Reviews*, Vol.19, No.3 (2000).

Abhijeet Haldar, et al., "3PL evaluation and selection using integrated analytical modeling", *Journal of Modelling in Management*, Vol.12, No.2 (2017).

Arellano, M.& Bover O., "Another Look at the Instrumental Variable Estimation of Error-components Models", *Journal of Econometrics*, Vol.68, No.1 (1995).

Arellano, M.& Bond, S.R., "Some Tests of Specification for Panel Data: Monte Carlo Evidence and an Application to Employment Equations", *Review of Economic Studies*, Vol.58, No.2 (1991).

Gogoneata, Basarab, "An Analysis of Explanatory Factors of Logistics Performance of A Country", *Amfiteatru Economic*, Vol.10, No.24 (2008).

Camuthers, R., et al., "Trade and Logistics: An East Asian Perspective", in *East Asia Integrates: A Trade Policy Agenda for Shared Growth*, Krumm, K.& Kharas, H.(eds.), The World Bank, Washington D.C., 2004.

Cooper & Richard C., *The Economics of Independence: Economic Policy in the Atlantic Community*, New York: Mcgraw Hill, 1968.

Harvey, D., *The Condition of Post Modernity*, London: Blackwell, 1990.

Duesenberry, J. S., *Income, Saving, and the Theory of Consumer Behavior*, Cambridge: Harvard University Press, 1949.

Momeni, Ehsan, et al., "A New Fuzzy Network Slacks-based DEA Model for Evaluating Performance of Supply Chains with Reverse Logistics", *Journal of Intelligent & Fuzzy Systems*, Vol.27, No.2 (2014) .

Gezici, Ferhan & Hewings, Geoffrey J.D., "Spatial Analysis of Regional Inequalities in Turkey", *European Planning Studies*, Vol.15, No.2 (2007) .

Fleisher, B. M., et al., "Human Capital, Economic Growth, and Regional Inequality in China", *Journal of Development Economics*, Vol.92, No.2 (2010) .

Perroux, Francois, "A Note on the Elynamics of Dominance", *Applied Economy*, No. 2 (1950) .

Friedman, J., *A General Theory of Polarized Development*, New York: The Free Press, 1972.

Guerrieri, P.& Meliciani, V., "Technology and International Competitiveness: The Interdependence between Manufacturing and Producer Services", *Structural Change and Economic Dynamics*, Vol.16, No.4 (2005) .

Haggett, *Local Analysis in Human Geography*, London: Edward Arnold Ltd., 1965.

Hirschman, A.O., *The Strategy of Economic Development*, New Heaven: Yale University Press, 1958.

Park, Hong Gyun & Lee, Yong Joo, "The Efficiency and Productivity Analysis of Large Logistics Providers Services in Korea", *The Asian Journal of Shipping and Logistics*, Vol.31, No.4 (2015) .

Hoover, E.M., *The Location of Economic Activity*, New York: Mcgraw Hill, 1948.

Williamson, Jeffrey G., "Regional Inequality and the Process of National Development: A Description of the Patterns", *Economic Development and Cultural Change*, Vol. 13, No. 4 (1965) .

Keynes, J.M., *The General Theory of Employment, Interest and Money*, London: MacMillan, 1936.

Krugman, P., "Increasing Returns and Economic Geography", *Journal of Political Economy*, Vol.99, No.3 (1991) .

Krugman, P., "Scale Economies, Product Differentiation, and the Pattern of Trade", *American Economic Review*, Vol.70, No.5 (1980) .

Lessmann, C., "Fiscal Decentralization and Regional Disparity: Evidence from Cross-Section and Panel Data", *Dresden Discussion Paper in Economics*, No.08/09 (2009).

Losch, A., *The Economics of Location*, New Haven: Yale University Press, 1954.

Maciulis, A., et al., "The Impact of Transport on the Competitiveness of National Economy", *Transport*, Vol.24, No.2 (2009).

Mackinnon, D.P., "Analysis of mediating variables in prevention and intervention research", *NIDA Research Monograph*, Vol.139, No.1 (1994).

Sohn, Matthias, et al., "The Influence of Corporate Social Performance on Employer Attractiveness in the Transport and Logistics Industry: Insights from German Junior Talent", *International Journal of Physical Distribution & Logistics Management*, Vol.45, No.5 (2015).

Myrdal, G., *Economic Theory and Under-Developed Regions*, London: Harper & Row, 1957.

Niehoff, B.P., *A Theoretical Model of the Influence of Organizational Citizenship Behaviors on Organizational Effectiveness*, in *New Research in Organizational Citizenship Behaviors*, Turnip, Seed D.(ed.), New York: Nova, 2005.

Ramokgopa, L.N., "City Logistics: Changing How We Supply", *Proceedings of the 23rd Annual Southern African Transport Conference*, 2004.

Blundell, Richard & Bond, Stephen, "GMM Estimation with Persistent Panel Data: An Application to Production Functions", *Econometric Reviews*, Vol.19, No.3(2000).

Rosenstein-Rodan, P.N., "Problems of Industrialization of Eastern and South-Eastern Europe", *The Economic Journal*, Vol.53, No.210/211(1943).

Rostow, W.W., *Politics and the Stage of Growth*, Cambridge: Cambridge University Press, 1971.

Samuelson, P., "The Transfer Problem and Transport Costs: The Terms of Trade when Impediments are Absent", *Economic Journal*, Vol.62, No.246(1952).

Schinnar, A.P., "Measuring Productive Efficiency of Public Service Provision", University of Pennsylvania, 1980.

Scitovsky, T., *Economic Theory and Western European Integration*, Stanford: Stanford University Press, 1958.

Sobel, M.E., "A Symptotic Confidence Intervals for Indirect Effects in Structural Equation Models", in *Sociological Methodology*, Leinhardt, S.(ed.), Washington D.C.: American Sociological Association, 1982.

Solow, Robert M., "Technical Change and the Aggregate Production Function", *The Re-

view of Economics and Statistics, Vol.39, No.3(1956) .

Swan, T.W., "Economic Growth and Capital Accumulation", *Economic Record*, Vol.32, No.2(1956) .

Lakshmanan, T.R., "The Broader Economic Consequences of Transport Infrastructure Investments", *Journal of Transport*, Vol.19, No.1(2011) .

Talley, W., "Linkages Between Transportation Infrastructure Investment and Economic Production", *Logistics and Transportation Review*, Vol.32, No.1(1996) .

Tone, K., "A Slacks-based Measure of Super-efficiency in Data Envelopment Analysis", *European Journal of Operational Research*, Vol.143, No.1(2002) .

Tone, K., "A Slacks-based Measure of Efficiency in Data Envelopment Analysis", *European Journal of Operational Research*, Vol.130, No.1(2001) .

Weber, C.A., "A Data Envelopment Analysis Approach to Measuring Vendor Performance", *Supply Chain Management: An International Journal*, Vol.1, No.1(1996) .

Zhou, Xiao Ye, et al., "Research on the Interaction between Resource Logistics Industrial Cluster and Regional Economic", *Advanced Materials Research*, Vol.1073−1076, 2015.

Yamamoto, D., "Scales of Regional Income Disparities in the USA, 1955−2003", *Journal of Economic Geography*, Vol.8, No.1(2008) .

后　记

　　岁月不居，时节如流。从最初想法的形成到现在著作的出版，历经三年有余。本书的完成和出版，要感恩学校和单位的资助和支持，感谢指导和帮助过自己的恩师、领导、同事和学友，感谢默默为我付出的家人，也感谢自己的坚持。

　　学术来源于生活。你可以在海南喝到陕北的小米粥，在西安吃到青海的牦牛肉，在兰州吃到广州的鱼虾，在农村用到城市运来的冰箱，在城市吃到农村的新鲜瓜果……那么，这是不是物流业加强了区域间的经济联系，促进区域间的经济互动呢？落后区域的商品通过物流运送到发达区域去售卖，是不是促进了落后区域的充分发展呢？比如，扶贫产品通过物流运输到消费地，促进了贫困地区农民的增收，尤其是物联网、互联网、电子商务发达的今天，物流业的作用更是不可小觑。物流基础设施的建设，是不是促进区域间的平衡发展了呢？现在很多村子还写着"要致富，先修路"的标语。那么，物流业的高质量发展能不能促进区域经济的协调发展呢？这是最初的想法，伴随着这个想法的产生，我开始仔细观察随处可见的物品是当地产的，还是物流从外地运送过来的？物流业有没有增加区域间的联系，有没有促进相对落后区域的发展，有没有带动区域间的平衡发展？家里、学校、超市、饭店、商场、京东物流……都是思考和佐证自己想法的场所。这是本书的写作由来之一。

　　学术来源于积累。博士期间就跟随导师做物流业的相关研究，在物流业的学术积累上，开始慢慢转向物流业高质量发展的研究；硕士期间曾做过农民增收、欠发达区域如何发展等方面的研究；硕博期间的积累，以及自己出生农村，长在县城，定居大城市的经历，让人深感进行区域经济协调发展研究的重

255

要性和必要性。能够将学术与现实问题、与自身思考结合起来乃一幸事，在博士导师王琴梅教授的指导下，我开始聚焦物流业高质量发展对区域经济协调发展方面的研究，并形成了博士学位论文。本书是在博士学位论文基础上，经过若干次修改而成的，它代表着我学生生涯的结束和工作生涯的开始。这是本书的写作由来之二。

在本书的写作和出版过程中，得到了很多人的指导和帮助，在此，谨向指导完成此书的王琴梅教授、李琪教授致以诚挚谢意！感谢李成教授、张正军教授、刘明教授、雷宏振教授、郭剑雄教授、周晓唯教授、孔祥利教授和睢党臣教授等的指导！

感谢参与讨论的学友们！感谢王敏博士、王猛博士、王平博士、曹献雨博士、赵娜博士、李甜甜博士等！感谢陕西师范大学国际商学院、"一带一路"建设与中亚研究协同创新中心的老师们和学友们！感谢的人太多，恕不再一一列举。

感谢人民出版社编辑曹春博士对笔者的可贵帮助！再次对陕西师范大学社科处、"一带一路"建设与中亚研究协同创新中心的资助和支持表示深深谢意！

需要说明的是：受限于本人知识、认知、视野和学术能力等方面的限制，本书对物流业发展质量和区域经济协调发展的研究仍有许多不足之处，这需要在后续的研究中，继续克服缺点，加强学习、思考、调查和钻研，拓宽视野，砥砺前行。亦请同行们批评指正。

李　娟

2020 年 5 月 2 日

责任编辑:曹　春

图书在版编目(CIP)数据

物流业发展质量对区域经济协调发展的影响研究/李娟 著. —北京:
　人民出版社,2020.10
ISBN 978 - 7 - 01 - 022207 - 3

Ⅰ.①物…　　Ⅱ.①李…　　Ⅲ.①物流-经济发展-影响-区域经济发展-协调
发展-研究-中国　　Ⅳ.①F127

中国版本图书馆 CIP 数据核字(2020)第 099485 号

物流业发展质量对区域经济协调发展的影响研究
WULIUYE FAZHAN ZHILIANG DUI QUYU JINGJI XIETIAO FAZHAN DE YINGXIANG YANJIU

李　娟　著

人民出版社 出版发行
(100706　北京市东城区隆福寺街 99 号)

北京盛通印刷股份有限公司印刷　新华书店经销

2020 年 10 月第 1 版　2020 年 10 月北京第 1 次印刷
开本:710 毫米×1000 毫米 1/16　印张:16.75
字数:255 千字

ISBN 978 - 7 - 01 - 022207 - 3　定价:78.00 元

邮购地址 100706　北京市东城区隆福寺街 99 号
人民东方图书销售中心　电话 (010)65250042　65289539